4°Y²
440

COLLECTION GRAND IN-4° ILLUSTRÉE

ROMANS DE PIGAULT-LEBRUN

L'HEUREUX JÉROME

GRAVURES

d'après

HADOL

LIVRAISONS

à 10 centimes

ET EN

brochures-volumes

AVEC

COUVERTURE

ILLUSTRÉE

2 livraisons

LES

ŒUVRES COMPLÈTES

DE

Pigault-Lebrun

Seront publiées

SANS

interruption

par semaine

PARIS

A. DEGORGE-CADOT, éditeur, 9, rue de Verneuil

ET CHEZ TOUS LES LIBRAIRES DE FRANCE ET DE L'ÉTRANGER

Œuv. de Pigault-Lebrun   Liv. 1

ŒUVRES COMPLÈTES DE PIGAULT-LEBRUN

Édition de luxe in-4°, à 10 centimes la livraison

EN VENTE CHEZ LES LIBRAIRES ET MARCHANDS DE JOURNAUX

SANS-SOUCI, brochure in-4°, dessins de Hadol .... 75 cent.
L'HOMME A PROJETS, brochure in-4°, dessins de Michele .... 75 »
L'ART DE Faire UN MARI, brochure in-4°, — .... 75 »
LA FOLIE ESPAGNOLE, brochure in-4°. .... 75 »
DE PLUS EN PLUS FORT, brochure in-4°, gravures de Michele .... 75 »
ANGÉLIQUE et JEANNETON — — de Morland .... 75 »

POUR PARAITRE PROCHAINEMENT ET SANS INTERRUPTION

MONSIEUR BOTTE. — MON ONCLE THOMAS. — LES BARONS DE FELSHEIM. — LA MOUCHE — MONSIEUR MARTIN, etc., etc.

L'HEUREUX JÉROME

SOMMAIRE DES CHAPITRES

CHAPITRE PREMIER

Les premiers pas du jeune Jérôme dans le monde; sa présentation au public ainsi que mademoiselle Javotte; M. le Curé, son bedeau; M. le Maire et son benêt de fils.

CHAPITRE II

Il y est grandement question de morale de la part de gens la respectant peu... — On retrouve l'objet égaré, depuis un an, sous la courte-pointe de mademoiselle Javotte; conséquences, pour celle-ci, de cette découverte peu orthodoxe.

CHAPITRE III

Jérôme, en courant après sa bonne amie Javotte, rencontre d'abord des aubergistes peu scrupuleux, puis le lieutenant Ruder, excellent cœur, mais pas beau et par trop incandescent. — L'heureuse étoile de Jérôme commence à se montrer: Parti mourant pour l'hôpital, il se réveille soigné par M. et madame la Générale, leurs laquais, un médecin, mademoiselle Roxelane, et enfin par Javotte sous les traits de sœur Madeleine. — Quoique malade, notre héros a des idées trop précoces... Avant la fin du chapitre, le lecteur rira de l'amusant flagrant délit du docteur et de Roxelane, et il entendra la confession intéressante de sœur Madeleine; il lui sera beaucoup pardonné, parce qu'elle a peu aimé.

CHAPITRE IV

Par le fait du capitaine Ruder qui la conquiert d'assaut, Javotte est obligée à une nouvelle confession et d'épouser le ravisseur de sa seconde sagesse. Ce qui s'ensuit pour Jérôme : son désespoir, péripéties diverses; escapades à Paris et ailleurs, à pied, à cheval et sous les bosquets. D'équipée en équipée, Jérôme est proclamé hussard et il met la belle madame Ruder dans le cas de recourir à une troisième confession.

L'HEUREUX JÉROME

CHAPITRE PREMIER

Les premiers pas du jeune Jérôme dans le monde ; sa présentation au public ainsi que Mlle Javotte; M. le Curé, son bedeau ; M. le Maire et son benêt de fils.

J'entends dire tous les jours dans le monde : mon père était conseiller au parlement; le mien, officier supérieur de la maison du roi ; le mien fermier général, ce qui veut dire : Je ne suis pas fait pour porter cet habit râpé et pour aller à pied; mais je suis fondé à vous demander à dîner au nom de mes ancêtres.

Ceux qui sont nés d'un menuisier, d'un cordonnier, d'un ânier, d'un bouvier, d'un savetier, et qui promènent leur nonchalance dans un bon carrosse, se taisent sur leur origine, et font bien. Il n'est pas agréable de rougir devant ses valets.

Je me tairai comme eux ; non que j'aie le sot orgueil de rougir d'une naissance obscure ou la modestie de cacher que je descends d'un cordon bleu ; mais c'est que je ne sais qui fut mon père, et jamais, du moins, je n'ai couru le risque de me tromper en appelant *papa* l'individu le plus étranger à l'affaire, erreur assez commune aux enfants ; mais on sait que l'erreur est le partage de l'enfance.

Jamais, non plus, je n'ai exposé ma mère à se pincer les lèvres pour ne pas rire de ce doux nom, *papa*, donné devant elle à son bénin mari, et cela par une excellente raison, c'est que je n'ai pas plus connu ma mère que mon père.

On me demandera si je les ai perdus au berceau, si j'ai été changé en nourrice, si... si... si...

Je répondrai succinctement que je ne sais rien de tout cela, et que je m'en embarrasse peu. Ce dont je puis être à peu près sûr, c'est que je suis orphelin maintenant, car j'ai près de soixante ans, et j'en suis bien fâché. Mais j'ai été jeune, beau, vigoureux comme peu d'autres, et je tâcherai de me résigner à mourir, puisqu'il a plu à notre premier père de pécher.

« Jérôme ! Jérôme ! te lèveras-tu, paresseux ? » J'avais dix ans alors, et c'est maître Jacques qui me parlait. Paresseux ! il n'était que quatre heures du matin. J'avais soupé de deux onces de pain et d'un verre d'eau, et, à défaut d'aliments, j'engraissais en dormant, commes les marmottes.

Maître Jacques était un bûcheron de la forêt de Senart, qui vivait très-maritalement avec Marguerite, son épouse; c'est-à-dire qu'il la caressait peu, la battait fort, ce qui n'empêcha pas Marguerite d'amener heureusement trois enfants qu'elle allaita, ainsi qu'une quinzaine d'autres, ces derniers pour l'argent de leurs *papas*.

J'avais eu l'avantage de sucer son lait, et, à mon sevrage, de partager son pain noir; je vivais sans soucis du présent, sans inquiétude de l'avenir; je ne savais rien au monde que ma croix de par Dieu, et cacher sous ma chemise déchirée une serpette, avec laquelle j'allais voler du bois dans la forêt. Quand les gardes me trouvaient, ils prenaient ma serpette ; quand je revenais sans ma serpette, maître Jacques me battait; quand il était las de frapper, il s'arrêtait; quand j'étais las de pleurer, je me mettais à rire, et une pomme de terre cuite sous la cendre, que me glissait Marguerite, me faisait tout oublier.

A la voix de maître Jacques, je me lève à la hâte, c'est-à-dire, je secoue les oreilles ; je passe un méchant caleçon, et je comparais devant mon père nourricier.

Un bonnet gras sur l'oreille, il était assis d'un air grave sur un coffre qui servait d'armoire et de garde-manger, et il me tint à peu près ce discours: « Il y a dix ans qu'on t'a apporté ici. On a payé six mois d'avance, et on a continué de payer de six mois en six mois. Il y a six mois et demi que je n'ai rien reçu, et comme il n'est pas juste qu'un étranger mange le pain de mes enfants, qui n'en ont pas trop, tu vas faire ton paquet, et aller où te conduira la grâce de Dieu. »

Je ne savais pas trop où pouvait me conduire la grâce de Dieu ; je sus, à l'instant d'après, que c'était partout où il me plairait d'aller, excepté à la maison de maître Jacques. Il me mit dehors par les épaules, plaça un bâton à la porte de sa hutte, et me signifia qu'il m'en frotterait les épaules si j'approchais son habitation de cent pas. Je compris que je n'avais plus ni feu ni lieu.

Mais comme je m'ennuyais d'être battu; comme il me paraissait désagréable de me déchirer les jambes et les mains pour arracher quelques brins de bois à la forêt; comme j'étais né avec l'amour de l'indépendance, si naturel à l'homme subordonné, et qu'après tout il me semblait que je ne pouvais tomber dans un état pire que celui dont je sortais, je me mis à trotter galement, mon paquet sous le bras. Il n'était pas embarrassant : c'était une méchante paire de sabots, dont je me parais le dimanche pour aller entendre la messe.

J'avais soupé légèrement la veille ; je n'avais pas déjeuné, et cela seul me tracassait un peu. Les idées les plus riantes se rembrunissent au premier cri d'un estomac affamé. Je marchai encore, et bientôt je m'assis au pied d'un arbre, de fort mauvaise humeur, et regrettant les oignons d'Égypte.

C'était bien là le cas de faire tomber un peu de manne. Mon innocence méritait tout autant ce bienfait que les Juifs se sauvant après avoir volé leurs maîtres. Il ne tomba que de la pluie.

J'étais à peu près nu, le temps était froid, je me sentis glacé, et je me mis à pleurer : cela soulage.

J'entends parler derrière moi, je tourne la tête ; c'est une femme, c'est Marguerite. Elle m'avait suivi, et m'apportait un petit morceau de pain : elle ne pouvait cacher un larcin plus considérable à l'œil vigilant de son mari. Elle me donna six sous, enveloppés dans un petit coin de mouchoir ; c'étaient toutes ses épargnes.

Je cessai de pleurer ; je dévorai le morceau de pain, puis j'embrassai Marguerite. Elle me donna quelques conseils que je n'écoutai pas trop, auxquels je ne compris rien, que peut-être elle ne comprenait pas davantage. Elle m'embrassa encore une fois, et s'en retourna : de peur, disait-elle, que le bâton qui me défendait les approches de la maison, devînt à deux usages.

Je me levai courageusement, je serrai mes six sous dans ma chemise, et je marchai tout droit devant moi.

Vous croyez, sans doute, que le voile qui couvre ma naissance se lèvera un jour, et qu'après bien des infortunes je devrai à quelque père, que je trouverai lorsque j'y penserai le moins, un rang dans la société, une fortune considérable. Détrompez-vous ; je n'ai jamais rien dû qu'à moi-même, et je ne m'en estime pas moins.

Ce n'est pas que, cent fois dans ma vie, je n'aie senti battre mon cœur à l'approche de tel ou tel individu ; qu'un pressentiment secret ne m'ait averti que je pouvais fort bien parler à mon père ; mais jamais ces pressentiments ne se sont vérifiés. J'avoue que je pourrais, comme un autre, préparer de loin et filer une reconnaissance bien pathétique, bien prévue, bien ennuyeuse ; mais je suis historien, et non romancier. Ainsi ne comptez que sur des événements fort simples, et si le goût du merveilleux vous domine, jetez le livre et prenez l'Apocalypse.

La Providence nous mène toujours par des voies inconnues, et plus elles sont obscures, plus elles sont respectées.

Que cette forêt de Senart me paraissait grande ! Le morceau de pain de Marguerite était digéré, et pas une maison où je pusse faire usage de mes six sous ! Des arbres ! toujours des arbres, rien que des arbres !

J'aperçus une charrette qui venait de mon côté. Bon, me dis-je, j'aborderai le charretier, je le saluerai comme maître Jacques salue un garde ou le conservateur de la forêt, et je lui demanderai ma route et du pain.

En effet, je m'inclinai profondément devant un homme qui me parut très-opulent. Il avait une blouse de belle toile bleue, les guêtres de cuir et le fin bonnet de coton, surmonté d'un grand chapeau rond. Il me regarda, et répondit à ma révérence par un *Dieu vous bénisse !* C'est la réponse à la mode, et sans les soupes à la Rumfort, sans les hospices, je ne sais pas trop ce que deviendraient ceux qu'on jette ainsi dans les bras de la Providence.

Piqué des bénédictions auxquelles me renvoyait mon charretier, je lui répliquai avec humeur : « Ce n'est pas là ce que je vous demande, monsieur. — Que demandes-tu donc ? — D'abord, mon chemin... — Où vas-tu ? — Je n'en sais rien. — En ce cas, tout chemin te convient ; trotte. — Mais, monsieur. — Quoi ? — Cette forêt ne doit-elle pas finir ? — Encore un quart d'heure, et tu seras dehors. — Ah ! tant mieux, monsieur?... — Qu'est-ce encore ? — Si je ne craignais de vous fâcher... » et en disant cela, j'avais tiré mes sous, et je lui en présentais un.

« Que veux-tu que je fasse de cela ? — Monsieur, j'ai mal soupé hier, j'ai mal déjeuné ce matin, il y a longtemps que je marche, et je voudrais dîner un peu amplement. — Et pour un sou ! D'où es-tu ? — De la forêt. — Ce n'est pas répondre. Ton père ? — Je n'en ai pas. — Chez qui vivais-tu ? — Chez maître Jacques. — Qui est ce maître Jacques ? — Un bûcheron. — Pourquoi l'as-tu quitté ? — Parce qu'il m'a chassé. — Pourquoi t'a-t-il chassé, vaurien ? — Parce qu'on ne le payait plus pour me nourrir. — Le drôle ! Il est pauvre ? — Oui monsieur. — Il mérite de l'être. Et tu as faim ? — Oui monsieur. — Ho, ho, ho, Cadet ! ho, Margot ! Écoute, mon homme, je dîne et soupe bien... — Je le crois, un monsieur comme vous ! — Mais je ne me charge pas de provisions en route. — Ah ! monsieur, seulement pour un sou ! — Tais-toi, imbécile. Prends ce chiffon de pain. — Oh ! comme il est blanc ! — Ah ! ma foi ! j'ai un morceau de fromage. — Grand merci, monsieur, grand merci ! »

Et me voilà assis sur l'herbe, et mangeant à discrétion.

Mon roulier est ma providence, comme une femme honnête et douce est celle d'un mari humoriste et grondeur ; comme un bon père est celle de ses enfants.

J'étais heureux, parfaitement heureux, et je ne croyais pas que je pusse l'être davantage.

Mon roulier tire de dessous sa voiture un petit broc, et de sa poche, un perçoir. Il enfonce l'instrument dans le flanc d'une barrique ; une liqueur rouge en sort. Je n'avais jamais bu de vin ; mais j'en avais vu, et je me mis à sourire.

Le roulier me présenta le broc. Je ne me fis pas prier, je bus rasade. Je me sentis l'estomac chaud, la tête libre, le cœur gai, et je m'écriai familièrement : « Que vous êtes heureux, monsieur, d'avoir autant de vin ! — Parbleu, celui-ci ne m'appartient pas. — Et vous en buvez ! — J'en bois, j'en fais boire à mes amis, et à la couchée, le broc d'eau remplace le broc de vin ; c'est la règle. — Cette règle est bien commode. Je donnerais mes six sous pour être roulier. Le bel état ! qu'il est agréable ! — Agréable ! hé, je travaille comme mes chevaux ! je les conduis le jour, exposé au soleil, au vent, à la pluie ; je les soigne le soir, je charge, je décharge ma voiture ; j'ai déjà des rhumatismes, et quand je serai perclus, mes chevaux, grands et vigoureux, seront mieux nourris que moi. Mais voici ton chemin, voilà le mien ; adieu, mon homme. Ahie, Margot ! ahie, Cadet ! » et mon roulier me laisse là.

Je ne concevais pas que cet homme pût se plaindre ; mais je me rappelai le conservateur de la forêt se plaignait toujours des épines et des mauvais chemins ; j'avais entendu les gardes se plaindre du conservateur, les faiseurs de bourrées se plaindre des gardes. Maître Jacques se plaignait de Marguerite ; Marguerite du collecteur, et tous les dimanches, le curé se plaignait en chaire de ses paroissiens. Que diantre, me disais-je, tous les hommes que j'ai vus se plaignent ! j'en verrai peut-être qui ne se plaindront pas.

En raisonnant ainsi, j'aperçus le dernier arbre de la forêt, et je souris encore. Il me semblait que j'allais entrer dans un monde nouveau, où tout flatterait mes regards, où tout préviendrait mes désirs. Peut-on souffrir ailleurs que dans la forêt de Senart, d'où je n'étais jamais sorti ? Et puis j'étais dans une situation à tout voir en beau : j'avais dix ans, l'estomac garni ; le vieux vin de Mâcon agissait sur mes organes, et mes six sous me restaient.

J'approche en ouvrant de grands yeux... C'est sans doute Paris qui se présente devant moi. Ce ne sont plus des huttes jetées çà et là, en argile, et couvertes de feuillées. Ce sont des palais, dont les murs sont de belles et bonnes pierres ; des couvertures de poterie rouge comme la belle écuelle de maître Jacques. Ces palais sont rangés l'un à côté de l'autre, et chacun a pour le moins deux toises de face. Les messieurs qui se promènent dans cette avenue de palais ont des vestes de laine ; les dames ont des jupes de bure, des peaux blanches à leurs sabots, et cela un samedi !

Je regarde toujours, et je continue à m'étonner. Toutes les richesses de la nature sont rassemblées là. Des groseilliers, des cerisiers, chargés de fruits, agacent ma gourmandise, douze ou quinze pains étalés sur une fenêtre éveillent mon appétit. Dans le palais voisin, un cochon, déguisé de cinq ou six manières, irrite ma sensualité. Ici, des canards barbotent en paix dans une mare ; là, des poules becquètent des épis, que j'aurais dévorés moi-même si je n'eusse rencontré mon roulier ; plus loin, des vaches, au poil brillant, sont à discrétion à même d'un tas de foin, et ne craignent pas qu'un garde les mette en fourrière. Quel pays, me disais-je, que ce pays-ci ! je suis bien sûr que personne ne s'y plaint. Oh ! j'y resterai, et que n'y suis-je venu plus tôt !

Pendant que j'admirais tout ce qui s'offrait à mes regards, une demoiselle, montée sur un âne gras et fringant, mais que je vis trop tard, m'accrocha avec son bât par le milieu du corps, et m'envoya dans la mare où barbotaient les canards. Aussitôt les petits messieurs de la ville se rassemblent autour de moi et me bernent. A l'instant, un grand monsieur me prend par le collet de ma chemise en criant que j'étouffe ses canards. Le collet de ma chemise unique lui reste à la main, et je retombe dans la fange. Il me prend par une oreille et me tire à terre. Malheureusement le monsieur était sourd, car il n'eût pas l'air d'entendre les cris affreux que la douleur m'arrachait.

J'étais couvert de boue de la tête aux pieds, et ma petite vanité n'en souffrait pas. Je pensais qu'un de ces messieurs pouvait, comme moi, tomber dans une mare, et une disgrâce commune à tous n'a rien d'humiliant pour personne ; et puis, dans l'état où j'étais, personne ne pouvait s'apercevoir du délabrement de mon costume. Oui, mais, pensai-je aussitôt, je ne puis aborder personne dans l'état ou me voilà. Il faudra bien que je me décrotte, et alors...

« Ah ! mon Dieu, mon Dieu !... je suis ruiné !... j'ai tout perdu ! » Ma chemise était sortie de mon caleçon, et mes six sous étaient restés dans la mare. Je me souciais peu de mes sabots, j'avais le bonheur d'avoir la plante des pieds dure comme de la corne. Mais, mes six sous ! mes six sous !

Je poussai des cris, je versai des larmes, je me pris une poignée de cheveux, que je lâchai bien vite, pour ne pas ajouter une douleur physique à mes peines morales.

Mes clameurs attroupèrent de nouveau les petits messieurs ; les grands messieurs me regardaient en ricanant ; j'allais me plaindre quand je réfléchis que je n'étais plus dans la forêt de Senart et que mes plaintes ne seraient pas entendues par les fortunés habitants de ce pays délicieux.

Une vieille femme me prit par la main et me conduisit chez M. le curé. M. le curé était dans la sacristie, la vieille femme me conduisit dans la sacristie.

— Voilà un enfant abandonné, dit-elle.

J'étais couvert de boue, et mes vêtements étaient ruisselants d'une eau très-peu propre.

Cependant, M. le curé ne m'adressait pas un mot, bien que je le regardasse d'un air qui devait l'inviter à parler ; le bedeau rangeait tout en observant le même silence. L'inquiétude commençait à me gagner, lorsqu'une belle, mais très-belle demoiselle, entra dans la sacristie.

« Eh bien, monsieur le curé, qu'allez-vous faire de ce beau petit garçon-là ? — Mon enfant, je priais pour lui. — Mais cela ne suffit pas, monsieur le curé. — Croyez-vous, Javotte ? — Un enfant que la Providence vous envoie... — Oh ! je l'en ai bénie. — A droit à vos bienfaits. — Ma fille, j'ai tant de pauvres ! — Oh ! celui-ci ne leur ressemble pas. Voyez donc, monsieur le curé, sa jolie petite mine ; voyez comme il me sourit ! et ces fossettes et ce grand œil noir ! Allons, allons, je l'emmène au presbytère. — Mais, Javotte, vous êtes d'une précipitation !... Monsieur le curé, je n'ai personne pour me tirer de l'eau, pour me tourner la broche : vous n'avez personne pour mener boire Cogo, pour vous servir à table, pour porter votre lanterne quand vous sortez le soir, pour balayer votre école, et cet enfant fera fort bien tout cela. En outre, il vous servira la messe, il chantera au lutrin, et qui sait où il ira ? Le grand Sixte-Quint n'a-t-il pas dû la tiare à deux pauvres moines qui le tirèrent d'un état aussi abject ? et quelle gloire pour vous, monsieur le curé, si vous aviez l'avantage de faire un pape ? Comment vous appelez-vous, mon petit ami ? — Jérôme, mademoiselle. — Jérôme ! le nom du Père de l'Église le plus éloquent ! Quel heureux augure, monsieur le curé ! le moyen de résister à cela ! — Vous le voulez, Javotte ; que la volonté de Dieu soit faite. Allez, Jérôme, bénissez la Providence qui vous envoie ici pour le bien de votre corps et le salut de votre âme. »

Je bénis intérieurement mademoiselle Javotte, et je l'embrassai avec un plaisir bien vif, d'abord parce qu'elle était ma bienfaitrice, ensuite parce qu'elle était très-jolie. Je ne savais pourquoi une jolie femme est plus agréable qu'une autre qui ne l'est pas ; mais je trouvais fort agréable de voir et d'embrasser Javotte.

Mademoiselle Javotte, sensible à la vivacité de mes caresses, s'écria : Il est charmant ! Elle me prit par la main et m'emmena, et le long de la route je sautais de joie et je baisais cette main un peu dure, mais d'une forme charmante, qui serrait la mienne avec affection.

Oh ! qu'il est beau ce presbytère ! une table de noyer, un prie-Dieu en chêne ! un christ d'ébène, encadré sur un fond de damas jaune ! des chaises couvertes en paille rouge et verte ! un lit d'indienne ! des couvertures de coton ! une armoire pleine de linge ! un grand fauteuil couvert de cuir de Hongrie ! Oh ! que c'est beau ! disais-je à chaque objet que me montrait mademoiselle Javotte, et elle me montrait tout d'un petit air de vanité, et s'amusait de mon étonnement, et elle me baisait sur les deux joues, ce qui paraissait l'amuser assez.

Elle me conduisit à la cuisine, qui méritait bien aussi un tribut d'admiration. Un superbe morceau de veau était à la broche ; il avait brûlé d'un côté, pendant l'excursion de la charmante gouvernante à la sacristie. Elle en détacha adroitement la partie endommagée et me la présenta sur un copieux morceau de pain. « Mangez cela, Jérôme, en tournant la broche. Pas si vite, mon cher petit, comme cela, bien ! à merveille ! On en fera tout ce qu'on voudra. »

Et pendant que je tourne la broche dans ma robe nuptiale, mademoiselle Javotte sort, et rentre une demi-heure après avec un panier au bras. Elle vient près de moi, s'assied sur ses talons, pose son panier devant elle et m'en montre le contenu pièce à pièce. « Voici d'abord une jolie petite paire de sabots, voilà de bons bas de laine bleue, une culotte de forte ratine grise, une veste brune bien chaude, un ample bonnet de laine, deux chemises de toile écrue et deux petits mouchoirs de Rouen. » — Que tout cela est beau ! mon Dieu, que c'est donc beau, mademoiselle Javotte ! — « Et tout cela est pour mon cher petit Jérôme. »

Je fis un saut qui renversa la broche et la lèchefrite.

Ce n'est rien, ce n'est rien que cela, dit-elle, et elle releva la broche ; elle remit du beurre dans la lèchefrite, elle effaça avec de la cendre la trace du jus que j'avais versé ; et impatiente de jouir de ses bienfaits, elle m'ôta mon cordon, elle m'ôta ma robe nuptiale. « Blanc comme un cygne, comme la neige ! » et elle me baisait les épaules en m'aidant à faire ma toilette, qu'elle interrompait d'un moment à un autre, pour faire décrire un quart de cercle à son rôti.

« Allons, allons, dit-elle, la culotte est un peu longue, la veste est un peu large; mais tu grandiras, tu grossiras, mon petit Jérôme. » Elle me présenta son miroir de poche, et en dépit de ses observations, je fus ravi, extasié.

Elle me conta ensuite qu'elle avait acheté tout cela de ses épargnes, chez un M. Mouton, marchand tailleur en vieux, qui était aussi marchand bonnetier, marchand sabotier, marchand mercier et marchand épicier, selon l'usage des grandes villes.

Sa générosité me toucha jusqu'aux larmes. Je lui promis du fond du cœur de lui obéir en tout ce qu'elle m'ordonnerait, et je lui ai tenu parole.

Et pour lui prouver l'extrême confiance qu'elle m'inspirait, je la priai d'être dépositaire de mes six sous retrouvés.

Elle rit; prit mon argent, me passa la main sous le menton, et me parla ainsi : « Je crois nécessaire, mon cher enfant, de te donner quelques instructions. M. le curé me défend de voir les femmes parce qu'elles sont médisantes. Il me défend de voir les hommes parce qu'ils sont dangereux, et surtout parce qu'il ne convient pas à la gouvernante d'un homme en place de s'encanailler. Je te défends, moi, par l'obéissance que tu viens de me promettre, de jouer avec les petits garçons ; ils corrompraient ton bon naturel, que je me ferai un devoir de développer. La religion te défend de jouer avec les petites filles ; ainsi tu ne joueras qu'avec moi. — Qu'avec vous, et toujours avec vous, mademoiselle Javotte. — A nos moments perdus, je t'apprendrai le domino, le jeu d'oie et le mariage.

» Un mot sur monsieur le curé. C'est un digne prêtre, généralement respecté, quoiqu'il n'ait pas encore quarante ans. Il fait beaucoup de bien, et instruit gratuitement les enfants de ses paroissiens ; mais il est vif, et n'aime pas surtout qu'on le contredise. Fais tout ce qu'il te dira, ne réplique jamais, et si quelque chose te chagrine, tu viendras me le dire, et j'arrangerai tout.

» Quand tu seras embarrassé, c'est encore moi que tu viendras consulter ; quand tu auras besoin de quelque chose, c'est à moi que tu le demanderas, et si tu suis exactement les conseils que je te donne, je te réponds que tu seras l'enfant le plus heureux du village.

» — Comment ! du village, mademoiselle Javotte ! eh ! ne suis-je pas dans une grande ville ? — Non, mon enfant, tu es dans un village qui n'est pas même considérable. — Ah ! mon Dieu ! comment sont faites les villes ? elles sont donc toutes d'or ? — On y est plus riche qu'ici, on y est tout aussi malheureux. — Des malheureux ! y en a-t-il ailleurs que dans la forêt de Senart ? — Il y en a partout où l'homme est mécontent de son sort, et je n'en connais pas qui soit satisfait du sien. — Oh ! je suis heureux, parfaitement heureux auprès de vous, mademoiselle Javotte. — Puisses-tu toujours penser ainsi, mon petit Jérôme ! — Oh ! toute la vie, mademoiselle Javotte. »

Elle me caressa les joues, les cheveux, une oreille. « Heureux âge, disait-elle à demi-voix, où tout se colore du charme du bonheur ! » Et elle n'avait que dix-huit ans, et elle soupira, et je soupirai aussi, parce qu'elle avait soupiré.

Elle était assise sur une chaise basse, à côté de son rôti : j'étais assis à terre, et ma tête reposait sur ses genoux. Nous ne disions rien ; je me trouvais à merveille, et mademoiselle Javotte ne m'avertissait pas que je pouvais être importun. M. le curé rentra.

« Position équivoque, s'écria-t-il. — Monsieur le curé, il n'a que dix ans. — La décence ne connaît point d'âge. — L'humanité les embrasse tous. — L'humanité n'est pas si caressante. — Faut-il ne l'être que clandestinement, monsieur le curé ? — Pas de réflexions, mademoiselle. Dites-moi, s'il vous plaît, ce que signifie cette nouvelle extravagance ? Avec quoi avez-vous payé les hardes de cet enfant ? — Avec mon argent, monsieur, et vous savez combien il est à moi.

— Toujours piquante. — Toujours grondeur ! — Javotte ! — Monsieur le curé ? — Vous n'êtes pas sage. — Et c'est vous qui me le reprochez !..... »

Elle s'éloigna et soupira encore. Je la suivis, et je soupirai comme elle. Le curé lui prit la main, la conduisit dans une autre chambre, et lui parla très-bas. J'écoutai attentivement par le trou de la serrure, car je m'intéressais fort à mademoiselle Javotte, il me fut impossible de rien entendre.

Ils sortirent. Le curé me caressa le menton ; mademoiselle Javotte s'efforça de lui sourire, mais je surpris une larme qui tomba sur son fichu. Les miennes coulèrent en abondance, et je ne me mis pas en peine de les cacher.

M. le curé me fit encore une caresse, que suivit une exhortation chrétienne, très-chrétienne, très-belle sans doute, car je n'y compris rien.

Mademoiselle Javotte, à peu près remise, couvrait la table. Je lui aidais. En allant et venant, ma main rencontrait quelquefois la sienne. Je ne savais pourquoi j'avais tant de plaisir à la rencontrer, mais je la cherchais quand elle ne se présentait pas.

M. le curé ordonna un couvert de plus pour son

bedeau, qu'il admettait sans conséquence à l'honneur de sa table, parce qu'après le souper il devait conférer avec lui sur un objet de la plus haute importance.

Droit comme un cierge pascal, j'apportai l'éclanche, et, par ordre de mademoiselle Javotte, je me tins debout derrière le fauteuil du curé, une assiette dans une main et une serviette dans l'autre. Je ne concevais pas ce que je devais faire debout, les deux mains embarrassées et la bouche ouverte, pendant que les autres soupaient; mais mademoiselle Javotte ne pouvait avoir que de bonnes intentions, et j'attendis.

M. le curé, assis le premier, comme de raison, fit un signe amical à mademoiselle Javotte, qui se mit à table sans façon, parce qu'il est de règle que la gouvernante vit avec le pasteur lorsqu'il est dispensé du décorum. M. le curé fit un signe de protection au bedeau, qui s'approcha en faisant d'un air gauche deux ou trois révérences. Il s'assit au bas bout la pointe des genoux touchant à peine au bord de la table. Il se mouchait derrière son chapeau, il mangeait comme quatre, il versait très-fréquemment à boire aux autres pour avoir le droit de se verser à lui-même, et de temps en temps il essuyait ses lèvres grasses et enviées avec la serviette qu'il tenait toute ployée sur sa cuisse, de peur de paraître incivil en la salissant partout.

Mademoiselle Javotte m'adressa un coup d'œil et regarda ensuite l'assiette de M. le curé. Je levai l'assiette, je coupai un morceau de veau, dont je la chargeai, et je fus m'établir sur le coin d'un buffet. M. le curé fronça le sourcil, Javotte se mit à rire, et le bedeau but un coup pendant qu'on ne l'observait pas. Je compris que j'avais fait une sottise, et je rendis au pasteur son assiette avec la tranche de veau, dans laquelle j'avais mordu à belles dents, parce que je me passais fort bien de fourchette.

« De pis en pis ! s'écria le curé. — Jérôme, dit le bedeau d'un air important (car les gens nuls mettent de l'importance à tout), Jérôme, je vais vous expliquer...
— Faites-nous grâce de votre explication, interrompit Javotte en se levant ; c'est moi qui suis son institutrice, et je lui en apprendrai plus en deux leçons que vous dans toute votre vie. » Elle rétablit le service en un tour de main, elle me rendit la ration que je m'étais appropriée, et elle se remit à table.

Le curé, sa gouvernante et le bedeau avaient soupé en vrais élus. J'avais soupé comme eux, moi profane, et je m'étais corroboré l'estomac d'une ration de vin du pays, qui était restée dans une bouteille que, sur un autre coup d'œil de mademoiselle Javotte, j'avais desservie en qualité de bouteille vide.

Je commençais à comprendre l'utilité des signes, très-utiles dans toutes les classes de la société, où tout est convention. C'est par un signe qu'un fripon aide son camarade à dépouiller un jeune innocent, qui ne se doute de rien ; c'est par un signe que, dans une assemblée de créanciers, l'homme de loi impose silence au plus rébarbatif, qu'on désintéresse après séance levée ; c'est par un signe que tel potentat avertit tel conseiller de retirer tel avis qui n'a pas le bonheur de lui plaire; c'est par un signe qu'on dit en public à une femme : Je vous adore; c'est par un signe qu'elle vous répond : Je vous remercie ; c'est par un signe qu'un directeur circonspect dit à une dévote : Votre mari est un benêt, menons-le par le nez; c'est par un signe qu'une aimable innocente dit à son amant : Maman vous chasse par la porte, vous rentrerez par la fenêtre; c'est par un signe qu'une femme galante console le sien de la perte d'un rendez-vous que fait manquer un époux importun. L'usage des signes est devenu si général et si familier, que la pantomime est le spectacle par excellence, spectacle charmant qui dispense les auteurs d'avoir le sens commun, les spectateurs d'écouter, et qui leur ménage la jouissance très-précieuse, sans doute pour l'amour-propre de tout interpréter. Il est vrai que l'un entend noir et l'autre blanc ; il en est un qui a incontestablement tort, mais il faut bien se garder de le détromper, car tel qui ne se fâche pas trop de s'entendre appeler fripon serait au désespoir de passer pour un sot.

Et cela est tellement reçu, qu'on n'ose nommer sot celui qui fait un métier qu'il n'entend pas ; celui qui sollicite une place qu'il est incapable de remplir; celui qui critique platement des ouvrages qu'il ne saurait faire ; celui qui ne sachant se borner, dissipe en folles spéculations la plus solide fortune ; celui qui paye des maîtresses, et qui croit à leur fidélité; celui qui acquitte les mémoires de sa femme et qui s'imagine qu'elle se pare pour lui; celui qui se courbe devant un habit brodé, et qui ne voit pas l'homme qui est dedans.

Où en étais-je donc ? J'ai la manie des digressions, et cela ne mène qu'à s'écarter de son sujet, car bien sûrement mes observations ne guériront personne. J'en étais... j'en étais... ah ! ah ! tout le monde avait soupé et moi aussi.

Le bedeau fixait ses gros yeux sur M. le curé, et attendait qu'il lui plût de parler. M. le curé, profondément recueilli, cherchait, en digérant, à mettre de l'ordre dans ses idées. Mademoiselle Javotte m'apprenait à desservir une table, puis me conduisit dans un recoin contigu à la salle à manger, dans lequel, en allant et venant, elle avait trouvé le temps de glisser

Elle était toujours penchée sur mon lit.

une paillasse, un matelas et une fort bonne couverture. Elle me souhaita une bonne nuit, ce qui m'annonça l'heure de notre séparation; elle m'embrassa, ce qui me consola un peu, et je m'endormis bientôt d'un sommeil paisible et profond, ce que je souhaite au jaloux, à l'ambitieux, à l'usurier, au juge inique, à l'oppresseur, et ce que je leur souhaite en vain.

J'étais toujours présent en classe, parce que mademoiselle Javotte m'avait dit qu'elle désirait que je devinsse savant. Je ne savais pas lire, et les leçons du pasteur étaient pour moi aussi inutiles qu'ennuyantes. Mais si l'envie de plaire à mademoiselle Javotte ne suffisait pas à mon instruction, elle me faisait supporter l'ennui.

Au bout de quelques jours d'une attention opiniâtre, inutile, et constatée par ma protectrice, elle sentit que son plan d'éducation ne valait rien du tout, et que, pour apprendre le latin, il faut au moins connaître ses lettres.

A beaucoup de très-bonnes qualités, mademoiselle Javotte joignait la qualité très-rare de ne pas tenir à ses opinions. Elle me demanda pardon du temps qu'elle m'avait fait perdre, des dégoûts que j'avais supportés pour elle; elle courut chez M. Mouton, adjoint au maire, qui ne vend rien de bon, mais qui vend de tout, comme j'ai eu l'honneur de vous le dire, et elle me rapporta une croix de par Dieu, et, en allant et venant, elle me montrait, elle me nommait les lettres de l'alphabet, et je les répétais quand elle m'avait quitté, et elle m'embrassa quand j'eus retenu l'O, ce qui me fit retenir, dans la journée, le reste des lettres, que je ne lui dis pourtant qu'une à une afin de ne perdre aucun des vingt-quatre baisers, dont chacun me valait une heure de félicité.

C'était surtout le soir, lorsque le curé était allé faire son trictrac, que, paisibles et sans témoins, elle se plaisait à m'instruire. J'étais debout entre ses jambes, qui semblaient me caresser; une de ses mains était passée autour de mon cou, et jouait avec les boucles de mes cheveux ; un joli doigt de l'autre était fixé sur le livre. Je faisais, pour comprendre, des efforts incroyables, et mes efforts étaient ordinairement heureux.

Si ses jambes, si ses mains imprudentes, mais si bien faites, me donnaient des distractions que je ne savais à quoi attribuer, elle me grondait doucement, si doucement, que je tournais vers elle ma jolie figure enfantine ; je lui souriais comme elle avait grondé ; elle me souriait à son tour, jetait ma croix de par Dieu, se relevait en chantant, allait prendre un jeu de cartes crasseux, me les faisait d'un air grave, et répétait sans cesse : « Bonheur, bonheur, toujours bonheur ! Ah ! Jérôme, ou il ne faut pas croire aux cartes, ou tu seras l'homme du monde le plus heureux. »

Après avoir fait la magicienne, elle me donnait une leçon de mariage ; joli jeu qu'elle m'a en effet appris plus tard, que nous avons tant joué ensemble, et toujours avec tant de plaisir !

En dépit des distractions, je faisais des progrès rapides. Le curé, qui ne daignait pas s'occuper de moi, fut très-étonné un jour de voir que je lisais fort bien, et que je savais non-seulement mon catéchisme, mais les actes d'amour, d'espérance, d'humilité. Il me mit un rudiment à la main, et me fit décliner *musa, la muse*. Il n'avait pas la méthode d'enseigner de mademoiselle Javotte, et il donnait aux muses cet air refrogné que leur trouve toujours un auteur tombé. Mais mademoiselle Javotte voulait que je susse le latin, et je ne savais que lui obéir.

C'était le jour de Pâques. Le curé voulut terminer cette journée par une distribution solennelle de prix. On en distribue aux prytanées, aux écoles centrales, dans toutes les écoles possibles, et notre curé eût été au désespoir de n'en pas distribuer aussi.

Les prix, disent tous les maîtres, alimentent l'émulation. Ils ne conviennent pas qu'un écolier laborieux qui n'en obtient jamais subit une humiliation qu'il n'a point méritée, dont il ne peut accuser que la nature marâtre, et que, ne trouvant point de remède à cet obstacle-là, il tombe dans un découragement absolu ; mais il faut des prix à la gloriole des maîtres ; la distribution est pour eux une pompe triomphale ; c'est à eux seuls qu'ils rapportent les succès des couronnés, qui pourtant ne sont dus qu'aux soins des répétiteurs, mais

Sic vos, non, vobis, etc.

Nous avions donc des prix, et on ne les devait point à la munificence du curé, assez pauvre diable, très-fidèle observateur surtout de l'axiome : *Il ne faut pas faire la guerre à ses dépens*. D'après ce principe, une laitière avait rapporté dans les paniers de son âne de quoi couronner les élus, et voici à quoi nous devions le saint Augustin, le saint Ephrem, et autres saints, proprement reliés en basane et rougis sur tranche ; l'administration municipale avait destiné deux cents francs aux réparations d'un chemin impraticable, qui ne fut pas réparé.

Et l'église, toujours reconnaissante, avait fait au maire le sacrifice de quelques bouts de galons faux, perdus dans un coin de la sacristie, dont le municipal avait bordé le collet, les parements et les poches de son habit vert-pomme, afin d'avoir quelque chose de l'uniforme. Il avait pris son chapeau à trois cornes, ses souliers ferrés neufs, et le sabre du garde champêtre, proprement attaché, avec une ficelle, sous l'écharpe tricolore.

A voir les complaisances du maire pour le curé, et du curé pour le maire, on croirait, si je ne les avais pas nommés, qu'il s'agit au moins de Clément V et de Philippe le Bel : tant il est vrai que les hommes sont partout les mêmes au fond, et ne diffèrent que par la forme.

Pourquoi, me demanderez-vous, ce maire, charretier de son métier, aimait-il mieux employer les sous additionnels de sa commune à acheter des bouquins qu'à réparer un chemin dont le délabrement lui coûtait une paire de roues tous les six mois ? En voici la raison : ce maire avait un fils, un grand dadais de dix-sept ans, le petit Voltaire du village, qui devait partir au premier jour pour être clerc d'huissier à la petite ville voisine, parce qu'il est dans l'ordre que le fils soit toujours plus que le père. Au moins les pères le veulent ainsi, et quand les convenances sociales le permettront aussi, il n'y aura en France que des empereurs, comme il n'y a depuis longtemps que des seigneurs en Espagne et des barons en Germanie ; empereurs en carrosse, empereurs à pied, empereurs millionnaires, empereurs mendiants ; et quand il sera reconnu de nouveau qu'il n'existe pas de dignités sans fonctions, on se rappellera que celui-là seul est empereur qui peut acheter plus de bâtonnettes que son voisin ; alors l'empereur mendiant servira l'empereur millionnaire, et reprendra son nom de Guillot, qui veut dire quelque chose quand l'autre ne signifie plus rien. Alors on renoncera à la folie de l'orgueil pour se livrer à d'autres sottises, car les hommes, nés pour ne faire que cela, en ont fait et en feront. Mais revenons.

Je vous disais que le maire avait un benêt de fils, et le curé avait glissé dans l'oreille du papa que sa digne progéniture aurait tous les premiers prix. Cela devait être, parce que le monsieur était le fils d'un homme en place, et parce qu'il devait soutenir un excercice sur un cours de morale de la composition du curé.

Or, la satisfaction de conduire son fils à la petite ville voisine, ses couronnes de lierre passées à un bras, et ses bouquins ficelés l'un sur l'autre, devait l'emporter sur le bien de la commune, comme les Alexandre, les Gengis, les Tamerlan, les Charles XII, et tant d'autres, se donnaient le plaisir de faire tuer cent mille hommes en bataille rangée pour faire parler d'eux dans l'histoire : leur peuple devenait ce qu'il pouvait. Je le répète, les hommes ne différent que par les formes, et ne différeraient pas trop si les moyens étaient en leur pouvoir.

CHAPITRE II

Il y est grandement question de morale de la part de gens la respectant peu… — On retrouve l'objet égaré, depuis un an, sous la courte-pointe de mademoiselle Javotte ; conséquences, pour celle-ci, de cette découverte peu orthodoxe.

Tout était prêt au presbytère : à force de génie et d'activité on avait suppléé à une pénurie absolue. La grange était vide, et on l'avait transformée en musée ; comme il faut un théâtre, le bedeau, qui dirigeait toutes les grandes affaires, avait cloué six planches sur des futailles vides ; comme il faut des décorations, il avait tendu le pourtour de son théâtre des draps blancs et noirs dont on décorait l'église aux funérailles de ceux dont les héritiers pouvaient donner au *décorum* ce qu'ils n'étaient pas maîtres d'accorder à la douleur ; comme on ne doit rien voir de ce qui se passe sur la scène avant le coup de sifflet, le devant était fermé avec les rideaux d'indienne du lit du curé, jetés sur la corde à puits, fortement tendue à deux pièces de charpente ; comme il faut une fanfare pour chaque front couronné, le ménétrier avait été invité à la cérémonie, et comme le ménétrier ne savait pas de fanfares, il était convenu qu'il jouerait le menuet d'Exaudet.

Mademoiselle Javotte, dans tous ses atours, jolie à tourner toutes les têtes, était chargée de faire placer les spectateurs, et de leur distribuer dans les entr'actes un quartaut de vin du cru et un demi-cent de pommes reinettes, que le maire avait envoyés au son du tambour et de la cloche, parce que les hommes constitués en dignité ont, dans les villages comme dans les capitales, la manie de la représentation, et veulent représenter à bon marché.

C'est ainsi, en suivant ma comparaison, qu'aux mariages des princes on jetait au peuple, qu'on méprisait, des petits pains et de mauvais cervelas, sur lesquels le peuple misérable se ruait, et que, pendant qu'on tirait deux douzaines de fusées volantes, on rapportait chez eux ceux qui s'étaient fait casser bras ou jambes pour se procurer une indigestion.

La cérémonie allait commencer. Le maire recevait d'un air complaisant des éloges anticipés que monsieur son fils allait sans doute mériter : il y a des flatteurs partout. Tel, Astiage souriait aux exploits que promettait le caractère turbulent du petit Cyrus.

On avait distribué à ceux qui savaient lire un programme composé par le curé, et dont, par principe d'économie, on m'avait fait tirer vingt copies, précaution nécessaire, car si quelqu'un, sur l'annonce d'un cours de morale, eût demandé au fils du maire quelle est la véritable vertu, celle qui honore celui qui la pratique, parce qu'elle est utile à tous, le nigaud n'eût su que répondre, son curé ne lui ayant point appris cela, par la raison très-simple qu'il n'en savait rien.

Le ménétrier avait joué la Monaco, la Boulangère et le Postillon par Calais. On nous attendait avec impatience, et cette impatience se manifestait par des sifflets, quoique le spectacle ne coutât rien à personne. C'est ainsi qu'à Paris les porteurs de billets donnés sont les premiers à dénigrer la pièce nouvelle et à déconcerter les acteurs qui la jouent.

Notre lenteur avait une cause très-légitime, mais dont ne pouvait sans petitesse instruire le public. C'est que le bedeau avait oublié de nous ménager une entrée, et, pendant que l'auditoire sifflait et que le ménétrier raclait ; il perçait à coups de pioche le mur de derrière de la grange, et chacun répétait son rôle dans le poulailler attenant, qui était vide aussi depuis le massacre des très-innocentes poules.

Nous paraissons enfin. Le curé figure dans le fond du théâtre, et à sa gauche et à sa droite sont rangés en demi-cercle ses bambins par rang de taille. Sur le devant de la scène est une table surmontée du tablier de taffetas de mademoiselle Javotte, et sur ce tablier sont rangés les couronnes et les livres objets des désirs de tous.

A ce spectacle magnifique, des applaudissements unanimes et prolongés firent retentir le toit de la grange.

Et le premier enthousiasme calmé, chacun regarda le maire, qui devait interroger le premier, et par la prééminence que lui donnait sa place, et par le rôle brillant que son cher fils allait jouer.

Martin, qui ne perdait jamais l'occasion de faire une malice, rappela au maire d'un ton honnête ironico-respectueux que l'homme en place qui préside à une distribution de prix ne manque jamais d'ouvrir la séance par un discours de son secrétaire, qui rappelle aux écoliers le respect dû au maître qui a fait de chacun d'eux autant d'excellents citoyens ; au maître, l'étendue et l'importance de ses fonctions ; aux parents, la reconnaissance que doit attendre d'eux celui qui les a si dignement remplacés dans l'observance d'un devoir qu'ils n'ont pu ou qu'ils n'ont pas voulu remplir ; quelques lieux communs et une chaleur factice à la péroraison ; un court ou long extrait dans le journal du lendemain, et le surlendemain on ne pense plus à rien de tout cela.

Le maire, étourdi de l'interpellation, balbutia qu'il n'avait pas de secrétaire, et qu'ainsi il n'avait pas fait de discours, et, pour empêcher Martin de faire quelque autre demande saugrenue, il me demanda ce que c'est que Dieu.

Je lui répondis avec autant d'assurance que si j'en avais su quelque chose, et lorsque j'eus dit ce qu'est Dieu, ou plutôt ce qu'il n'est pas, mademoiselle Javotte battit des mains et entraîna l'auditoire : une jolie femme donne le ton partout.

Un vieux procureur, retiré dans notre village, et boudant dans un coin de la grange, se leva brusquement et demanda au fils du maire ce qu'un honnête homme mourant portait à Dieu qu'il n'eût point.

Le benêt se retourna d'un air d'indécision vers le curé ; et le curé, se hâtant de répondre pour tirer son élève d'embarras, dit que Dieu étant le principe de tout, l'homme ne peut lui rien reporter qui ne dérive de lui.

Le procureur n'était pas aimé : l'auditoire lui rit grossièrement au nez, et applaudit à la sage réponse de son pasteur.

« Vous êtes un ignorant, répliqua au curé le procureur en colère. L'honnête homme mourant porte à Dieu le néant, la misère, les fautes et le repentir. »

Martin cria bravo en riant de tout son cœur.

« L'idée est belle, reprit le curé en se pinçant les lèvres. Est-elle de saint Thomas ? — Non, monsieur, elle est de Suzène de Suze. »

Et pour prévenir de nouvelles questions, toujours désagréables pour un prêtre qui n'est pas préparé, mais qui, cependant, répond à tout, *Non ut aliquid diceretur*, dit saint Augustin, *sed ne laceretur*, l'instituteur passa à son cours de morale.

Il observa, avec beaucoup de gravité, que s'il est beau de former des âmes pour Dieu, il est utile d'apprendre aux hommes l'art de se conduire sagement dans le monde. Il ajouta qu'il se flattait d'avoir complètement réussi dans ce noble dessein, et qu'on en jugerait en interrogeant le fils de M. le maire. Il finit en priant qu'on ne s'écartât point du programme, parce qu'un cours à l'usage de la jeunesse est nécessairement borné.

Je vous rendrais bien le traité par demandes et par réponses, tel qu'il fut composé ; mais cette méthode ôtant même au meilleur ouvrage la liaison et la vie, je l'ai arrangé à ma manière, en conservant scrupuleusement les pensées, les prétextes et les tours de phrase de l'auteur. Le voici :

LE GRAND VOYER DANS LE LIVRE DE LA SCIENCE UNIVERSELLE.

« Pendant l'été, mon fils, vous vous promènerez tous les jours, parce que le beau temps engage à la promenade, et que le grand air fait du bien.

» Quand vous passerez près d'un homme qui conduira un cheval, passez du côté du montoir, car si vous étiez de l'autre côté et que le cheval vînt à se cabrer, il pourrait vous casser les reins.

» Quand vous passerez sur un pont, marchez sur le parapet du côté que vient le vent, parce que s'il fait tomber votre chapeau, il tombera sur le pont et non dans l'eau.

» Quand vous irez deux personnes à la promenade dans un sentier, laissez passer votre compagnon le premier, parce que s'il y a des toiles d'araignée qui coupent le sentier d'une branche à l'autre, il les recevra dans le visage, et non vous. Ne le suivez cependant pas de trop près, parce que s'il vient à apercevoir un crapaud, il fera un pas en arrière, tandis que vous en ferez un en avant, et il vous marchera sur les os des jambes. Restez donc à trois pieds de lui.

» Quand vous suivrez une lourde voiture, restez à la même distance, parce que si elle s'arrête tout à coup, on se frappe l'estomac contre.

» Quand vous lâcherez de l'eau dans la rue, ne vous mettez pas près d'un plomb, parce que souvent il en dégorge précipitamment de l'eau sale qui fait des éclaboussures sur les bas,

« Ne passez pas trop près des maisons, et surtout des allées, car quelquefois, des étourdis en sortent en courant, vous attrapent et vous renversent.

» Le soir, prenez le milieu de la chaussée, pour ne pas encourir la même disgrâce qui advint à Jeannot, et qui fit tant rire les Parisiens.

» Si vous allez au spectacle avec un habit propre, ne vous placez pas sous le lustre ; souvent il en tombe des gouttes d'huile.

» Quand vous verrez un aveugle marcher seul, cédez-lui le haut du pavé ; vous le devez : *primo* par humanité ; *secundo* par prudence, parce qu'en voulant tâter le mur avec son bâton, il vous le donnera dans les jambes.

» Si vous voyez une femme sortir d'un cabriolet, jetez-vous précipitamment entre elle et la muraille, dussiez-vous lui barrer le passage, parce qu'en restant du côté opposé, un désir indiscret peut porter vos regards vers sa jambe, et la jambe d'une jolie femme porte avec elle je ne sais quel attrait, qui fait faire bien des sottises à la jeunesse.

» Si après vous être sauvé par mes conseils des immondices et des malencontres, vous vous trouviez entre une fille et un tas de boue, et qu'il vous fallût passer sur l'une ou sur l'autre, vautrez-vous dans la boue; cela s'en va à la lessive, mais il n'est point de buanderie pour laver la tache que nous font ces impures.

» Si une belle femme vous regarde, baissez aussitôt les yeux, parce que c'est par les yeux que commence l'adultère.

» Si une jolie demoiselle vous regarde, baissez encore les yeux, parce que c'est encore par les yeux que s'introduit le démon de la concupiscence.

» Si une laide vous regarde, baissez aussi les yeux, parce qu'il n'est pas défendu d'éviter la vue d'une chose désagréable.

» Si celle que vos respectables parents vous choisiront pour épouse légitime vous regarde, baissez toujours les yeux de peur de l'aimer plus que Dieu si elle est jolie, et de ne pas l'aimer assez si elle ne l'est pas.

» En général et en particulier, baissez toujours les yeux devant les femmes, parce que tant s'en faut qu'elles aient fait du bien, qu'au contraire, elles n'ont fait que du mal. Ève perdit le genre humain, Hélène perdit Troie, Cléopâtre perdit Antoine, Frédégonde perdit l'État, Catherine de Médicis perdit ses trois fils.

» En joignant à la pratique de ces maximes salutaires celle des principes religieux que je vous ai inculqués, vous deviendrez, mon cher fils, un homme véritablement recommandable, l'honneur de vos respectables parents, et la consolation de leur vieillesse. »

Quand le fils du maire eut débité toutes ces différentes maximes, on sentit quel avantage il aurait sur les jeunes gens d'une petite ville, qui ne savent que danser, se moquer des vieillards, tromper les femmes, et se mettre ridiculement. On ne douta point qu'avec le temps il ne parvînt aux places les plus distinguées, et que la commune ne lui dût alors la résidence du sous-préfet et deux ou trois cloches de plus. Mademoiselle Javotte eut beau dire qu'il était affreux de médire ainsi des femmes; que le curé, qui les dénigrait, y tenait au moins par sa mère; qu'il n'est pas d'homme sensible qui ne leur doive des moments heureux, M. Mouton l'interrompit, s'écria que le fils du chef municipal méritait tous les prix, et qu'il fallait les lui donner tous. Mademoiselle Javotte, à son tour, coupa la parole à M. Mouton, et s'écria que Jérôme, bien plus jeune, et qui connaissait Dieu parfaitement, avait plus de mérite que celui qui ne sait que se garder des toiles d'araignée, des crapauds, et du bâton des aveugles. Le sergent-major dit comme M. Mouton ; Martin dit comme mademoiselle Javotte, pour le plaisir de contredire, et il trouva le moyen de ramener les opposants à son avis : ce fut de leur verser en abondance le vin que le maire n'avait pas envoyé pour cela. Tant il est vrai que les choses ne sont pas toujours employées d'après leur première destination. Une caisse militaire soudoie souvent l'armée ennemie ; les troupes envoyées pour calmer les troubles d'une province grossissent quelquefois le parti insurgé, et tel qui avait pris une femme pour lui seul, est tout étonné de ne l'avoir épousée que pour les autres.

J'allais donc avoir tous les prix. Je sentais bien que je ne les méritais pas ; mais j'étais bien aise d'humilier mes camarades, comme un homme d'État est enchanté de souffler une place à un concurrent qui la mérite mieux que lui.

Le maire, partie trop intéressée, et obligé, d'ailleurs, à paraître maintenir l'ordre, ne disait mot ; mais il écumait de colère. D'un coup d'œil il avait rallié à lui M. Mouton et les hauts et les bas officiers de la garde nationale. Martin rappelait ses déserteurs en élevant le broc. Les deux partis se menaçaient. Mademoiselle Javotte restait ferme à la tête des siens, et leur montrait son Jérôme. Telle autrefois Marie-Thérèse, voulant gagner les cœurs de ses Hongrois, se promenait dans leurs rangs, portant sur ses bras son fils nouveau-né.

Nos paysans ne tirèrent point le sabre comme les Hongrois, parce qu'ils n'en avaient point ; ils ne crièrent point, comme eux, *Moriamur pro rege nostro Theresiâ*, parce qu'ils ne savaient pas le latin, et que mademoiselle Javotte n'était pas reine, bien qu'elle eût au trône de l'univers les droits qui avaient porté Aline au trône de Golconde ; mais nos paysans avaient les muscles du visage en contraction, les poings fermés, et Martin faisant continuellement circuler cette liqueur qui fait des héros en Europe, comme l'opium en Asie, j'allais l'emporter sur mon rival, par le droit du plus fort, reconnu partout pour le plus juste, parce qu'il est toujours incontestable.

Tout à coup nos preux s'arrêtèrent spontanément,

et, inébranlables dans leur position, ils ressemblaient à autant de statues.

Conticuere omnes, intentique ora tenebant.

Les plus grands effets sont dus quelquefois aux plus petites causes. C'est tout simplement le bedeau qui rentra, lorsque le vieux procureur s'échappait, et qui, frappant de sa canne à pomme de fer-blanc l'aire de la grange, criait à tue-tête : Gare! gare! place à M. le grand vicaire !

Et le grand vicaire le suivait en effet. C'était un homme d'une taille avantageuse, d'une figure distinguée ; il avait je ne sais quoi qui force le respect de ceux qui se laissent prendre par l'extérieur, et c'est malheureusement le grand nombre. Lorsque les qualités de l'esprit et du cœur ne répondent point aux grâces du corps, les hommes sont doublement dupes ; mais le grand vicaire réunissait tout ce qui justifie les égards que la modestie ne commande jamais, mais dont elle jouit intérieurement. Ce grand vicaire-là ne plaira point à monseigneur Geoffroi et compagnie. Ils le calomnieront comme ils ont calomnié l'honnête curé de M. Botte. Eh qu'importe, après tout ? ne sait-on pas qu'il faut que l'illustrissime et révérendissime Geoffroi vive de calomnies ?

Conticuere omnes, intentique ora tenebant, vous disais-je à l'instant. Celui qui destinait un coup de pied à son adversaire était resté la jambe et le sabot en l'air ; celui qui allait asséner le coup de poing restait le bras levé et la main fermée, et, comme le chien d'amour-propre veille toujours chez les hommes les moins imparfaits, le grand vicaire ne douta point que ces différentes positions ne fussent l'effet de l'admiration et de l'étonnement. Il salua l'auditoire d'un air reconnaissant, et adressa au maire des choses trop flatteuses et trop bien dites pour qu'il comprît rien.

Comme l'arrivée d'un grand vicaire est un événement dans un village, celui-ci fit oublier les prix et les querelles, et tout rentra dans l'ordre.

Cependant le curé, qui possédait à fond son Louis de Paramo, savait que, dans le temps où l'on forçait le roi d'Espagne à voir brûler ses sujets condamnés par la très-sainte inquisition, monseigneur le grand inquisiteur prenait impertinemment la droite et se plaçait sur un siége plus élevé que celui de son souverain. Le bedeau fut donc envoyé prendre le fauteuil à oreillettes du pasteur, les gradins qui servaient au reposoir de la Fête-Dieu, et pour les couvrir la courte-pointe piquée de mademoiselle Javotte. Il reçut, en outre, l'injonction formelle de placer cette espèce d'estrade à droite de la chaise de paille qu'occupait le maire ; et bien que le grand vicaire rejetât cet honneur et eût pris tout simplement le siége qu'avait évacué le procureur, le bedeau, aussi opiniâtre que son curé, n'en partit pas moins pour remplir sa mission.

Le pasteur savait aussi que, lorsque les princes arrivaient tard au sermon, le prédicateur était dans l'usage de recommencer son discours, et il voulait faire recommencer son cours de morale, parce que des égards accordés aux rois doivent à plus forte raison l'être à un grand vicaire, si supérieur aux têtes couronnées par la sainteté de son ministère, et leur égal au moins par sa dignité ecclésiastique ; car si le serviteur les serviteurs de Dieu a pris, en conséquence de ce titre, trois couronnes, les évêques doivent en avoir deux, et les grands vicaires, qui les représentent, au moins une.

Quelle joie pour l'auteur curé de briller dans une telle circonstance en s'honorant lui-même dans la personne de son supérieur ! Cependant, par une exception trop rare à une règle trop générale, ce grand vicaire-ci n'ambitionnait d'autre gloire que celle de faire du bien, et lorsque quelqu'un de ses confrères parlait de renouveler le règne du père le Tellier et autres potentats, il leur fermait la bouche avec ces paroles de Jésus-Christ, qui devraient être gravées sur tous les portails d'église : « Mon royaume n'est pas de ce monde. Rendez à César ce qui appartient à César. »

Quoique le fils du maire se fût présenté d'un air bête pour nous redire lequel vaut mieux de se vautrer dans un tas de boue ou de se ruer sur une catin, le grand vicaire persista dans son refus. Le curé, jaloux de saisir la seule occasion qu'il aurait jamais de faire valoir son ouvrage, insistait sans ménagement ; et comme un homme bien élevé est dans l'habitude de céder à celui qui l'est mal, le pasteur allait vraisemblablement avoir satisfaction, lorsque le bedeau rentra en sautant : « Elle est trouvée, elle est trouvée !

» — Et où ? demanda très-vivement Martin. — Sous la courte-pointe de mademoiselle Javotte répondit imprudemment le bedeau. — Et il y a un an qu'elle est perdue, ajouta malicieusement Martin. »

A ces mots cruels, mademoiselle Javotte rougit, pâlit et disparut avec la vivacité de l'éclair. Le curé, hors de lui, renversa la table qui portait les couronnes de lierre et les prix. On n'entendit de toutes parts que des éclats de rire immodérés, car les hommes rient toujours chez les autres d'événements qui chez eux feraient leur désespoir, et cela parce qu'ils naissent bons.

Le grand vicaire se leva. « Mes chers enfants, dit-il, gardez-vous de soupçonner votre curé. Vous vous rappelez que j'ai officié à mon dernier voyage ici. Mon domestique a mis par inadvertance cette étole dans ma valise, et j'ai négligé de la renvoyer. Je l'ai rapportée aujourd'hui, et Antoine l'aura mise dans la première chambre où il sera entré. — Oui, sous la courte-pointe, répliqua Martin. — Sous la courte-pointe, reprit le grand vicaire d'un air froid. Cette étole est assez belle pour ne pas la laisser exposée aux animaux domestiques qui vont et viennent dans une chambre ouverte. — Il est vrai, dit le bedeau déjà persuadé, que la chambre était assez mal fermée.

» — Mais, monsieur le grand vicaire, reprit Martin, vous savez bien que tout ce que vous dites là... — Je sais, monsieur, qu'il est des lois qui punissent les calomniateurs, et je suis assez estimé pour que mon témoignage l'emporte sur celui de tel qui se mettrait en opposition avec moi. »

Et, pour prévenir de nouvelles observations, le grand vicaire se hâta de dissoudre l'assemblée. Il prononça que la distribution des prix était remise à l'année suivante. Il prit un maintien, il parla d'un ton qui en imposèrent à tout le monde, même à Martin, tant il est vrai qu'il est des hommes qui paraissent nés pour mener les autres.

Il joignit Martin dans la foule, qui s'écoulait, et le tira à part. « Mon ami, lui dit-il, on a commis une action infâme, et, au peu de mots qui vous sont échappés, j'ai malheureusement lieu de croire que vous en êtes l'auteur. Vous n'avez pas réfléchi qu'en perdant votre curé de réputation, vous vous seriez donné celle d'un homme gratuitement méchant. Êtes-vous père de famille ? — Oui, monsieur. — Voilà de quoi vous aider à l'élever. Allez, mon ami, et ne parlez jamais d'une chose qui vous couvre de honte. »

Le grand vicaire ne pouvait se dissimuler que le détour qu'il avait pris pour justifier le curé ne dût paraître invraisemblable dans une grande ville, où la première impression, lorsqu'elle est plaisante surtout, ne se détruit jamais. Ici il avait affaire à des gens aussi méchants qu'ailleurs, mais plus simples, et trop occupés pour trouver le temps de de médire. Il sentait aussi que ce qu'affirme un homme qui n'a jamais été soupçonné d'une faiblesse est d'un grand poids partout; enfin il avait dit ce qu'il avait trouvé de mieux dans un moment où il n'avait pas eu le temps de réfléchir, et s'il restait quelques doutes, du moins avait-il fait ce qui était en lui pour étouffer le scandale.

J'avais vu rougir, pâlir et disparaître mademoiselle Javotte. Je ne devinais pas la cause de ces mouvements ; mais sans doute elle était vivement affectée. Et que m'étaient tous les prix du monde comparés à ma charmante, à ma bonne protectrice ? Je volai après elle.

Mademoiselle Javotte s'était enfermée dans un cabinet, où elle donnait un libre cours à ses sanglots. « Martin, disait-elle, Martin, quel trait cruel vous m'avez lancé ! et cela parce que je n'ai pas répondu à vos sentiments. Le pouvais-je étant l'amie de votre femme?... Ne suffisait-il pas que je fusse faible ici ? Fallait-il que je fusse libertine, et pouvais-je être plus durement punie si j'eusse consenti à m'avilir ?... »

Je frappai doucement à la porte ; elle ne répondit point. Je m'assis à terre, et je me mis à pleurer aussi. Elle reconnut le son de ma voix et ouvrit. « Ah ! dit-elle, celui-là sera toujours mon véritable ami, et sa douleur sécherait mes larmes si elles pouvaient s'arrêter. »

Lorsque le grand vicaire entra chez le curé, il avait un front sévère, que tempérait pourtant une teinte de douceur.

Le curé, confus, embarrassé, ignorait si son supérieur avait voulu cacher sa faute personnelle ou couvrir l'honneur du clergé. Il était debout, les yeux baissés ; il salua le grand vicaire sans oser le regarder, et il attendait qu'il s'expliquât.

« Je conçois, monsieur le curé, que votre situation est pénible ; la mienne ne l'est pas moins. Il m'est dur d'avoir des reproches à faire à ceux que je voudrais estimer. Laissons la scène qui vient de se passer dans votre grange, nous en parlerons quand vous serez remis du trouble où je vous vois. Venons à l'objet de mon voyage.

« Il est un journal accrédité, qu'on dit payé pour soutenir la religion, et que je crois salarié pour lui nuire. Ce journal attaque avec opiniâtreté et acrimonie un parti qui réunit beaucoup de lumières et de talents. Les injures prodiguées par le journaliste aux chefs morts de ce parti ne sont propres qu'à aigrir ceux qui existent et à leur faire prendre la plume.

« C'est dans ce journal que M. l'évêque a lu une série de sottises plus révoltantes les unes que les autres.

« Soulagez vos pauvres si vous pouvez, consolez vos malades, entretenez la paix dans les familles, prêchez rarement, et souvenez-vous qu'un sermon sur la concorde qui aura réuni deux voisins brouillés pour les limites de leur champ est plus utile que ce que vous pourrez dire.

« Vous rencontrerez souvent dans le monde des gens qui ne sont pas de votre avis en matières religieuses : que leurs opinions n'excitent pas votre colère. Souvenez-vous que Jésus-Christ communia Judas, quoiqu'il sût qu'il devait le trahir.

« Autrefois tout était dans la religion ; aujourd'hui la religion est dans le gouvernement et le gouvernement veut former des hommes. Que la religion soit donc la morale mise en action. Annoncez toutes les vertus, rendez-les simples et aimables, pratiquez-les surtout, car l'homme qui s'établit médiateur entre ses semblables et Dieu doit être au-dessus des faiblesses dont il veut corriger les autres.

« Telle est, monsieur le curé, la règle de conduite à laquelle il faut vous conformer, et je vous déclare à regret que vous encourez l'indignation de votre évêque si vous vous permettez de l'enfreindre.

« Mais j'aime à croire que vous suivrez scrupuleusement les documents de votre supérieur, et que je n'aurai à mon prochain voyage que des félicitations à vous adresser.

« Passons maintenant à l'éclat qui a eu lieu tout à l'heure. Quelle est cette Javotte qui vient de partager avec vous les traits malins de vos paroissiens? Est-ce celle que vous aviez l'année passée? — Ah ! vous vous la rappelez, monsieur le grand vicaire ! — Oui, monsieur le curé ; mais rappelez-vous aussi que je vous dis alors que l'âge et la figure de cette jeune personne ne convenaient pas à un prêtre... — A qui ne conviendrait-elle pas, monsieur le grand vicaire? — Je vous pressai de la congédier... — Que faut-il donc, monsieur le grand vicaire, pour vous convaincre de ma sincérité ? — M'écouter d'abord, et faire ensuite ce que je vous prescrirai.

« Monsieur, l'homme le plus fort n'a qu'un moyen de ne pas succomber ; c'est de fuir l'occasion, et vous, loin d'avoir osé faire un pas en arrière, vous êtes arrivé, de chute en chute, jusqu'au scandale public. Cependant je ne vous jugerai pas avec plus de sévérité que je ne voudrais l'être moi-même ; mais je vous fais observer qu'un prêtre doit, plus qu'un autre, faire oublier ses écarts par tous les sacrifices que lui prescrivent sa raison et la dignité de son état. Ici, vous n'en pouvez faire qu'un ; mais il est indispensable, et je l'exige de la manière la plus positive : aujourd'hui même cette jeune personne sortira de chez vous pour n'y rentrer jamais. — Mais, monsieur le grand vicaire... — Mais, monsieur, plus de gouvernante de dix-huit ans, ou l'interdiction : choisissez. — Ah ! Jésus, Marie, Joseph ! quelle menace vous me faites là ! — Et croyez qu'elle ne sera pas vaine. — Je congédie ma gouvernante. — Vous vous conduirez dans l'exercice de votre ministère, d'après les avis que je vous ai donnés à l'instant ? — Je ne m'en écarterai pas. — A ces conditions vous pouvez me mettre au nombre de vos meilleurs amis. — Grand merci, monsieur le grand vicaire. »

Au ton d'autorité qu'on prenait avec mon curé, à l'avantage réel qu'on avait sur lui, et qui ne m'échappait point, malgré mon inexpérience, je jugeai qu'il n'avait pas tout le mérite que lui avait attribué mademoiselle Javotte, lorsque j'entrai au presbytère. J'ai pensé depuis que les femmes sont naturellement portées à décorer de qualités qu'ils n'ont pas ceux qu'elles honorent de leurs bontés, pour rendre leurs faiblesses excusables aux yeux des autres et pour pouvoir se les pardonner à elles-mêmes.

Il m'était fort égal à moi que mademoiselle Javotte sortît ou non du presbytère : je n'y tenais que par elle, que pour elle, et j'étais bien décidé à la suivre partout. Enfant du hasard, je n'avais personne qui pût contrarier mes goûts, et j'étais bien sûr que mademoiselle Javotte ne me repousserait pas.

« Puisque nous voilà d'accord, reprit le grand vicaire, je prendrai la moitié de votre dîner, que vous ne pensez pas à m'offrir. — Monsieur, vous ferez bien mauvaise chère. — Tant mieux, monsieur le curé ; cela prouve que vous êtes économe du bien des pauvres et je suis charmé de trouver en vous quelque chose digne d'éloge. — Ce n'est pas là précisément, monsieur le grand vicaire, ce que je voulais vous faire entendre. — Eh ! quoi donc? — C'est que ma gouvernante, confuse de l'éclat de ce matin... — J'y suis, j'y suis. Eh bien ! curé, nous ne dînerons pas, voilà tout. Mais où est-elle donc, cette pauvre fille ? L'homme de bien déteste les vices sans haïr ceux qui s'y livrent. La haine aigrit les coupables et ne les corrige pas. Notre tâche, à nous, est de les ramener par la douceur ; notre devoir est de les plaindre quand nos efforts sont infructueux. Faites venir Javotte.

« — Je cours la chercher, » m'écriai-je à l'instant.

Je la trouvai où je l'avais laissée. Elle ne pleurait plus, parce qu'on ne peut pas toujours pleurer ; mais elle paraissait profondément affligée. Je lui dis que M. le grand vicaire la demandait. « Jamais, jamais je n'oserai paraître devant lui. — Oh ! il a l'air si bon, mademoiselle Javotte ! — Et c'est cette bonté même que je supporterai moins que les plus durs reproches. — Venez trouver ce digne homme, je vous en prie, je vous en supplie, » et j'étais à ses pieds, et je pressais ses genoux de toutes mes forces.

Elle se lève, et se laissant retomber sur sa chaise : « Non, mon cher Jérôme, tu ne peux rien juger de ce qui se passe. Je suis perdue, perdue sans retour. — Vous ne l'êtes pas, mon enfant, dit en entrant le grand vicaire. Qui se repent de bonne foi est plus loin du crime peut-être que celui qui ne l'a jamais commis...

On met un joli couvert pour lui et mademoiselle Javotte.

A mes genoux, à mes genoux, ma fille! Relevez-vous. Je n'ai que des représentations à vous faire, et si j'avais le droit de vous juger, je n'écouterais que mon indulgence. — Ah! monsieur, combien je suis humiliée! — Ma fille, l'état le plus déplorable où puisse tomber un coupable est le découragement. Ayez le noble orgueil de faire disparaître vos fautes sous l'éclat de vertus nouvelles que vous pouvez acquérir. — Ah! Martin, Martin! si j'avais prêté l'oreille... — Mon enfant, corrigez-vous et n'accusez personne. Rien n'échappe au grand Juge, et il n'invoque pas le témoignage des hommes. »

Il la relevait avec bonté; il s'asseyait à côté d'elle; il tenait une de ses mains dans les siennes.

« Je dois juger, d'après ce que je vois, que vous êtes une victime de circonstances que vous n'avez pu ni prévoir ni prévenir. Oui, le libertinage est étranger à votre cœur. — Oh! je vous le jure, monsieur. — Je vous crois, mon enfant, et je suis persuadé que vous ne balancerez pas à changer de conduite. — Et comment le puis-je, monsieur? — Aujourd'hui même vous sortirez du presbytère. — Et que deviendrai-je, grand Dieu! — Rassurez-vous, ma fille. Il serait injuste et barbare de vous retirer du précipice et de vous abandonner sur ses bords. Je dois vous garantir également du vice et de la misère.

« On a supprimé avec raison des monastères qui n'étaient que l'asile de l'oisiveté; on a conservé cet ordre estimable de filles qui passent leur vie à secourir l'humanité souffrante. C'est parmi elles que je vous donnerai un asile; c'est par la pratique des vertus utiles que vous effacerez vos fautes passées et que vous en mériterez le pardon.

« Observez que je ne vous fais ici qu'une simple proposition. Malheur à celui qui abuse des droits du moment pour tyranniser le faible. Répondez à mes offres avec une entière liberté. — Le genre de ce que vous me proposez, monsieur, m'est si étranger, que j'ignore... — Si vous pourrez vous y faire... Eh bien, mon enfant, si, après quelques mois d'épreuve, les fatigues, les dégoûts inséparables de votre état vous le rendaient trop pénible, je verrais à vous procurer d'autres moyens honnêtes d'existence, et... — Ah! monsieur, disposez de moi, disposez-en pour la vie : qui pourrait vous entendre et ne pas revenir à la vertu?

« — Partez, ma fille, partez à l'instant même. Je vais écrire à la supérieure de la maison où vous entrerez. Pendant que je ferai ma lettre, vous rassemblerez vos petits effets et vous prendrez mon cabriolet. Antoine vous conduira; il n'est pas dans les convenances que nous voyagions ensemble. — Et vous, digne et respectable homme, et vous? — Je me passe volontiers de ma voiture lorsqu'elle est utile à d'autres. »

Il sortit, et mademoiselle Javotte commença son petit paquet. Je courus chercher le peu que je possédais et je le jetai dans sa cassette. « Pourquoi cela, mon petit Jérôme? — Je fais aussi mon petit paquet. — Je te devine, aimable enfant. Ce que tu projettes ne peut avoir lieu. — Je ne projette pas, mademoiselle Javotte ; je pars avec vous. — Eh! mon cher petit, que puis-je pour toi quand je vais avoir besoin de la protection de tout le monde? — Comment, mademoiselle Javotte! vous me laisserez au presbytère? — Il le faut, petit ami. — Vous ne savez pas quel mal vous me faites! — Tu ignores ce que je souffre. C'est à ton affection que j'ai dû les seuls instants heureux dont j'ai encore joui. »

Je pleurai amèrement; c'est la ressource de l'enfance malheureuse. Mademoiselle Javotte pleura aussi, et je pleurai plus fort. En pleurant elle ôtait de sa cassette ce que j'y avais mis ; elle la fermait à clef. Elle me rendit le chiffon qui renfermait mes six sous. « Garde cela, me dit-elle. Si un jour tu deviens riche, comme tant d'autres, ce chiffon te rappellera ce que tu as été, et ton cœur ne s'endurcira point. Accepte cet écu de cinq francs, c'est tout ce qui me reste. Conserve-le aussi, si tu le peux: tu penseras en le regardant à Javotte, qui t'aimait bien, et qui te regrettera longtemps. Adieu, Jérôme, je pars. »

Je ne pouvais plus parler ; je la suivais, suffoqué de sanglots ; je prenais sa jupe avec force ; je voulais la retenir, et j'arrivais avec elle à la salle où étaient le grand vicaire et le curé.

« Monsieur, dit-elle à son ancien maître, nous allons nous séparer. Je vous demande une dernière grâce, que peut-être vous n'avez pas le droit de me refuser. Prenez soin de cet enfant ; cultivez ses heureuses dispositions, et, lorsqu'il se permettra quelques espiègleries, si naturelles à cet âge, souvenez-vous que je ne suis plus là pour tempérer votre sévérité, et traitez-le avec douceur. »

Le curé, l'œil morne, les mains croisées sur sa poitrine, ne répondit pas un mot. Le grand vicaire promit pour lui. Que me faisaient à moi ces promesses? Que m'eussent fait les marques d'affection de l'univers entier? Mademoiselle Javotte partait, et sans moi !

Antoine vint prendre sa cassette et lui dire que le cabriolet l'attendait. Elle salua profondément le grand vicaire, reçut de lui la lettre qu'il venait d'écrire et regarda le curé, qui se leva à demi de son siége en poussant un profond soupir.

Je la suivis dans la cour ; elle se baissa vers moi, et mes bras s'élancèrent à son cou: elle ne pouvait se détacher de moi. Antoine, le cruel Antoine, sépara ses mains si caressantes, et il aida mademoiselle Javotte à monter. J'eus à peine le temps de baiser le plus joli pied, et je restai sur la chaise où il s'était appuyé, et où je démêlais encore son empreinte.

On trouvera que j'ai bien de la mémoire. Que serait-ce donc si je rendais compte des différentes nuances de sentiments qui se succédaient en moi avec une rapidité étonnante et dont aucune ne m'est échappée! Tout ce qui sort des habitudes de la vie se grave sur des organes neufs comme sur l'airain et ne s'efface jamais.

Le grand vicaire, qui ne considérait ma douleur que comme un simple enfantillage, ne pensa point à me consoler. J'avais cependant un grand besoin de consolation, et de tous les malheurs que j'ai éprouvés dans le cours de ma vie, aucun ne m'a été aussi sensible que celui-ci.

Je restai isolé dans ce presbytère, ne voyant rien de ce qui m'environnait, et cherchant toujours celle qui n'y était plus. Il ne existait pas un meuble, il n'y avait pas une place qui ne me donnassent des souvenirs heureux et des regrets cuisants, toujours accompagnés de larmes. Quel est donc ce sentiment, si ordinaire à l'enfance, si étranger à l'amour et si supérieur à la simple amitié?

Il y avait quelques jours qu'elle était partie. Le curé ne m'adressait jamais la parole ; le bedeau me brusquait ; une vieille gouvernante qui avait remplacé mademoiselle Javotte, me donnait, d'un air refrogné, mon très-exact nécessaire. Pourquoi donc les vieilles filles sont-elles toujours acariâtres? Ah ! c'est qu'on n'oublie jamais les dédains qu'on a éprouvés. L'amour-propre blessé est un ver qui ne périt qu'avec le cœur qu'il ronge.

Mon état était réellement insupportable pour un enfant accoutumé à être gâté. C'est alors que je sentis tout ce que je devais à mademoiselle Javotte, et j'éprouvais le plus vif désir de la retrouver. Je lui avais à la vérité, promis de rester au presbytère ;

mais je ne m'étais point engagé à ne m'en point faire chasser. Elle m'avait prié de garder son écu de cinq francs; mais le dépenser pour me réunir à elle, c'était en faire un très-bon usage. Ces raisonnements me paraissaient sans réplique, et, à tous les âges de la vie, on connaît l'art de mettre une sourdine à sa conscience.

Je ne savais où la trouver; mais en supposant que Paris fût du double plus grand que la ville que j'habitais, je ne devais, pour trouver mademoiselle Javotte, que prendre la peine de la nommer. Une figure comme la sienne devait avoir été remarquée de tous ceux qui l'avaient vue, et recherchée par les autres, qui n'auraient pas manqué d'en entendre parler. Je résolus donc de m'en faire chasser.

Dans le même jour, je renversai le pot-au-feu de la vieille, qui me donna du pied dans le derrière; je laissai tomber le missel sur le nez du bedeau, qui me donna par les reins du bâton argenté de la croix; je répandis toute la sauce d'un civet de lapin sur le rabat de M. le curé, qui me tira les oreilles.

Ce n'était pas là mon compte : je voulais être chassé et non battu. Je jugeai qu'il fallait trancher dans le vif. Je me fis des papillotes avec les feuillets d'un beau bréviaire romain.

Oh! cette fois il n'y eut plus de rémission. Le curé demanda à son bedeau si de pareils griefs ne justifieraient pas mon expulsion auprès de M. le grand vicaire. Le bedeau répondit que si ceux-là ne suffisaient point on pouvait en ajouter d'autres. Le curé, pour avoir tout le monde de son côté, fit un prône où il exposa charitablement mes fautes de la manière la plus désavantageuse pour moi, et, en descendant de la chaire de vérité, il me notifia que je redevenais l'enfant de la Providence, c'est-à-dire que je ne devais plus compter sur lui.

Je ne me le fis pas dire deux fois; je sautai hors de la sacristie, et je donnai en sortant un grand coup de sabot dans les jambes de l'humoriste gouvernante. C'est la seule fois que j'aie manqué à la vieillesse. J'ai respecté depuis toutes les vieilles femmes qui méritaient de l'être; mais je n'ai pu en aimer aucune. Une vieille femme est un arbre usé qui n'a ni fruits ni feuilles, mais qui tient encore à la terre.

CHAPITRE III.

Jérôme, en courant après sa bonne amie Javotte, rencontre d'abord des aubergistes peu scrupuleux, puis le lieutenant Ruder, excellent cœur, mais pas beau et par trop incandescent. — L'heureuse étoile de Jérôme commence à se montrer : Parti mourant pour l'hôpital, il se réveille soigné par M. et madame la Générale, leurs laquais, un médecin, mademoiselle Roxelane, et enfin par Javotte sous les traits de sœur Madeleine. — Quoique malade, notre héros a des idées trop précoces... Avant la fin du chapitre, le lecteur rira de l'amusant flagrant délit du docteur avec Roxelane, et il entendra la confession intéressante de sœur Madeleine; il lui sera beaucoup pardonné, parce qu'elle a peu aimé.

J'étais fort aise d'être débarrassé de mon curé, et je m'applaudissais des niches que je lui avais faites. Je ne savais pas trop ce qui s'était passé entre lui et mademoiselle Javotte; mais j'avais fort bien compris qu'il avait eu des torts avec elle, et cela avait singulièrement ajouté à l'antipathie naturelle qu'il m'avait toujours inspirée. Elle était telle alors que je n'avais pas voulu rentrer au presbytère pour y prendre ma seconde chemise et mon second mouchoir.

Gai comme le plaisir, droit comme un jonc, j'avançais à grands pas sur la route de Paris. Je me proposais de ne ménager ni mes jambes, ni ma bourse. L'espérance doublait ma force, et avec un écu de cinq francs et six sous, on peut faire le tour du monde. Pour me réconforter je pris dans le jour deux forts bons repas qui valaient quinze sous chacun, et que je payai quatre francs les deux, parce que les aubergistes sont de très-honnêtes gens, qui se feraient surtout un scrupule de tromper un enfant.

J'étais un peu étonné de la rapidité avec laquelle disparaissaient mes finances; mais j'arrivai le soir à Charenton, bien que la journée fût très-forte pour mon âge. Je n'avais plus, à ce qu'on me disait, qu'une lieue à faire pour la retrouver, et jamais je n'avais eu besoin d'argent auprès d'elle.

J'avais faim, et je me décidai à manger mon reste. Je me fis servir magnifiquement le morceau de petit salé et chopine de vin à douze; je réfléchis en mangeant qu'il était inutile que je couchasse à Charenton, parce que je ne m'approchais pas de mademoiselle Javotte en dormant, et quoique je sentisse de grandes douleurs dans les jambes, je résolus de me remettre en route à l'instant, et de respirer au moins l'air que respirait mademoiselle Javotte, si je ne pouvais la voir avant le point du jour.

Je ne trouvai qu'une difficulté à l'exécution de mon dessein : c'est que le cabaretier me demandait trente sous, et je n'en avais que vingt-six. Je me repentis d'avoir fait si bonne chère; mais cela ne comblait pas le déficit. J'avais heureusement affaire à un homme à expédients. Pour les quatre sous qui me manquaient, il m'ôta très-poliment ma veste de dessus le corps, et il me souhaita un bon voyage du ton le plus affectueux.

Que m'importait à moi de n'avoir plus de veste? Ce n'était pas d'ailleurs mes vêtements que mademoiselle Javotte aimait : ainsi il devait lui être égal que je fusse nu ou habillé.

J'arrivai à la barrière, où un monsieur me demanda, en étendant les bras et en bâillant, si je n'avais rien à déclarer. J'étais en chemise et je ne portais qu'un bâton que j'avais trouvé le long du parc de Bercy. Je répondis que je déclarais que je venais voir mademoiselle Javotte et je priai qu'on m'indiquât sa demeure. « Qu'est-ce que c'est que cette Javotte? — Comment, monsieur, vous ne connaissez pas mademoiselle Javotte! — Eh! non, je ne la connais point. — Vous ne connaissez pas mademoiselle Javotte! — Allons, passe, morveux et ne me fais pas perdre mon temps à écouter tes niaiseries. »

Il n'est pas poli, ce monsieur-là, me disais-je en enfilant la première rue qui se présenta : J'en trouverai sans doute de plus obligeants. J'avance, je tourne à droite, je tourne à gauche, et je ne rencontre que quelques chiens qui couchaient sous des auvents, faute de mieux. Minuit sonna, et je marchais toujours. J'arrivai à un endroit où il y avait beaucoup de parapluies ou de parasols rouges. Je jugeai qu'à Paris il ne pleut ou il ne fait grand soleil qu'à cet endroit-là, et je crus convenable de me coucher sur le pavé, afin de me réveiller aux premiers rayons du jour.

Je m'étais fait un oreiller d'une poignée de feuilles de chou, qui s'étaient trouvées à mes pieds, et j'allais en effet me coucher, parce que ce que j'avais de mieux à faire était de dormir. J'entends quelque bruit ; je me retourne. Je vois un beau monsieur qui me fit peur d'abord, parce qu'il avait l'épée à la main ; il était suivi de quelques autres messieurs qui me firent peur aussi, parce qu'ils avaient un fusil sur l'épaule.

J'invoquai mademoiselle Javotte, et j'abordai bravement le beau monsieur. Je lui réitérai l'interpellation que j'avais faite au commis, et il répondit à ma question par une autre : ces messieurs-là ont la manie d'interroger. Il voulut savoir qui m'avait déshabillé. Je lui racontai le fait en quatre mots, parce que je n'avais pas de temps à perdre, et je demandai encore où demeurait mademoiselle Javotte. « Je n'en sais rien, mon petit homme, et certainement personne ne te donnera de ses nouvelles à l'heure qu'il est. La nuit est fraîche, viens en passer le reste au corps de garde, et demain nous verrons. »

Un beau monsieur comme celui-là devait avoir un meilleur domicile que celui que je m'étais élu sous le parasol. Ce qu'il appelait corps de garde était sans doute un magnifique château, et puisqu'il fallait attendre, j'aimais mieux être bien que mal.

Je suivis le beau monsieur, qui me fit entrer dans un espèce de trou dans lequel on n'avançait qu'à travers un nuage de fumée de tabac qui obstruait l'atmosphère depuis le sol jusqu'au plafond. Mon conducteur m'approcha des yeux une chandelle mince et jaune qui devait s'éteindre sans avoir été mouchée, parce que tout le monde n'a pas le courage de moucher la chandelle avec ses doigts.

« Il est vraiment très-joli garçon! Mon ami, veux-tu servir en qualité de mousse sur les vaisseaux de l'État? — Monsieur, je ne veux servir que mademoiselle Javotte. — Dans la marine, mon petit homme, on ne manque de rien. — Oh! on ne manque de rien avec mademoiselle Javotte... et... je... vous assure... monsieur... » Ici mes deux mâchoires commencèrent à battre l'une contre l'autre une inégalité remarquable. J'étais excédé de fatigue ; j'avais eu chaud, j'avais eu froid, et une fièvre violente se manifestait de manière à persuader à ce beau monsieur que de longtemps je ne serais en état d'entreprendre la route de Brest à pied.

Il tira de sa poche une fiole empaillée et m'invita à en prendre rasade, en m'assurant que cela me ferait le plus grand bien. Je bus sans goûter, et je fis une grimace épouvantable en rendant la bouteille : c'était la première fois que je goûtais l'eau-de-mort, si improprement appelée eau-de-vie.

Le frisson dura deux heures et au frisson succédèrent la chaleur et l'altération. Je vidai sept à huit triboulettes d'eau, dans lesquelles mon nouveau protecteur jetait toujours quelques gouttes de sa fiole pour corriger, disait-il, la crudité du fluide. La fièvre exalta mon cerveau comme celui de tous ceux qu'elle attaque, et comme tous les fiévreux je parlai plus et mieux que de coutume. Il y a même apparence que je parlai bien, car tous ces messieurs m'entourèrent et écoutèrent dans un plus profond silence le récit de mes aventures, que j'interrompais souvent pour adresser à mademoiselle Javotte des protestations d'affection et de reconnaissance. L'un de mes auditeurs, grand diable à moustaches et décoré d'une cicatrice qui commençait au haut du front et se terminait au bas de la bouche, tira de sa poche un mouchoir bleu farci de tabac, grand comme un carré de papier : il le porta sur ses yeux. « Sacrebleu! dit-il, jamais Va-de-bon-Cœur n'avait versé une larme ; est-ce que ce petit h...là est sorcier? » Mon protecteur me regardait d'un air attendri. L'un étendait sa capote sous moi, un autre essuyait la sueur qui coulait à flots sur mon visage, un troisième agitait avec son chapeau l'air, qu'il cherchait à rafraîchir. A ces soins empressés donnés à un enfant, eût-on reconnu ces hommes qui, sur le champ de bataille bravent la mort et la donnent sans pitié? Les peuples de l'Orient avaient eu raison d'admettre jadis un bon et un mauvais principe qui nous dominent tour à tour.

Il était jour, et le mauvais principe avait considérablement empiré mon état physique. Une voiture couverte passa devant le corps de garde, et le beau monsieur appela le conducteur. « Quelle est cette espèce de charrette? — Mon officier, c'est le corbillard de l'Hôtel-Dieu. — Es-tu chargé? — Non, mon officier, je retourne. — Lève ton couvercle et prends ce petit garçon. — Et que voulez-vous que j'en fasse? Comment, coquin! ne vois-tu pas qu'il est malade, très-malade? — Après, mon officier? — Descends-le à ton hôpital et remets-le à la supérieure. — Mais, monsieur... — Paix! — On ne reçoit chez nous... — Paix te dis-je. — Que des malades recommandés. — Eh bien! tu diras que je le recommande. — Mais cela ne suffit pas, mon officier. — Quelle recommandation faut-il donc encore? — D'abord il faut la vôtre par écrit — Oui, allons, je vais écrire, quoique je m'entende pas à manier une plume comme un sabre.

« Moi, lieutenant au 2ᵉ bataillon de la sixième demi-brigade, qui ai laissé un pouce à Arcole, un œil à Lodi et presque tout mon sang à Hohenlinden ; qui ai été fait sergent à la première affaire, sous-lieutenant à la deuxième et lieutenant à la troisième, parce que je suis dans l'habitude de prendre à chaque action un drapeau ou une batterie à l'ennemi ; moi, dénommé ainsi que dessus, je recommande aux sœurs de Charité, qui doivent être charitables, un beau petit garçon qui mourra à la porte de l'Hôtel-Dieu si on ne lui permet pas d'y entrer, ce qui serait fâcheux, car le petit drôle doit faire un jour un joli soldat.

« Je recommande aussi ma redingote dans laquelle je vais l'envelopper et que j'irai reprendre quand l'enfant sera mort ou guéri, attendu que je n'ai que celle-là.

« Votre serviteur,
« RUDER.

« Écoute, cocher de la mort, ce que je vais te lire, et plus de raisonnements. »

Lecture faite, il y avait bien encore des formalités à remplir selon le cocher ; mais selon M. Ruder, M. Va-de-bon-Cœur et compagnie, tout était à merveille, et quelques jurons accompagnés de gestes significatifs terminèrent la contestation. Mon protecteur me porta dans le corbillard, me roula dans sa capote, mit sous ma tête une bûche en forme d'oreiller, me souhaita un prompt rétablissement et referma le couvercle sur moi.

La force du mal, l'eau-de-vie que j'avais bue, le défaut d'air, les cahots de la voiture, les coups que je me donnais à la tête contre mon oreiller, tout contribuait à me rendre bien plus malade encore, je me sentais défaillir. J'appelai le cocher à mon aide. Ce cri, où j'avais mis ce qui me restait de forces, acheva de les épuiser, et je m'évanouis.

Je ne vous dirai pas encore ce qui se passa pendant ma léthargie ni combien de temps elle dura. Lorsque je revins à moi, je promenai autour de ma chambre des yeux étonnés : j'étais en paradis où je rêvais.

Des murs presque d'or, des miroirs plus grands que moi; de tous les côtés des fauteuils de soie, des rideaux de même; une horloge portée par deux femmes de neige, un lit où j'enfonçais jusque par-dessus les oreilles, que sais-je, moi? Tout cela était aussi supérieur au presbytère que le presbytère l'était à la cabane de maître Jacques.

Un monsieur tout noir et habillé tout de neuf, mais qui avait à ses manchettes autant de petits trous qu'il y a d'étoiles au firmament, tenait une de mes mains dans les siennes : il levait les yeux au ciel de mon lit, il les reportait sur moi ; il me quittait pour aller chanter un petit air devant la cheminée, il revenait pour me faire tirer la langue, ce que je ne voulais pas me permettre d'abord parce que je savais qu'il n'est pas honnête de tirer la langue à quelqu'un.

Le monsieur noir me tira la sienne, sans doute pour me persuader par l'exemple, et en effet je lui rendis en franc polisson grimace pour grimace. « Bien, s'écria-t-il, bien, au mieux! la langue est humide, vermeille... Voilà une langue admirable. » Je ne me doutais pas qu'on pût admirer ma langue ; mais, comme j'ai toujours eu assez d'amour-propre, je ne fus pas insensible à ce compliment, quoiqu'il me parût d'un genre extraordinaire.

Bientôt mes idées se représentèrent, et la première qui me vint fut le souvenir de mademoiselle Javotte. Je priai le monsieur aux manchettes trouées de l'envoyer chercher à l'instant : il me répondit à peu près comme ceux que j'avais déjà interrogés. Outré, furieux de ne rien apprendre d'elle, je fis un effort pour me lever en protestant que j'allais la chercher moi-même. Le monsieur, effrayé de ces paroles, courut tirer un cordon, et deux grands messieurs galonnés comme des princes entrèrent aussitôt. « Picard, Tourangeau, dit l'homme noir, ne le perdez pas de vue et empêchez-le de se lever. » A l'instant MM. Picard et Tourangeau passèrent l'un à ma droite et l'autre à ma gauche et s'emparèrent de ma personne. Dès que je levais la tête, et je ne pouvais lever que cela, bien que je voulusse courir après mademoiselle Javotte, ils me la replaçaient bien doucement sur l'oreiller, et je cessai de lever la tête quand je vis que cela ne me menait à rien.

Le monsieur noir prit son chapeau, fit en passant une espèce de révérence à je ne savais encore quoi qui était derrière mes rideaux, et sortit en disant : « Elle dort, et en effet elle doit être fatiguée. Si je vous avais laissée faire, madame de la Nativité, il y a huit jours que ce petit garçon serait en terre. »

Dès que le monsieur fut sorti, MM. Tourangeau et Picard quittèrent le ton caressant qu'ils avaient pris avec moi. L'un s'assit sur le bord de mon lit et l'autre fut faire des mines devant un miroir.

« Parbleu ! madame avait bien besoin de s'inquiéter des cris qui sortaient de ce corbillard. — Et de recueillir ce petit malheureux-là. Depuis huit jours nous ne cessons de tourner autour de lui ; je suis sur les dents. — Et moi donc ? et les deux femmes de chambre malades de fatigue ? — Oh ! toi, tu as un tempérament de fer. — Pas du tout. J'ai perdu l'habitude du travail... — Et il n'y a que six mois que tu es laquais. — Il n'en faut pas tant pour s'accoutumer au bien-être, et tiens, Picard, tâchons d'oublier notre origine. — Je le veux bien, Tourangeau. Cette méthode a ses agréments, elle est de plus très à la mode.

« Viens donc ici et laisse ce marmot. Sa maladie coûtera plus à madame qu'une gratification à chacun de nous... — Que nous n'aurons pas... — Nous qui la servons avec un zèle !... — Ou qui du moins en avons l'air. Ah ! le plaisir d'entendre chuchoter dans un thé, dans un cercle : cette femme-là est aussi bienfaisante que jolie... — Oui, et la lettre que l'on fait écrire par un ami aux journalistes, qui font un récit bien pathétique, bien exagéré de l'aventure. Et quand elle a pénétré jusqu'à la rue Saint-Denis et que l'enthousiasme est tombé, on met le petit protégé à l'hôpital et on ramène sur soi l'attention par un équipage vélocifère ou par des diamants montés sur un dessin nouveau.

« — Mais sais-tu, Picard, que nous ne médisons pas mal de nos maîtres ? — Ma foi ! c'est un dédommagement bien naturel des dégoûts dont ils nous abreuvent. — Convenons aussi que sans certains petits désagréments notre sort serait plus heureux que le leur. — Je le crois bien, ma foi ! nous jouissons du présent sans nous inquiéter de l'avenir. Si une femme de chambre un peu piquante a des bontés pour nous, nous ne les devons qu'à notre mérite, lorsque le maître ne les obtient qu'à force d'argent. — Et lorsque la maîtresse elle-même nous préfère au maître ! —

Oh ! ici ce n'est pas l'usage. Madame a de la vertu. — Elle est pourtant bien jolie. — Où serait le mérite si c'était une guenon ?

La conversation se fût sans doute prolongée sans deux ou trois bâillements que j'entendis très-distinctement et qui ramenèrent MM. Picard et Tourangeau à leur poste. Ils recommencèrent à me sourire ; ils arrangèrent mon oreiller et m'humectèrent les lèvres avec du miel rosat.

Un moment après j'entendis marcher très-doucement, et ensuite je vis une dame qui me parut vieille, mais qui avait le regard doux ; qui n'était vêtue que de laine grise, mais qui était d'une grande propreté. Elle tenait d'une main une superbe tasse et de l'autre une cuillère d'or. Elle en prit quelques gouttes et me les présenta. J'ouvris la bouche et je bus. « Comment donc, s'écria-t-elle, la connaissance lui serait-elle revenue ? — Oh ! tout à fait, madame, répondit M. Tourangeau. — Où en serions-nous, reprit la vieille, si je n'avais modifié les ordonnances du docteur ? l'enfant eût fini le quatrième jour. Au reste, que le bon Dieu soit loué ! il ne parle plus de sa Javotte. — Eh ! madame, reprit Picard, il fait bien pis : tout à l'heure il voulait se lever pour courir après elle. — En ce cas, continuons une diète austère. Il faut affaiblir ce cerveau-là pour le calmer. Je cours annoncer à madame la révolution qui vient de se faire. » Et elle se mit à trottiller.

Pour passer le temps agréablement, je pensai à ma bienfaitrice. Son éloignement m'affligeait beaucoup ; mais son image amenait toujours quelques pensées de bonheur.

La vieille dame rentra bientôt ; elle était suivie d'une jeune femme... jolie... oh ! jolie... et mise... ! il fallait voir ! Elle s'approcha de mon lit avec beaucoup d'empressement. A son aspect, MM. Picard et Tourangeau prirent une attitude respectueuse ; mais un troisième monsieur, bien plus doré qu'eux, tenait sans façon la main de la jeune femme, qui ne s'en défendait pas du tout, et il lui parlait du ton le plus familier.

« Je suis enchantée, lui dit-elle, du succès de mes soins ; le voilà qui revient à la vie. Voyez donc, mon ami, comme il est bien ! Mais que ferons-nous de cet enfant quand il sera rétabli ? — Comment ! madame, ce que nous en ferons ? — Nous ne l'aurons pas tiré des bras de la mort pour le jeter dans ceux de l'indigence. — Eh bien, madame en pourra faire un fort joli jockey. — Oh ! non, non, général, ne l'avilissons pas : le bienfait tout entier. » Ici, MM. Picard et Tourangeau firent la grimace.

« Voyons donc, madame, ce que vous comptez faire de ce petit garçon. Cela ne sait rien, et... —

Pardonnez-moi, monsieur, je sais très-bien lire. — Ah! ah! — Oui, monsieur, j'écris même très-proprement à ce qu'assure mademoiselle Javotte. — En vérité? — Et j'irai très-loin dans la latinité, à ce qu'a dit monsieur le curé. — Diable! — Allons, mon ami, ne le persiflez pas: songez qu'il ne peut se défendre. — Je me garderai bien, madame, de persifler un savant, fort du témoignage d'un curé et de mademoiselle Javotte. Il faudra que j'en fasse au moins mon secrétaire. — Ah! c'est de moi que monsieur s'amuse maintenant. — Il est vrai que je vous aime trop, madame, pour vous respecter beaucoup. — Et pas assez pour me marquer des égards. — De l'humeur, ma chère amie, de l'humeur pour de simples plaisanteries! Crois-moi, ne bannissons point la saillie; elle picote quelquefois; mais elle ramène au sentiment, qui malheureusement s'use quand on n'en est pas économe. » En disant cela, le monsieur tire la dame sur ses genoux; la dame lui donnait de petites tapes sur les joues; enfin elle l'embrassa de tout son cœur.

— Sais-tu ce que je me propose de faire de mon petit malade? — Non, conte-moi cela. — Je l'habillerai convenablement. — Bien! — Je lui ferai partager les leçons qu'on donne à mon fils. — Au mieux! — L'émulation s'établira entre eux, et ils y gagneront l'un et l'autre. — A merveille! — Mais, monsieur, vous me traitez comme un enfant. — Oh! une femme raisonnable comme toi! — Apprenez de moi, monsieur le général, qu'il est sage de se ménager des souvenirs heureux; c'est un baume pour les infirmités de la vieillesse. — Je reprends mon sérieux, ma bonne amie, et je n'ai rien à objecter à un semblable motif. Voilà donc votre protégé établi ici à perpétuité. — Général, tu es charmant quand tu le veux. — Vous daignez encore vous en apercevoir. — Allons, mon petit, remerciez le général. Ah! comment vous nommez-vous? — Jérôme, madame, pour vous servir. — Ce nom-là n'est pas sonore; mais qu'importe? on peut l'embellir avec du mérite et des qualités. Jérôme, remerciez le général.

J'étais, sans doute, très-disposé à remercier le général, ou tout autre époux qu'il eût plu à la jeune dame de se donner; mais il m'avait fait une phrase qui m'embarrassait parce que je ne l'entendais pas précisément, et il me semble bon de l'entendre. Je demandai d'un air timide ce que voulait dire *établi ici à perpétuité*. La jeune dame me répondit avec bonté que cela signifiait que je ne la quitterais plus. « Ah! mon Dieu! m'écriai-je, loin de remercier, comment voulez-vous que je retrouve mademoiselle Javotte? — Quelle est donc cette Javotte? demanda le général. — C'est une jeune fille belle comme madame, qui ne m... nnaissait pas plus que madame; qui ne m'a fait que du bien comme madame; qui m'en a fait beaucoup, qui m'en a fait longtemps, et il faut que je la retrouve ou que je meure. — Ma bonne amie, il est reconnaissant, le bienfait est très-bien placé, et je veux partager avec vous un acte estimable que je ne considérais que comme une simple fantaisie. Mais retirons-nous. Un moment, général; je veux savoir l'histoire de mademoiselle Javotte. — Ma bonne amie, l'histoire de mademoiselle Javotte peut se remettre à un autre jour. — A la bonne heure... Ah! j'ai deux mots à dire à madame de la Nativité.

« Je vous remercie, madame, des soins que vous avez rendus à cet enfant; mais je ne souffrirai pas que vous les prolongiez davantage: je vais vous faire reconduire, et vous m'enverrez une de vos sœurs... Adieu, Jérôme... J'ai pourtant bien envie d'entendre l'histoire de mademoiselle Javotte!... Allons, allons, mon ami, je sors; il est inutile de tant me serrer les doigts. »

Si la jeune dame avait envie de connaître mademoiselle Javotte, j'en avais une bien plus forte d'en parler. Il est si doux de s'entretenir de ceux qu'on aime! La jeune dame avait paru s'intéresser à ma bienfaitrice: c'était assez pour que je l'aimasse aussi.

Malgré cela, je pensais, qu'en dépit du décret qui me fixait là à *perpétuité*, je ne manquerais pas de m'échapper, dès que j'aurais recouvré l'usage de mes jambes; mais aussi je me promettais de n'oublier jamais la jeune et jolie dame.

Une autre jeune personne, à l'œil noir et perçant, au nez en l'air, à la bouche perlée, vint prendre madame de la Nativité. Elle était suivie d'un troisième monsieur tout galonné, portant des paquets sous les deux bras. « Eh! mon Dieu! qu'est-ce que tout cela? dit la vieille religieuse. — C'est du sucre et du café, lui répondit la demoiselle au nez retroussé. — Mais madame sait bien que mon devoir est de servir les malades. — Elle sait aussi qu'une marque de reconnaissance ne saurait vous déplaire. — Me déplaire, non. — Madame accepte. La Fleur, mettez cela dans la voiture. »

Madame souriait d'un air agréable et se disposait à sortir, lorsque le monsieur aux manchettes à mille trous rentra et revint me prendre la main. Apparemment, me disais-je, que ce monsieur-là a un goût particulier pour les langues et les mains. » De mieux en mieux! Je permets une pincée de vermicelle dans le bouillon, et la cuillerée de gelée de groseille quand cela flattera le malade: il faut lui rendre un peu de force. — Pas du tout, monsieur le médecin, reprit madame de la Nativité; observez qu'il y a encore dérangement au cerveau. — Parce qu'il est vide. —

Parce qu'il est exalté. — Du vermicelle. — De la diète. — De la gelée de groseille. — De la diète, de la diète, vous dis-je. — Ah! madame exerce aussi la médecine ? — Point d'ironie, monsieur. Si je n'ai pas le bonnet de docteur, je possède ce qu'il ne donne point, une longue expérience. — Vous me permettrez, madame, de l'estimer à sa juste valeur. — Ces jeunes médecins sont d'une hauteur !... — Et les vieilles d'une importance ! — Modérez-vous, s'il vous plaît, monsieur, et sachez que j'étais supérieure de l'Hôtel-Dieu que vous n'étiez pas encore sur les bancs. — Oh ! je sais cela, madame ; je sais même que vous aviez déjà une *longue expérience* lorsque vous êtes entrée à l'hospice. — J'avoue que je n'étais pas jeune ; aussi, détrompée des vaines jouissances du monde, je me suis livrée exclusivement à mon état. — Je le crois, madame ; les femmes ressemblent aux girouettes : quand elles se rouillent, elles se fixent. »

Madame de la Nativité se taisait, se rongeait les ongles, rougissait, pâlissait. Elle cherchait sans doute quelque méchanceté qui pût s'accorder avec les bienséances de son état, et il faut, pour trouver de ces traits-là, une présence d'esprit que n'a pas toujours une femme piquée, et cette vivacité d'imagination qu'a rarement une sœur de la Charité. Aussi madame de la Nativité continuait à garder le silence ; elle paraissait tourmentée en proportion des difficultés qu'elle éprouvait à exhaler décemment sa bile, et le docteur, ajustant son jabot, regardait d'un air triomphant la Roxelane de l'hôtel, si loin encore de l'âge où les femmes se *fixent*, qu'elle ne croyait pas que la comparaison pût la regarder jamais. Il est une saison de la vie où on ne connaît que les ris, les jeux et l'amour. Derrière eux se cachent l'ennui, les chagrins, le repentir, et on ne les aperçoit que lorsque l'on ne peut plus leur échapper.

M. de la Fleur ne savait que faire de ses paquets, madame de la Nativité ne savait comment sortir ; le docteur, las de chiffonner son jabot, ne savait plus quelle contenance tenir ; MM. Picard et Tourangeau se regardaient et avaient l'air de se dire : Voyons comment cette scène finira. La demoiselle au nez retroussé chantait : c'est assez ordinairement ce que fait une jeune personne qui craint d'adopter un parti parce qu'elle veut les ménager tous. Pour moi à qui tout cela était fort égal, j'attendais le vermicelle et les confitures avec assez d'impatience, lorsqu'un grand bruit, un bruit du diable se fit entendre dans la cour.

Madame de la Nativité feignit d'avoir peur et se sauva ; M. de la Fleur la suivit avec son sucre et son café ; Roxelane suivit M. de la Fleur ; le médecin sortit, et glissa un papier roulé dans la main de Roxelane, et cette main passée derrière le dos, attendait probablement quelque chose.

MM. Picard et Tourangeau n'avaient pas précisément déserté leur poste ; mais, aux premiers cris, ils avaient couru à la croisée pour voir ce qui se passait dans la cour, et le docteur ne soupçonnait pas qu'un enfant pût remarquer un billet donné et reçu ; avis aux imprudents de toutes les classes.

Cependant le bruit croissait et s'approchait toujours. La voix du général se mêlait à celle de deux hommes dont l'un paraissait traiter l'autre de la plus dure manière ; enfin on entra dans ma chambre.

C'était le lieutenant Ruder qui tenait par le collet le cocher du corbillard de l'Hôtel-Dieu. « Tu dis, coquin, que tu l'as déposé ici. Je ne m'en rapporte point à toi ; je veux le voir de l'œil qui me reste. — Je vous répète, mon officier, que, d'après l'ordre d'une dame, je l'ai pris sous mon bras, et que je l'ai monté dans cette chambre même où je viens de vous conduire... Eh ! que diable, le voilà dans son lit ; regardez-le de votre œil et laissez-moi.

— Il est fort extraordinaire, mon camarade, reprit le général, qui se mettait toujours en tiers dans la conversation sans pouvoir se faire écouter, il est fort extraordinaire que vous vous conduisiez chez moi avec cette indécence. »

M. Ruder, qui m'avait vu, se calma tout à coup et lâcha l'homme au corbillard. « Pardon, mille pardons, mon général ; mais je voulais savoir des nouvelles de ce joli petit garçon que j'ai expédié, par le fourgon de ce drôle-là, pour l'Hôtel-Dieu, où trois ou quatre béates m'ont assuré qu'il n'avait pas été déposé. Depuis huit jours je cherche ce coquin sans pouvoir le trouver, parce qu'il est toujours sur le siége ou au cabaret, et enfin je viens de le rencontrer chargé pour Clamar. Je l'ai fait descendre à coups de plat de sabre, et j'ai commencé par cinq ou six paires de soufflets. Un homme qui marchait en avant, me criait de respecter sa médaille, et il voulait ôter ce maraud de mes mains. J'ai respecté la médaille, mais j'ai rossé l'homme avec le fouet du cocher. Les chevaux, sur qui je frappais quand je manquais l'homme, ont pris le mors aux dents ; ils ont renversé un cabriolet, l'âne d'une laitière, et enfoncé le vitrage d'une marchande de modes. La marchande de modes, ses filles de boutique, la laitière, son chien, un monsieur qui était dans le cabriolet, se sont mis aux trousses de l'homme à la médaille. Étourdi par le nombre il a pris la fuite, et le chien a couru après lui ; il a déchiré son habit et l'a mordu à la fesse. Pendant que l'homme se frottait la partie malade, les assaillants ont eu le temps de le rejoindre. La dispute a recommencé de plus belle, et on

Madame Ruder escalada son comptoir.

a fini par se battre. Je les ai laissés là, parce que je ne me mêle jamais de ce qui ne me regarde pas, mais j'ai serré la gorge à ce coquin-ci, que je soupçonnais d'avoir enterré ce pauvre petit vif, et je suis venu vérifier la déclaration qu'il m'a faite. — Oui, en me faisant marcher à coups de pieds et à coups de poing.

« — Mon camarade, vous avez blessé l'ordre public, et je vous ordonne les arrêts. — Mon général, je ne sais pas manquer à la discipline, et je m'y rends. Observez cependant que vous m'avez toujours dit qu'un soldat ne devait connaître que son sabre. J'emploie le tranchant avec les ennemis de l'État, et le plat avec les miens. Comment donc! avez-vous servi sous moi? Eh! mais...que je me rappelle. Pardon, mille pardons à mon tour, brave homme, comment j'ai pu vous méconnaître! — Il n'y a pas de mal à cela, mon général. Pour vous rappeler tous les braves, il faudrait faire une caserne de votre cerveau. — Mais je vous dois beaucoup, moi personnellement. — Rien du tout, mon général. — J'étais démonté dans la mêlée et vous m'avez remis à cheval. — C'est tout simple cela. — Un moment après, un cavalier hongrois me porta un coup de sabre; vous vous jetâtes entre lui et moi, et vous l'étendîtes à vos pieds. — J'ai fait mon devoir. — Mon ami, ceux qui le remplissent comme vous méritent d'être distingués. — Cependant, dans cette circonstance, j'en ai un indispensable à remplir : rendez-vous en prison, mon cher Ruder.

« — Mais tout à l'heure, général, il ne s'agissait que d'arrêts. — Je ne vous avais pas reconnu, mon ami, et un homme comme vous, quand il fait des sottises, doit-être puni plus sévèrement qu'un autre. Joignez à l'habitude de battre l'ennemi, celle moins brillante mais aussi louable de protéger les derniers citoyens. En prison, mon ami. — En prison soit, général... Ah! diable, j'oubliais... ce petit garçon m'avait fait perdre de vue... Et ma redingote, coquin, l'as-tu aussi déposée dans cette maison? — Pour la redingote, mon officier... — Eh bien! qu'en as-tu fait? — Je dois vous avouer... — Quoi? — Que pressé d'argent... — Le fripon a vendu ma redingote! — Non, mon officier, je l'ai mise en gage. — Ah, général! et je n'avais que celle-là. »

Et M. Ruder reprend le cocher et le rosse d'importance, et à chaque calotte il s'écriait : « Vingt-quatre heures de prison de plus, mon général. »

Aux acclamations de Ruder, aux lamentations du cocher, la jolie dame accourut précédée de toute la valetaille de l'hôtel. En la voyant, Ruder devint immobile ; il ôta respectueusement son chapeau, s'inclina profondément en passant devant elle, et il s'en allait effectivement en prison. « Ruder, lui dit le général, on n'offre point une redingote à un officier ; mais on prête de l'argent à ses amis ; voilà ma bourse. — Mon général, un honnête homme n'emprunte que lorsqu'il peut rendre, et un lieutenant n'a jamais d'économies. — Vous n'êtes que lieutenant, Ruder?... C'est vrai ; je n'avais pas remarqué l'épaulette. Mon ami, si un lieutenant n'a pas d'économies, un capitaine peut en avoir, et vous ne tarderez pas à l'être. Prenez cet argent, et, pour que vous puissiez plutôt me le rendre, vous accepterez ma table en sortant de prison. — Quel est donc, général, cet officier qui paraît vous intéresser tant ? — Madame, c'est un homme qui m'a sauvé la vie. »

Et la jeune et jolie dame passe ses deux bras arrondis au cou de M. Ruder, et baise ses joues cavées et de couleur de pain d'épices, et Ruder de s'écrier : « Morbleu! on tuerait vingt Hongrois pour un baiser comme celui-là ! » Et le général de dire : « Il n'y a, ma bonne amie, que Jérôme et vous qui ayez adouci l'humeur farouche de Ruder. »

M. Ruder sortit, et se rangea pour laisser entrer une jeune sœur de la Charité, qu'envoyait la supérieure. Elle avait la taille, la démarche de celle que je regrettais tant, et elle se tourna de mon côté. Quelle différence, grand Dieu ! une figure hachée ; une partie du nez et des sourcils mangée ! O précieuse vaccine ! et on balance encore entre toi et un mal inévitable ! et on te calomnie. L'homme est donc né pour l'erreur, puisqu'il souffre, qu'il tolère, qu'il protège ceux qui font métier de l'égarer au physique et au moral.

Il est possible cependant qu'on force les hommes à renoncer à toute espèce de charlatanisme, en supprimant les charlatans. Après des siècles d'empoisonnements publics, la police vient de défendre enfin de vendre des poisons aux coins des carrefours. Elle réprimera sans doute aussi ces distributeurs de poisons imprimés, qui dégradent une des plus belles, des plus utiles inventions, celle qui multiplie et perpétue les œuvres du génie.

Ah! si l'art de l'imprimerie eût été connu du temps du farouche Omar, que de découvertes perdues eussent passé jusqu'à nous! Que de siècles il a fallu pour arriver où nous sommes et rester en arrière des anciens peut-être en nous traînant sur leurs traces! O fureur de détruire! On n'imprimait pas, Omar, lorsque tu commandas cet incendie sacrilège, et ton nom détesté de génération en génération n'en est pas moins parvenu jusqu'à nous.

Que sera-ce donc à présent des souverains oppresseurs de leurs sujets? la postérité trouvera contre eux autant d'arrêts qu'il y a d'imprimeries dans le monde. Honneur à l'inventeur de l'imprimerie : il se nommait Gutemberg.

On a bien fait, très-bien fait de conserver son nom. Il est bon qu'on sache aussi que Jean Goja trouva la boussole, Bacon-Roger la poudre inflammable de son temps, Galilée les télescopes, le compas de proportion, les taches du soleil, les satellites de Jupiter, Aporta les besicles, Toricelli les baromètres, Drebellus les thermomètres, Copernic le système du monde, Finiguera les estampes, Jean de Bruges le secret perdu de la peinture à l'huile, Huygues les pendules, Cassini la méridienne, Pecquet le canal thoracique, Azélius les veines mézaraïques, Botal le trou communiquant du cœur au poumon, Newton le calcul intégral, différentiel, le vrai système de la lumière et de la gravitation, Renaud les galiotes à bombes, Mœland la trompette parlante, Montgolfier les ballons, etc., etc.

On nous a même conservé les noms d'Erostrate, qui brûla le chef-d'œuvre de l'architecture ancienne, le temple de Delphes, seulement pour faire parler de lui ; d'Alexandre, qui, pour le même motif, extermina le cinquième des hommes de son temps ; de César, qui versa aussi le sang à flots pour asservir sa patrie ; de Charles XII, le plus intrépide de tous les fous, et nous ignorons quel est celui qui nous apprit à substituer le blé au gland ; quel est celui qui imagina de greffer les arbres à fruit ; quel est celui qui inventa la scie et le rabot ; quels sont ceux qui nous apportèrent les pêches de la Perse, les abricots d'Ibérie, les cerises de Cérasunte au royaume de Pont, les prunes de Syrie, les grenades et les oranges d'Afrique, la soie de la Chine, le coton, le lin d'Egypte, etc., etc. Nous avons oublié ces gens-là, et nous nous rappelons les tragédies qui ont ensanglanté la terre, comme les enfants qui se rappellent les contes de revenants et de sorciers de leurs bonnes, et n'ont jamais su le nom de leur boulanger. Tout ce qui frappe notre imagination s'y grave, et il ne s'y grave presque rien qui ne soit extravagant.

Un moment : ce n'est pas de tout cela qu'il s'agit, c'est d'une sœur de la Charité. Elle remit à la jolie dame une lettre de madame de la Nativité, qui lui mandait qu'elle ne pouvait mieux faire que de lui envoyer madame de la Conception et madame de la Conception fut établie près de moi.

Elle était bien laide, mais elle avait cet air bon et patient ordinaire à ces dignes filles ; elle avait même, dans sa laideur, quelque chose qui voulait dire : Je sens le besoin d'être aimable, et on est toujours disposé à aimer ces laides-là. Son ensemble était moins cagot que celui de sa supérieure, et cela me fit plaisir.

Elle se montra aussi attentive près de moi que si elle eût été dévote. C'est que la sensibilité est de tous les âges, et qu'on ne se livre à la piété dite solide qu'à une certaine époque.

« Mon cher ami, dit la jolie dame, nous avons assez bien employé une partie de la journée, il faut changer de plaisirs ; je tiens à la variété. — Moi de même, madame. Il n'y a que deux choses dont je ne me lasse jamais. — Lesquelles, général ? — T'aimer et te le dire. — Monsieur, vous m'avez volé l'expression ; mais la pensée ?... — Entre gens qui s'aiment, celui qui rend la sienne à l'autre ne lui apprend rien ; il n'a que le mérite de parler le premier, et c'est bien peu de chose. — Toujours modeste. — Toujours indulgente.

« — Voyons, mon ami, que ferons-nous ? — Ce que voudra madame. — Oh ! moi, je ne veux rien. — En ce cas restons ici. — Non, mon ami, air peut vous être très-utile. — Vous voyez bien, madame, que déjà vous voulez quelque chose. — Oh ? je ne faire qu'une observation. — Friponne ? où irons-nous ? parlez. — Allons voir danser, mon ami. — Où ! — Où l'on danse bien. — A l'Opéra ? — Oui, ma bonne amie. — Et de là où irons-nous ? — Mais nous rentrerons, je l'espère. — Fi donc, monsieur ! Je suis engagée à deux thés et à un bal, et rien n'est d'aussi mauvais ton que de rentrer à la sortie du spectacle. — Ma chère amie, laissez le bon ton à celles dont il fait à peu près tout le mérite : vous avez assez de qualités pour vous en passer. Les Grâces ne le connaissaient pas ; elles n'en étaient pas moins séduisantes, et vous leur ressemblez beaucoup. — Le refus perce, général, malgré la douceur de l'enveloppe.

« Eh, quel plaisir pour une femme d'entendre dire d'elle, à trente ans, qu'elle est encore bien ! qu'elle... — Oh ! à trente ans ! d'ici là j'ai un siècle à parcourir. — Oui, douze ans à peu près. Mais ce siècle-là s'écoulera rapidement, ma bonne amie. Selon les probabilités ordinaires, il s'en écoulera quatre encore, et il serait dur de les passer dans les infirmités et la douleur, pour avoir bu du thé, et pirouetté aux heures où la nature veut qu'on dorme. Votre beauté est à moi, et je la conserverai le plus longtemps que je le pourrai. Votre santé est nécessaire à l'éducation de vos enfants, et vous la conserverez pour eux. Ainsi plus de veilles, ma bonne amie, je vous en prie. — Mais le ridicule monsieur ? — Les gens sensés vous approuveront : que vous importe l'opinion des fous ? »

La jeune dame fit une petite moue si jolie ! et elle courut ouvrir la porte en dansant, au-devant d'un monsieur que je ne voyais encore que par derrière.

« Mon oncle, mon cher oncle, que vous êtes aimable de venir nous voir ! que vous allez être content de moi ! Si je n'ai pas renoncé tout à fait aux plaisirs bruyants, j'ai du moins suivi la moitié de vos conseils. J'ai fait un peu de bien, et c'est, comme vous me le dites, une douce jouissance. Voyez cet amour que j'ai arraché à la mort.

« Monsieur le grand vicaire, monsieur le grand vicaire, m'écriai-je, en joignant mes mains d'un air suppliant, dites-moi où demeure mademoiselle Javotte. » Le général et sa femme se mirent à rire. « Il ne parle que de mademoiselle Javotte, il en demande des nouvelles à tout le monde. — Mais il s'adresse bien cette fois, puisque c'est moi qui l'ai placée. — Où, mon oncle ? — A l'Hôtel-Dieu. — Juste ciel ! Et ce chariot découvert m'y conduisait ! J'avais bien à faire de crier ! A la vérité, je souffrais cruellement. — Dites-moi donc, mon oncle, ce que c'est que cette Javotte ! — Son secret ne m'appartient pas. Sachez seulement que je me suis engagé à savoir si l'état auquel elle s'est vouée lui convient, et que je suis à Paris pour cela. — Monsieur le grand vicaire, faites-moi porter avec vous à l'Hôtel-Dieu ; que je la voie, que je l'embrasse ! — Il est plus facile, ma nièce, de la faire venir ici, et si vous voulez donner cette satisfaction à Jérôme... — Oh ! du meilleur de mon cœur, et, puis, en cela, j'agirai un peu pour moi. Mademoiselle Javotte ne sera pas si discrète que vous, mon oncle, elle me contera son histoire... Si madame la Conception voulait prendre la peine... — Très-volontiers, madame. Mais quel est, monsieur le grand vicaire, le nom de religion de mademoiselle Javotte ! — Ayez la bonté d'envoyer sœur Madeleine. — Madame Madeleine ! Oh ! c'est un modèle d'exactitude et de douceur ; elle est estimée de la communauté et des officiers de santé, chérie des malades... — Mais allez donc, repris-je avec la plus vive impatience, allez donc, je vous en conjure. — Et assurez-la, poursuivit le grand vicaire, que le bien que vous m'en dites lui assure mon amitié. »

Et on remet les chevaux à la voiture, et madame de la Conception descend l'escalier en deux sauts, et j'entends le bruit des roues qui n'avançaient pas à mon gré. Si j'avais pu me soutenir, j'aurais poussé le carrosse par derrière. J'étais dans une joie!... dans une agitation!... mon cœur battait avec une violence!... Des mots sans suite s'échappaient... On s'étonna de l'état où j'étais. Monsieur le grand vicaire remarqua que j'étais né avec des passions violentes, et qu'il était difficile que je ne fusse pas malheureux.

Sa nièce le pria de lui dire, au moins, d'où il me connaissait. Il répondit simplement qu'il m'avait rencontré chez un curé de son diocèse. Cette réponse était peu propre à satisfaire une femme curieuse. Elle n'insista pas, parce qu'elle jugea que sœur Madeleine serait plus communicative que son oncle. Elle l'attendait avec presque autant d'impatience que moi, car elle déclara qu'elle n'irait pas voir danser, et elle se fit adroitement honneur du sacrifice auprès de son oncle. Le général la regarda d'un air qui voulait dire : « O petite curieuse, je vous pénètre »; et pour vérifier ses soupçons, il proposa de passer dans le salon ; mais elle voulut absolument rester dans ma chambre, où elle entrait, à la vérité dix fois le jour, mais où elle ne s'arrêtait jamais.

Il fallait que le carrosse eût volé, car, bien que je comptasse les moments, je le croyais à peine arrivé à l'hospice, et il rentrait à l'hôtel. «Ah ! m'écriai-je, son empressement est égal au mien ; elle aime toujours son pauvre petit Jérôme. »

Elle entra, et sans saluer, sans voir personne, elle se précipita sur mon lit. Je me sentis pressé dans ses bras !... Quel moment ! Et pourquoi en a-t-on si peu de semblables dans la vie?

Nous parlions tous les deux à la fois, et ce n'était pas le moyen de nous entendre. Elle était toujours penchée sur mon lit ; personne ne pouvait la voir, et la jeune dame en mourait d'envie. Il y a toujours quelques irrégularités dans la figure la plus vantée ; il n'y a pas de femme qui ne s'empresse de les remarquer. Le général, aussi curieux, mais probablement pour un autre motif, avertit sœur Madeleine qu'il était temps de me laisser respirer. On aime sa femme, on est très-fidèle à sa femme, mais un minois charmant n'en a pas moins l'attrait du fruit défendu. Heureusement nous autres hommes nous ne succombons jamais à la tentation.

Quand elle se leva, elle obtint ce tribut d'admiration qu'il est impossible de refuser à la beauté, et j'étais tout fier de moi, de l'enthousiasme qu'elle excitait. Le général lui sourit de la manière la plus agaçante : il lui dit des choses très-flatteuses d'un ton qui n'était pas d'accord avec ses yeux, sa femme était là.

La jeune dame pinça d'abord ses lèvres rosées et fronça les deux arcs d'ébène qui couronnaient ses grands yeux bleus. « Que je suis folle ! dit-elle un moment après. Quoi ! j'aurais de l'humeur parce que je rencontre une femme plus jolie que moi ! Je dois une réparation à celle-ci, » et elle causa avec elle de la manière la plus franche et la plus amicale. Son oncle, qui savait ce qu'un tel procédé coûte à ce sexe quelquefois si taquin, la pressa tendrement sur son cœur.

J'avais cru remarquer une légère teinte de mélancolie qui perçait dans les traits de la charmante religieuse. Le grand vicaire, à qui rien n'échappait, fit sans doute la même observation. « Vous n'êtes pas heureuse lui dit-il. — Pardonnez-moi, monsieur. — Non, mon enfant, vous ne l'êtes point, et l'exactitude avec laquelle vous remplissez des devoirs qui vous sont à charge vous donne des droits à mon estime et me prescrit ce que je dois faire.

« Rappelez-vous que j'ai voulu vous servir et non vous contraindre, que je vous ai laissé la plus entière liberté de persévérer dans votre état ou de le quitter ; je mérite donc votre confiance. Avouez que vous n'êtes pas heureuse. — J'avoue, monsieur, que le parti que j'ai embrassé n'est pas celui qui me convient le plus, mais j'ai le courage de la résignation. — Ce genre de courage-là, mon enfant, n'est pas dans la nature : aussi s'épuise-t-il promptement. L'abattement lui succède, et il conduit d'abord à la négligence, source imperceptible mais sûre des faiblesses humaines : je veux vous soustraire à ce nouveau danger. On vient de vous confier cet enfant que vous avez toujours aimé, les soins que vous lui rendrez n'auront rien de pénible pour vous, et pendant sa convalescence madame Derneval, ma nièce, voudra bien penser à vous placer convenablement ; je l'en prie et je lui dirai ce qu'il vous faut. »

Il y avait dans ce qui précède certaines tournures de phrases propres à piquer ma curiosité déjà très-active. Madame Derneval manifesta indirectement le désir de faire parler sœur Madeleine. Elle réfléchit sans doute, car elle se tut, qu'elle ne pouvait devoir qu'à sa confiance le récit de ses aventures, et ce n'est pas un court entretien qui inspire cette confiance que le temps et la bienveillance insinuent doucement. Une très-jolie femme d'ailleurs, quel que soit son état, commande toujours certains égards, et madame Derneval ne pouvait agir aussi librement avec sœur Madeleine qu'avec madame de la Nativité ou de la Conception. Elle sortit en promettant de nous revoir bientôt. Le général et son oncle la suivirent.

Je racontai à mademoiselle Javotte ce que j'avais fait pour la retrouver, les accidents que j'avais éprouvés uniquement pour elle. Je ne cherchai pas à rien faire valoir. Je contai avec la naïveté de mon âge, et cette ingénuité même était un garant certain de ma sincérité. Elle m'écoutait avec le plus grand intérêt, et m'engageait à parler bas; elle m'interrompait pour me faire prendre ma potion, elle se replaçait à mon chevet, et à chaque trait qui peignait mon affection elle m'accablait des plus douces caresses.

Elle me parla aussi des désagréments de son état, et m'en dit ce qui était à la portée de mon faible entendement. Je compris que l'aspect continuel d'infortunés attaqués de maladies dégoûtantes contristait un cœur malheureusement trop sensible, et que sa raison ne se prêtait pas aux momeries de ces filles si respectables d'ailleurs par leur entier dévouement. Elle me parla d'un jeune médecin de l'hôpital, beau comme moi, disait-elle, mais plus dangereux, et elle marqua sa double satisfaction de sortir d'une maison où elle était constamment entre le dégoût et la séduction.

Ce jeune médecin me déplut beaucoup sans que je susse précisément pourquoi. J'avais déjà un instinct de jalousie qui fermentait avec violence, et la manière même dont le général l'avait regardée m'avait fait souffrir. Je voulais que tout le monde la trouvât charmante, mais je voulais l'aimer seul, et je tremblais qu'elle en aimât un autre que moi.

Une partie de la nuit se passa dans ces alternatives d'ivresse, de crainte, de douleur. Trop faible encore pour supporter cette succession rapide d'affections si différentes, j'éprouvai une crise terrible vers les deux heures du matin. Ma bonne amie, alarmée, ne savait quel parti prendre. Elle ne connaissait pas l'intérieur de l'hôtel, et, dans la persuasion où l'on était qu'elle ferait de moi tout ce qu'elle voudrait, on avait permis à MM. Picard et Tourangeau d'aller se mettre au lit.

Dans le trouble dont elle était agitée, elle parcourait les appartements une bougie à la main; elle appelait à son secours, et, à force d'ouvrir et de fermer des portes, elle parvint à l'antichambre de madame Derneval.

Le général, homme du meilleur ton dans la société, avait chez lui le ridicule de la canaille. Il couchait avec sa femme et convenait volontiers qu'il peut être plus commode de faire lit à part; mais il ajoutait que cette commodité n'est recherchée que des époux qui se gênent, ce qui n'arrive que lorsqu'ils ne s'aiment plus.

Il se leva à l'instant et appela son valet de chambre : il lui ordonne de faire mettre les chevaux et d'aller chercher le médecin. Il était décidé que je mettrais gens et bêtes sur les dents.

Madame Derneval s'était levée aussi et était accourue dans le désordre d'une femme qui n'a point à craindre les regards profanes. Sœur Madeleine ne pouvait alarmer sa pudeur, et je n'étais qu'un enfant. Mais ces appas, que trahissait sans cesse le plus perfide ou le plus heureux négligé, n'échappaient pas à des yeux d'autant plus hardis qu'on s'en défiait moins, et la force du mal ne me rendait pas insensible à la beauté de ces formes, que je ne connaissais pas encore, dont j'ignorais le pouvoir magique et dont le charme me subjuguait. Voyez avec quelle adresse le diable s'insinue !

Madame Derneval attaquait sœur Madeleine d'une autre manière : elle provoquait, par l'aménité et les grâces de sa conversation, cette confiance dont elle croyait avoir besoin. Projet de femme, quel qu'il soit, devient son affaire importante.

Je voyais avec quel plaisir ma jolie religieuse écoutait madame Derneval. Mais il est des aveux qu'on ne fait pas facilement, et sœur Madeleine, en protestant de la vivacité de son amitié naissante, gardait le silence sur ce qui lui était personnel.

Je ne sais pas trop cependant quelle tournure eût prise la conversation si le général, fatigué de la longue absence de sa femme, ne fût venu la prier de lui accorder le reste de la nuit.

Le médecin n'arrivait pas : sœur Madeleine était seule avec moi, et madame Derneval lui promit d'envoyer Roxelane pour la désennuyer et lui aider s'il en était besoin.

La crise était calmée, et il ne me restait des événements de cette nuit qu'un souvenir très-actif des jolies choses que la jeune dame n'avait point pensé à cacher. Il me vint une pensée lumineuse : c'est que les jolies choses que cachait sœur Madeleine devaient être au moins aussi séduisantes que celles qu'avaient montrées madame Derneval, et comme je baisais tant que je voulais les mains, les joues, les yeux de sœur Madeleine, je ne prévoyais pas de difficulté à baiser partout, et je la priai tout simplement d'ôter l'épingle de sa guimpe.

Elle me regarda d'un air étonné qui m'étonna moi-même. Je crus qu'elle ne m'avait pas compris. Je lui développai mes idées dans toute leur étendue, et je finis en la priant de me laisser juger quels étaient les plus jolis de ceux de madame Derneval ou des siens. Elle partit d'un éclat de rire prolongé qui me mit dans une véritable colère, et j'enlevai fort adroitement l'épingle protectrice. Elle me prit les deux mains et voulut me parler; je ne voulais rien entendre, et je cherchai à me dégager. Elle me dit que je lui ferais beaucoup de peine si je refusais de l'écouter. Cette phrase seule eut le pouvoir d'un talisman, et me rendit toute ma docilité. Mais je lui demandai pourquoi elle me cachait ce que madame Derneval m'avait laissé voir. Elle me répondit que madame Derneval avait été distraite, et que bien certainement, elle n'avait eu aucune intention. Je lui demandai pourquoi on empaquetait ces jolies choses-là, lorsqu'on ne craignait pas de laisser à découvert le plus joli visage. Elle me répondit que la décence le voulait ainsi. Je lui demandai ce que c'est que la décence. Elle me répondit que c'est le voile de la pudeur.

Tout cela me parut un vrai galimatias. « La décence, lui dis-je, est une sottise, puisqu'elle défend ce qui fait tant de plaisir, sans faire de mal à personne. — Serais-tu bien aise, Jérôme, que je montrasse cela à mon jeune médecin? — Oh! j'en serais au désespoir! — Eh bien! il y a quelqu'un qui se fâcherait avec plus de raison que toi, si je t'accordais ce que tu demandes. — Qui donc? — Celui qui voit nos actions et les juge. » Cette réponse sentait un peu la nonnette : mais on ne sort pas d'un couvent sans en emporter une certaine odeur mystique.

« Pourquoi, repris-je, celui qui pèse nos actions me fait-il désirer ce qu'il m'interdit? — C'est pour t'éprouver, mon petit homme. — Et qu'a-t-il besoin de me tendre des pièges, et pourquoi vous donner de jolies choses uniquement pour les cacher, et comment les femmes les cachaient-elles avant qu'elles eussent de quoi se vêtir? — Oh!... dame... la décence n'était pas encore inventée. — La décence n'est donc qu'une invention. J'avais bien raison de vous dire que la décence est une sottise.

« — Mais voyez donc, disait-elle entre ses dents, voyez comme il raisonne; comme l'esprit vient aux enfants! Un joli teton lui en a plus appris en un instant que notre curé en six mois. Et cela se damnera pourtant, ajoutait-elle d'un air attendri, O charmant petit damné! »

Je m'étais soumis, pour ne pas lui faire de peine, à la retenue austère qu'elle avait exigée de moi. Mais, en causant, ma tête s'était appuyée sur son épaule; ma joue, ma bouche touchaient ce fichu, transformé d'un seul mot en une barrière impénétrable. Rien de facile comme d'opposer Dieu et la décence à des désirs qu'on ne partage pas : un temps viendra où elle ne parlera qu'amour.

Nous causions, et j'étais à la conversation autant que le permettaient deux petits globes durs comme de l'albâtre, probablement aussi blancs, dont le mouvement régulier prolongeait une chaleur brûlante qui doublait mes forces en les épuisant. Tout à coup la porte de ma chambre s'ouvre avec fracas. Un homme entre en simple chemise, sa culotte sous le bras; sœur Madeleine se sauve en jetant un cri; moi, je regarde; c'est tout ce que je peux faire.

Sur les pas de l'homme en chemise accourt le général, et sur les pas du général, cinq ou six domestiques un pied chaussé et l'autre nu. L'homme en chemise court çà et là; il tourne à droite, à gauche, et le général tourne comme lui. Il était difficile qu'il lui échappât. Les domestiques lui barrèrent le passage et le prirent.

« Je saurai donc enfin, dit le général, quel est l'insolent... Comment, docteur, c'est vous qui osez vous introduire clandestinement!... — Général, ces expéditions-là se font toujours incognito. — Par l'appartement de madame Derneval!... — Il n'y a pas d'escalier dérobé. — Pour coucher avec Roxelane! — Elle en vaut bien la peine, général. — Et la gravité de votre état? — Je ne suis pas médecin au lit. — Et les bienséances publiques? — Je n'avais pas l'intention de les violer; c'est vous qui êtes l'unique cause de l'esclandre. — Oh! il est fort celui-là! — Vous enfoncez une porte parce qu'on ne l'ouvre pas assez vite. — Il y avait au moins dix minutes que madame y frappait. — Je vous demande, là, si je pouvais ouvrir à madame; si un homme usagé, comme vous, ne devait pas se douter de quelque chose, et donner au tourtereau de Roxelane le temps de s'esquiver par la fenêtre? — Je vous demande, à vous, s'il n'était pas plus simple de vous en aller tout droit par la porte de la rue que de parcourir l'hôtel, votre culotte à la main, et de porter l'alarme partout? — Eh! général, je cherchais à vous échapper. Vous êtes vif, et je craignais que quelque coup d'épée ou de pistolet prévînt l'explication.

— Et mon valet de chambre, qui va vous chercher chez vous, et à qui on répond que vous passez la nuit ici. — Il y a franchise au moins dans cette réponse. — Eh! qui pouvait y comprendre quelque chose? Et cette Roxelane, avec son air hypocrite! la petite fourbe. — Allons, allons, général, pouvait-elle vous confier cela?

— Ce n'est pas qu'au fond je trouve là un très-grand mal; mais voilà un éclat de tous les diables. Les gens de la maison sont instruits. Je ne peux plus me servir de vous, et j'en suis fâché, car vous êtes plein de talents. Mais voyez quelle idée! Venir coucher avec cette Roxelane! Il faut aussi que madame la congédie, et j'en suis encore fâché : j'aime à voir des figures agréables. Mettez donc votre culotte, docteur.

— Ecoutez, général, il y a un moyen tout simple

d'arranger cette affaire. — Ma foi, je n'en vois aucun. — Quand vous serez malade, vous me ferez revenir, parce que vous tiendrez plus à votre existence qu'aux bienséances publiques. Si je vous guéris, personne ne vous blâmera! si je vous tue, on n'aura plus rien à vous dire. — Voilà qui est fort bien ; mais Roxelane? Je suis garçon, je la prends à mon service. — A la bonne heure. Mettez donc votre culotte, que diable, sœur Madeleine peut rentrer. — Et mes habits, général? vous sentez que je ne puis repasser chez madame pour les aller prendre. — Mes gens ne peuvent pas plus s'y présenter à cette heure: vous verrez que je vais être obligé de servir de valet de chambre à monsieur. — Eh! général, tout ceci n'est qu'une plaisanterie. — Je ne sais comment madame la prendra. Et son oncle le grand vicaire! il faut qu'il dorme comme un sourd. En vérité, docteur, vous êtes un drôle de corps. »

Le grand vicaire ne dormait pas; mais il n'était pas homme à se montrer, sa culotte sous le bras. Il s'habillait à la hâte, très-inquiet de la rumeur qu'il entendait de tous côtés, et il se montra au moment où on ne le craignait plus.

Ce n'était pas avec lui que le général pouvait rire d'une anecdote qui blessait ouvertement les bonnes mœurs, et tel est l'ascendant de la véritable vertu, qu'il force les gens les moins scrupuleux à en prendre le masque. Le général ne pouvant dissimuler l'aventure, à cause de sa publicité, prit le ton qu'il jugea convenir au nouveau personnage qui entrait en scène. Il parla morale; il s'étendit sur le respect dû à sa maison, et particulièrement à madame Derneval. Le docteur, qui saisit parfaitement son intention, joua le trouble, le repentir, la confusion.

Le général, en parlant, se pénétrait de plus en plus de son sujet. Il s'échauffa au point que le grand vicaire, complètement dupe de cette comédie, se crut obligé de prévenir une scène tragique. Il interposa sa médiation, et obtint, avec bien de la peine, qu'on laisserait au coupable le temps de s'habiller, et qu'on lui permettrait de se retirer librement. Quant à Roxelane, le général ne parlait de rien moins que de la faire mettre à l'hôpital. Mais M. le grand vicaire représenta que cette fille pourrait changer de conduite, et qu'on la jetterait dans le découragement en la dégradant à ses propres yeux. Le général se rendit à ces raisons; il fit encore une fois mettre les pauvres chevaux, et il chassa d'une voix terrible Roxelane et son docteur, qui furent tranquillement s'établir à leur autre domicile.

Chacun retourna chez soi; et moi, fatigué de toutes les manières, je pris le parti de m'endormir, et je m'éveillai assez tard. Le premier objet qui s'offrit à mes yeux fut sœur Madeleine, qui me souriait avec complaisance.

Madame Derneval entra bientôt après. Elle s'était fait accompagner par son oncle, à qui elle devait, disait-elle, faire des ouvertures sérieuses sur l'avenir de la jolie religieuse, et elle ne voulait s'expliquer qu'en sa présence, pour savoir, disait-elle encore, si ces propositions lui conviendraient. Au fond, elle n'était plus maîtresse de sa curiosité; elle comptait frapper un grand coup, et lire sur le visage de sœur Madeleine jusqu'à quel point étaient fondés certains soupçons, nés des discours prononcés la veille par le respectable oncle.

L'occasion paraissait d'autant plus favorable qu'on était seuls, absolument seuls. Moi, je comptais pour rien, et le général était sorti de bonne heure pour une affaire qui paraissait l'intéresser beaucoup.

Madame Derneval était couverte, boutonnée, épinglée, du menton à la plante des pieds; ainsi, point de distraction pour le précoce malade; ainsi, attention entière de sa part.

« Vous savez, mon oncle, pourquoi j'ai renvoyé Roxelane. Une fille qui se jette dans les bras d'un homme sans l'aveu des lois sociales ne mérite aucun ménagement d'une femme qui se respecte. » Ici la jeune dame fixa sœur Madeleine, qui rougit jusqu'au blanc des yeux. « J'ignore, ma nièce, quel est le degré d'humiliation où une femme respectable peut réduire une femme faible. Les prudes étendent ces droits très-loin ; mais la vraie sagesse est sévère pour elle-même et indulgente pour les autres. — Quoi, mon oncle! vous blâmeriez en moi la haine au vice! — Non, ma nièce; mais je n'approuve pas que cette haine se manifeste par des sorties violentes. L'apparence de la vertu est partout; la chose est rare, et, dans le tourbillon où vous êtes lancée, il faut savoir fermer les yeux sur bien des choses. Vous ne sauriez déclamer contre un vice, sans faire la satire de quelqu'un en particulier. Tel qui paraît vous approuver, et sur qui vos traits auront porté, cherchera secrètement l'occasion de vous décrier et de vous nuire. Or, rien de facile comme de perdre une femme honnête, parce que, forte du sentiment d'une conscience pure, elle est sans crainte comme sans défiance. Elle ne pare aucun coup, parce qu'elle ne pense pas même qu'on puisse l'attaquer. Elle périt victime, à la vérité; mais enfin elle succombe, et vous frémiriez si je vous rapportais vingt traits lancés par la calomnie, qu'il était aussi impossible de prévoir que d'éviter. — La leçon, mon oncle, est d'un homme qui connaît le cœur humain, et je vous en remercie; mais il me semble que ma femme de chambre sort de la classe de ceux que je pourrais craindre. — Mon enfant, il n'est pas d'ennemi méprisable : puissiez-vous ne pas l'apprendre un jour! Mais en admettant que vous n'ayez rien à redouter de Roxelane, est-ce une raison pour la dénigrer sans nécessité? — Mais ceci, mon oncle, est entre nous. — Pas du tout, madame. Vous apprenez à sœur Madeleine des détails que, peut-être, elle eût toujours ignorés. — Je n'avais pas réfléchi à cela, mon oncle, et je sens que sœur Madeleine, si jeune, si sage, si incapable d'une faiblesse, pouvait, malgré l'éclat de la scène, ne pas soupçonner... » Le grand vicaire se lève hors de lui, marche à grands pas dans ma chambre. Sœur Madeleine pâlit, rougit, baisse les yeux, veut parler, se tait, et ne sait quelle contenance tenir.

« Madame, reprend le grand vicaire, il y a méchanceté et perfidie dans ce qui vient de vous échapper. Méchanceté, parce que vous avez éclairci par un moyen cruel des soupçons auxquels je me souviens d'avoir donné lieu involontairement; perfidie, parce que vous prodiguez la louange à celle que vous méprisez intérieurement. Et quelle est donc cette odieuse pureté qui cherche sa récompense dans les larmes de ses semblables? Moins de vertu, madame, et plus de charité, si la vertu, en vous, ne peut s'allier qu'à l'intolérance et à l'orgueil. Et quel garant avez-vous que cette égide, dont vous êtes si fière, ne s'échappera pas de vos mains? Votre Dieu a dit en parlant de la femme adultère: Que celui de vous qui est sans péché lui jette la première pierre, et une enfant sans expérience, une femme qui entre à peine dans le monde, ose porter sa main téméraire sur la balance divine et se montrer plus sévère que son Dieu! »

Il eût pu continuer plus longtemps encore sans qu'on pensât à l'interrompre. Sœur Madeleine sanglotait et ne trouvait pas une larme : madame Derneval, rendue à son heureux naturel, lui prodiguait toute sorte de secours, l'embrassait et lui demandait pardon. Sœur Madeleine, humiliée, confondue, ne pouvait articuler un mot; elle lui tendait la main et la regardait d'un air plein de douceur.

« Parlez, continua le grand vicaire, en s'adressant à l'infortunée. Parlez, avouez vos fautes à celle qui n'a ni le droit d'en connaître ni celui de vous juger. Accusez-vous pour être à l'abri d'une coupable curiosité, et moi, ministre du Dieu qu'on offense, je vous absous, car quelles qu'aient été vos erreurs, vous les avez expiées par le repentir et la pratique des œuvres de miséricorde.

« — Ah! mon oncle, comme vous me traitez? Imitez la générosité de sœur Madeleine. — Vous avez froissé son cœur. Elle est l'offensée, elle peut, elle doit être généreuse. Mais qui protégera ceux que vous opprimez, qui aura le courage de vous reprocher vos torts? Seront-ce les flatteurs que votre jeunesse, votre beauté, votre rang, votre fortune, attirent sans cesse sur vos pas? Moi seul, peut-être, j'ose être vrai avec vous, et vous dire la vérité tout entière. — Mon oncle, sa nudité m'effraye. — Madame, je n'ai jamais su la parer.

« — Je m'estime encore assez, mon oncle, pour vous avouer qu'une curiosité, que je devais surmonter, a amené cette scène que je n'oublierai de ma vie. J'ai voulu faire parler sœur Madeleine, mais croyez que je n'avais pas le projet atroce de faire couler ses larmes. — Si je vous en avais crue capable, madame, j'aurais gémi sur vous, et je me serais retiré: quand le cœur est corrompu, il ne reste plus d'espoir. — Pardonnez-moi, mon oncle, pardonnez-moi comme elle. » Et son attitude était suppliante, elle prenait les mains du grand vicaire, elle les mouillait de ses pleurs. « Venez, mon enfant, et tombez dans les bras de votre oncle. Il a dû vous blâmer; mais il est doux pour lui de vous retrouver digne de sa tendresse. — Ah! sœur Madeleine, comment vous faire oublier... — En écoutant, ma nièce, un récit qui, j'aime à le croire, vous la montrera plus malheureuse que coupable, et qui justifiera cette indulgence que vous lui accordez aussi facilement que vous avez été prompte à la condamner. — Oui, monsieur, je parlerai, j'en aurai le courage. En proie au méchant ; à l'âge où on ne soupçonne pas encore qu'il existe des vices, vaincue sans avoir pu me défendre, soumise ensuite à l'ascendant d'un maître sur une fille sans ressources, j'ai conservé des droits à la pitié, et je me crois au-dessus du mépris, qui ne doit frapper que le vice.

« J'ignore où je suis née. Je ne me rappelle rien d'antérieur au presbytère où monsieur m'a trouvée. C'est là que mes yeux ont été frappés des premiers objets, c'est là que j'ai articulé les premiers sons. Le prédécesseur du curé actuel avait une gouvernante qui doit avoir été belle, car elle était bien encore, malgré un fonds de mélancolie qui la minait insensiblement. Elle me nommait sa nièce, et ce titre justifiait la tendresse dont elle ne cessait de me donner des marques.

« A mesure que ma raison se développait, je remarquais entre elle et le curé une intimité qui n'existe pas ordinairement du maître à la domestique. Ceci n'était qu'une simple observation, dont je ne pouvais encore tirer de conséquences.

« La santé de celle qui se disait ma tante s'affaiblit au point de ne plus laisser d'espoir. Elle exigea alors que je restasse constamment auprès d'elle, et les caresses les plus tendres ajoutaient à la douleur que m'inspirait déjà une prochaine et éternelle séparation.

Ituder accroché par la culotte.

Au moment terrible, où on n'a plus d'intérêt à se mentir à soi-même, elle me bénit, et elle dit à son maître : Expiez vos erreurs et les miennes. Aimez cet enfant qui n'a pas demandé à naître, et cachez-lui le malheur de sa naissance.

« J'avais douze ans alors, et ces paroles me laissèrent pressentir ma déplorable origine. Je sentis les devoirs que j'avais à remplir envers le curé, et je ne m'en écartai jamais. Jamais un regard de bienveillance ne fut le prix de mes soins. Je vécus au presbytère sans avoir à me plaindre ni à me louer des traitements que j'y recevais.

« Deux ans après, les orages révolutionnaires forcèrent le curé à fuir et à se cacher. Il n'avait au monde que son bénéfice; la misère devenait son partage, et la misère amollit les cœurs les plus durs. Pour la première fois, il me pressa contre son sein; il me donna, en présence de témoins recommandables, ce qu'il crut devoir me laisser, et en sortant du presbytère, il me recommanda à la Providence.

« Sa tête était proscrite; il l'avait dérobée à la fureur de ses assassins. Ils se vengèrent sur moi; et, sans égard pour mon âge et l'état déplorable où ils m'allaient réduire, ils me dépouillèrent entièrement et me bannirent de cette maison, berceau de mon enfance.

« J'en sortis en pleurant : les larmes sont la défense et le soulagement du faible. Seule dans l'univers, placée entre la misère et le désespoir, il fallait mourir ou tendre la main. A quatorze ans on commence à sentir le prix de l'existence; mais à quatorze ans il paraît affreux d'implorer la commisération publique. Assise sur une pierre, mon visage caché dans mes mains, je dévorais des sanglots qui ne devaient attendrir personne : je le croyais au moins. Ma mère avait fait du bien à une femme pauvre et âgée. Soit qu'elle eût pénétré le secret de ma naissance, soit qu'elle ne cédât qu'à la compassion, elle me chercha et m'offrit de partager ses haillons, son grabat, son pain noir et ses travaux. C'était, disait-elle, une dette qu'elle acquittait, et je crus en payer une plus réelle en m'exténuant de travail pour lui procurer quelque repos.

« La fatigue et le besoin l'avaient usée avant le temps ; je n'étais pas la seule avec qui elle eût partagé ce qui ne lui suffisait pas. Vertus obscures, personne ne vous recherche, ne vous connaît, ne vous récompense. Elle tomba malade, et je renonçai au sommeil pour fournir aux dépenses que son état exigeait. Elle me remerciait comme si j'eusse fait plus que mon devoir.

« L'on remarquait dans le village mon dévouement et ma tendre sollicitude, on me louait hautement, on me marquait de la considération, et je n'en concevais pas d'orgueil. Je pensais seulement qu'il faut qu'il y ait bien des ingrats pour qu'on traitât avec distinction une fille qui n'avait d'autre mérite que celui de sa mémoire.

« Les prêtres n'exerçaient pas publiquement leur ministère ; mais on avait cessé de les persécuter. Le curé actuel s'était établi dans le village, et il y administrait les sacrements en secret. Il vint aider ma vieille amie à mourir, et il voulut voir la jeune personne dont on lui disait tant de bien. J'étais profondément affligée. Il me dit de me consoler et d'avoir confiance en Dieu.

« Je crois en Dieu, monsieur le grand vicaire. Si j'ai reçu de lui quelques agréments qui ont fait mes malheurs, je lui dois aussi la résignation avec laquelle je les supporte et le ferme désir de réparer mes erreurs. Courbée sous le poids de sa justice, je m'interdis jusqu'au plus léger murmure ; mais pourquoi ceux qui se disent ses interprètes sont-ils les premiers à l'outrager et à braver ses lois ? — Continuez, ma fille, et respectez la sainte obscurité dans laquelle la Providence a voulu se cacher. Rien n'échappe à sa vigilance, car son centre est partout, ses bornes ne sont nulle part. Au moment où le crime se commet, un trait lancé de sa main invisible déchire le cœur du coupable. S'il a trompé les yeux des hommes, il ne saurait se tromper lui-même ; partout il porte le trait vengeur, partout il traîne avec lui son juge et ce juge est sa conscience. Continuez, ma fille, continuez.

« — La terre couvrait ma bienfaitrice, et plusieurs particuliers m'offraient un asile. Le curé demanda qu'il lui fût permis de me recueillir, afin, disait-il, de faire fructifier en moi le germe des vertus.

« De toutes les habitations du lieu, nulle n'avait pour moi d'attrait que celle où j'avais été élevée. Je trouvai une douce satisfaction à y rentrer ; et maîtresse de choisir, je courus à ma perte.

« Bientôt mes misérables vêtements furent remplacés par des habits simples, mais d'un goût recherché. Je me regardai avec complaisance, j'eus la vanité de me croire belle, et j'éprouvai un sentiment plus vif que la simple reconnaissance pour celui qui me procurait la seule jouissance que j'eusse encore connue.

« Il souriait aux expressions que m'arrachait l'espèce d'ivresse où j'étais plongée. Était-il sensible au tribut que lui offrait l'innocence, ou s'applaudissait-il du succès des pièges qu'il tendait sous mes pas ? Soins tendres et soutenus, égards sans affectation, empressements réglés par la plus austère décence, il me prodiguait tout. Il m'inspira bientôt cette confiance qui empêche de s'occuper de l'avenir, parce que le présent s'empare de toutes nos sensations. Oh ! qu'il est facile, madame, de surprendre un cœur pur ! Il ne peut voir dans les choses les moins équivoques, qu'humanité et bienveillance.

« J'étais contente, j'étais heureuse, je ne désirais rien de plus. J'ignorais qu'il existât différentes sortes de bonheur : le séducteur devait mettre le sien à me désespérer.

« Il m'avait habituée à l'embrasser tous les soirs avant de me retirer. Ce baiser, qu'il appelait le baiser de paix, fut modeste pendant quelque temps. Insensiblement ce furent des caresses, nommées encore caresses paternelles. Enfin ces baisers se prolongèrent avec une énergie qui éveilla en moi la nature, et qui m'avertit du danger.

« Il fallait fuir ; mais où aller ? Ceux qui m'avaient offert leur maison n'auraient vu dans ma sortie du presbytère qu'une légèreté condamnable, car je ne pouvais accuser le curé d'aucun acte vraiment répréhensible, et mon témoignage, d'ailleurs, n'eût été d'aucun poids contre un homme revêtu de ce caractère. J'avais contracté l'habitude du bien-être, et ceux qui s'intéressaient à moi vivaient dans une extrême médiocrité. La crainte des privations d'une part, celle de perdre dans l'opinion publique de l'autre, tout concourait à retenir une fille qui avait trop peu d'expérience pour penser qu'on pût lui arracher ce qu'elle était décidée à n'accorder jamais.

« Je me bornai donc à me refuser à ces perfides caresses ; je remplaçai, par une réserve absolue, la liberté qui avait régné entre nous ; un respect attentif succéda à la sincère amitié qu'il m'avait inspirée, et la nuit je m'enfermais exactement dans ma chambre.

« Nous dînions à la même table quand il était seul, et nous soupions toujours ensemble, parce qu'il n'avait jamais personne le soir. Je remarquais quelquefois son teint enflammé, son regard ardent. Alors je me sentais rougir; je baissais les yeux, et je me retirais.

« Un soir, vers la fin du repas, je me sentis prise d'un assoupissement que je ne pus vaincre ni même combattre. Le sommeil appesantit tous mes membres, engourdit tous mes sens. J'ignore combien de temps dura ce sommeil léthargique. Je me réveillai dans mon lit, et je me trouvai dans les bras du curé.

« Je criai, je pleurai !... Il me ferma la bouche avec un mouchoir, et m'ordonna de l'écouter.

« Ce qui est fait, dit-il, est sans remède; vos larmes, vos cris, aucune puissance ne peuvent vous rendre ce que vous avez perdu. Ainsi consolez-vous et gardez le silence.

« Je n'ai dû qu'à la ruse le bonheur que je désirais depuis si longtemps. Je veux désormais vous devoir à vous-même : il faut que vous partagiez mes plaisirs pour qu'ils soient parfaits. Si je ne vous inspire pas d'amour, efforcez-vous de paraître tendre, soyez complaisante au moins, et je vous rendrai aussi heureuse qu'une fille de votre état peut l'être, et que mes moyens le permettent.

« Il renouvela ses entreprises, je me défendis avec fureur. Cédez, dit-il d'un ton féroce, cédez, ou vous êtes perdue. J'ai enfermé dans votre cassette un couvert d'argent. Choisissez, de vous donner à moi, ou d'être à l'instant accusée d'un vol que vous n'avez pas commis, mais dont vous porterez la peine.

« L'idée du vice m'avait révoltée; je frissonnais à celle des cachots et d'un jugement infamant. Si je n'eus pas la force de consentir ouvertement à ma honte, je n'eus pas non plus celle de résister plus longtemps.

« Je n'ai jamais pu aimer le curé; mais l'habitude, la nature, toute-puissante sur des organes neufs, tempérèrent le dégoût que m'inspira d'abord cette vie de désordre. Je retrouvai de la gaieté, et lorsque le remords se réveillait au fond de mon âme, je cherchais à m'étourdir, et je rejetais tout sur la nécessité à qui je m'étais immolée.

« Il est inutile de vous raconter, madame, comment ce commerce illégitime fut enfin découvert. Vous en savez assez pour établir votre opinion, pour me juger, et je me recommande à votre indulgence.

« — Vous la méritez jusqu'à un certain point, reprit le grand vicaire. — Oh ! elle l'a méritée toute entière, mon oncle. — Non, ma nièce; apprenez à vous garder de deux extrêmes. Le crime du curé n'est pas le sien; mais les fautes qu'elle a volontairement partagées?... — Et la crainte des tribunaux, mon oncle ? — Et le dévouement qu'exige la vertu ? L'in-nocent accusé présente sa tête et la perd s'il le faut. Il ne la rachète pas par des moyens indignes de lui. Voilà le véritable martyr, celui que la palme immortelle attend, celui dont les hommes doivent vénérer la mémoire, parce qu'il leur a donné un grand exemple. — Ces exemples sont rares, mon oncle. — Ils n'en sont que plus précieux. — Je ne sais pas même si l'on en trouve dans vos livres... — Laissez nos livres, madame. Ici je suis un honnête homme qui raisonne avec une femme du monde.

« — Convenez au moins, mon oncle, que peu de femmes, à la place de sœur Madeleine, auraient eu le courage de se conduire autrement. — Aussi me suis-je élevé contre la sévérité que vous lui avez d'abord marquée. Il est, ma nièce, une différence essentielle entre l'indulgence aveugle, qui autorise le désordre, et la fermeté compatissante qui ramène le faible en lui pardonnant.

« — Pauvre Madeleine ! pauvre Madeleine! non, vous n'êtes pas méprisable; non, je ne vous méprise point, et je vous le prouve en vous offrant, chez moi, la place qu'occupait Roxelane. — Votre maison, ma nièce, ne lui convient pas. — Et pourquoi donc, mon oncle ? — Je crois que votre mari a des mœurs; mais il a sans cesse à sa suite une foule de jeunes officiers qui peuvent n'être pas très-scrupuleux. L'occasion, l'habitude, peuvent être plus fortes que les résolutions les plus sincères, et je n'exposerai pas cette jeune personne à des combats dont l'issue est incertaine. Si elle est prudente, elle entrera chez une ouvrière d'une conduite sans reproche; elle y apprendra à vivre de son travail, et, indépendante du besoin et des hommes, elle pourra se rapprocher d'eux avec moins de danger.

« — Mon oncle, mon oncle, j'ai une lingère excellente.

— A la bonne heure, ma nièce. — Qui demeure dans un quartier tranquille. — Bien ! — Qui est mère de famille, et qui n'a d'ouvrières que ses filles. — Fort bien ! — Elles ne sont pas jolies du tout; mais...

— Tant mieux, ma nièce : la beauté est presque toujours un présent funeste que les femmes payent bien cher.

« Parlez, sœur Madeleine, consentez-vous à ce que madame vous propose ? — Il y a longtemps, monsieur, que je vous ai assuré de mon entière soumission. — Il y a longtemps que je vous ai répondu que cela ne me suffisait point. Consultez votre inclination beaucoup plus que le désir de me complaire. — Eh bien ! monsieur, ce projet m'est agréable autant qu'il me paraît utile. — Il sera exécuté, et je me charge de tous les frais. — Non pas, s'il vous plaît, mon oncle. Vous n'avez pas eu de torts envers sœur Madeleine, et je veux... — Non, mon enfant, on me confie des fonds uniquement destinés à cet usage. Faites du bien de votre côté, puisque vous avez du superflu ; vous trouverez à chaque pas un malheureux à soulager. Mais prenez garde d'alimenter la paresse, au moins inutile quand elle n'est pas nuisible. Etudiez l'art de placer vos bienfaits. Je l'appelle un art, parce qu'il mène à connaître le cœur humain, avantage si nécessaire dans le monde, et si généralement négligé.

« — Mon oncle, je monte en carrosse, et je cours chez ma lingère. — Un moment, ma nièce. Il est d'abord des devoirs de bienséance à remplir envers la supérieure de l'Hôtel-Dieu ; un habit à remettre, et je me charge de tout cela. — Abrégeons, s'il est possible. Vous, sœur Madeleine, venez avec moi. » Et madame Derneval emmène ma jolie religieuse, et rentre avec elle au bout de cinq minutes. Je ne la reconnaissais pas. La jeune dame avait ouvert sa garde-robe, l'avait forcée à choisir, l'avait aidée à s'habiller. Madeleine avait pris ce qu'il y avait de plus simple : mais qu'elle était bien comme cela !

« Tenez, mon oncle, voilà le paquet de bure. Faites-le mettre sur le devant de la voiture, et reportez-le à madame de la Nativité. Excusez ma protégée auprès d'elle... — Non, ma nièce, je n'excuserai pas un oubli volontaire des procédés les plus simples. Ma fille, venez remercier cette bonne religieuse. Mais reprenez cet habit, et vous le changerez à l'Hôtel-Dieu contre ceux que vous y avez déposés. Ils conviennent à votre situation, et vous êtes ridicule avec ceux-ci. — Ridicule, dites-vous, mon oncle ? ah ! elle est jolie comme un ange. — On est toujours ridicule, ma nièce, quand on sort de son état. »

Monsieur le grand vicaire tâchait toujours d'avoir raison quand il voulait quelque chose ; aussi voulait-il fortement, et il fallut que sœur Madeleine reprît la jupe de bure grise. Tout ce qu'il accorda à la pétulance de la jeune dame, ce fut de partir sur-le-champ avec sa protégée, pour lui faire prendre congé de madame de la Nativité.

Il est à peine sorti, que madame Derneval demande une autre voiture et part pour le faubourg Saint-Germain. Elle règle les conditions avec la lingère ; paye une année d'avance, malgré les observations de son oncle, et revient enchantée d'elle-même. Il était arrêté là-haut, ou là-bas, ou ailleurs, ou nulle part, que mademoiselle Javotte ne serait ni religieuse, ni femme de chambre, ni lingère.

La jeune dame rentrait à peine que le général parut ; il tenait par la main le camarade Ruder, et le présenta à sa femme. « Ma bonne amie, félicitez le capitaine. Je n'ai eu que la peine de rappeler ses services pour obtenir la compagnie. Mon cher Ruder, vous pourrez encore perdre une capote quand l'occasion se présentera ; mais ne battez plus personne, parce qu'un capitaine doit l'exemple aux jeunes gens du bataillon.

« Mon cher ami, il est convenu que vous vivrez à l'hôtel tant que vous serez en garnison à Paris. — Très-volontiers, mon général ; mais j'ai l'honneur de prévenir madame que si je pense bien, je parle mal. — Allons, allons, mon camarade, vous n'êtes pas plus obligé d'être un Voltaire, que Voltaire ne le fut d'être un Turenne. — Ce n'est pas cela, mon général ; c'est que je jure ordinairement. — Eh bien ! mon ami, vous jurerez le moins possible, et quand il vous échappera un gros mot, je vous marcherai sur le pied. — Mais le mot sera lâché. — Mais vous serez sur vos gardes. — Ainsi, général, madame est sûre que je ne lui pousserai qu'un juron à la fois. »

Le grand vicaire nous ramena mademoiselle Javotte tout à fait dégagée des liens de saint Vincent de Paul. C'était un bien brave homme que ce Vincent ! c'est l'unique saint qui ait fondé une congrégation utile. Le cardinal de Bérulle méritait bien aussi la canonisation pour avoir établi les Pères de l'Oratoire ; mais il y avait déjà tant de saints ! et puis la foi était si faible !... Elle est redevenue à la mode.

Hommes d'État, voulez-vous que la secte la plus absurde fasse des prosélytes ? persécutez. Ministres d'absurdités religieuses, voulez-vous qu'on écrive contre les dieux de votre façon ? déclamez contre les non-conformistes.

CHAPITRE IV

Par le fait du capitaine Ruder qui la conquiert d'assaut, Javotte est obligée à une nouvelle confession et d'épouser le ravisseur de sa seconde sagesse. Ce qui s'ensuit pour Jérôme : son désespoir, péripéties diverses ; escapades à Paris et ailleurs, à pied, à cheval et sous les bosquets. D'équipée en équipée, Jérôme est proclamé hussard et il met la belle madame Ruder dans le cas de recourir à une troisième confession.

Mademoiselle Javotte avait repris les vêtements qu'elle avait le jour où il plut au fils de Joseph, de Gabriel, du Saint-Esprit, ou d'un autre, de se baigner dans la mare. Jour précieux où elle eut pitié de ma misère ! Depuis longtemps je ne tenais à elle que par la tendresse : ses habits me rappelèrent à la reconnaissance.

Le grand vicaire demanda quel était cet officier à l'œil de moins, et d'un ensemble original. La jolie dame lui raconta ce que vous savez, et le grand vicaire serra affectueusement la main du général.

M. Ruder n'avait rien entendu, ou feint de ne rien entendre. On louait sa modestie, sans réfléchir que s'éloigner de quatre pas de ceux qui font notre éloge, c'est les mettre à leur aise, et se procurer le plaisir innocent d'entendre quelque chose de plus. Le capitaine s'était approché de mademoiselle Javotte, et, droit et ferme comme un pieu, il la regardait avec une ténacité qui ne me flatta point du tout.

Madame Derneval annonça à sa protégée que sa place était arrêtée, et qu'elle entrerait quand il lui plairait chez madame Dupont. Mademoiselle Javotte répondit qu'elle désirait attendre mon entier rétablissement, et qu'elle considérerait comme une nouvelle grâce la permission qu'elle sollicitait. On se rendit avec bonté à ce qu'elle demandait, et je sus de tout cela un gré infini à la charmante sollicitcuse et à ceux qui allaient au-devant de mes vœux les plus doux.

Cet arrangement rendit la parole à M. Ruder. «Parbleu, madame, je m'intéresse aussi à cet enfant, et je vous offre mes soins. Vos domestiques sont sur les dents; cette belle demoiselle est délicate, et moi je suis bien partout. Un matelas dans un coin, une roquille d'eau-de-vie et une pipe, voilà tout ce qu'il me faut. »

On représenta à M. Ruder que l'odeur du tabac ne me valait rien, il répondit qu'il fumerait dans la cheminée. Je lui représentai que mademoiselle Javotte me suffisait; il me répondit que je ne savais ce que je disais. Il accrocha son épée à une espagnolette de croisée, son chapeau à une autre; il tira son bonnet de police, se l'enfonça jusqu'aux oreilles, et s'installa dans un fauteuil.

Il ne dit plus rien de toute la journée; mais il était très-attentif. Au moindre mouvement de mademoiselle Javotte il était debout. Il sautait sur ce qu'elle allait prendre, de manière que la main décharnée rencontrait toujours la main blanche et effilée. Me soulevait-elle pour me présenter le vermicelle ou la gelée de groseille, cette diable de main se joignait à la sienne, et si elle lui faisait observer que je commençais à m'aider assez pour qu'une personne suffit, il ne répondait rien; mais il serrait davantage la main qui cherchait à lui échapper. Je me décidai à rester assis, et je fis mettre près de moi tisane et cordiaux.

On vint avertir le capitaine qu'on avait servi. Il demanda qu'on lui apportât un morceau sur le pouce. On mit un joli couvert pour lui et mademoiselle Javotte, et il déclara au domestique qui se disposait à les servir, que cela le gênerait parce qu'il n'était pas dans l'habitude d'être servi. Il ajouta qu'il était très-capable d'offrir le meilleur morceau à la belle demoiselle et d'entretenir son verre plein. Tout cela me déplaisait de plus en plus.

Le domestique se retira, et M. le capitaine se plaça le dos tourné de mon côté. Je ne sais comment il regardait mademoiselle Javotte; mais elle ne leva pas les yeux de dessus son assiette. Elle mangea peu, elle but moins, et vint reprendre sa place près de moi.

M. Ruder abandonna la sienne et se mit à celle qu'elle quittait, sans doute pour ne pas la perdre de vue. Il mangea comme un tigre, il but comme un Allemand, et de temps en temps il tâchait de se donner un air tendre, qui était bien la plus drôle de grimace!... Mademoiselle Javotte en riait en tournant la tête, et j'étais, moi, dans une colère épouvantable.

« Calme-toi, mon petit Jérôme, calme-toi, disait-elle à voix basse. Tu vois bien que cet homme n'est que ridicule. — Mais cet homme-là vous aime, mademoiselle. — Mais, moi, je ne l'aime pas, monsieur. — Oh! si j'avais seulement seize ans! — Que ferais-tu, petit ami? — Je tuerais tous ceux qui vous aiment pour que vous ne puissiez aimer que moi. »

La journée, la nuit, se passèrent dans ces alternatives de gaieté, de crainte et de soupirs amoureux. M. Ruder continuait ses mines; mais il ne laissait parler que son œil. Il y trouva tant de plaisir qu'il oublia sa pipe; il ne fêta que sa roquille. Son silence me calma peu à peu, et je finis aussi par le trouver plaisant.

Il ne sortait pas de ma chambre, et le général, sa femme et le grand vicaire le louaient beaucoup de son humanité et de l'empressement qu'il mettait à soulager mademoiselle Javotte: elle et moi savions mieux que personne ce qui en était.

Je reprenais des forces, et on avait décidé que, sous deux jours, je pourrais me lever: c'était le quatrième depuis que M. Ruder s'était établi près de moi. Je voyais que le besoin de parler le tourmentait d'une étrange manière; il s'était même essayé plusieurs fois dans la journée à articuler quelques mots. Il s'approchait d'elle d'un air guindé; il avançait les bras, inclinait la tête, ouvrait la bouche, la regardait, faisait un demi-tour à droite, et retournait à son fauteuil.

On trouvera sans doute ces détails puérils; mais c'est un enfant qui conte, et ces détails sont autant de degrés qui nous mènent à la catastrophe.

Au commencement de la nuit, il fit un usage fréquent de sa roquille, sans doute pour se donner le courage de s'expliquer, ou la facilité de s'expliquer en beaux termes. Après quelques préliminaires qui n'aboutissaient à rien, il commença enfin.

« Mademoiselle... mademoiselle... Que le diable m'emporte si je sais par où commencer. Mademoiselle, vous êtes charmante. — Vous me flattez, monsieur. — Et je vous aime de tout mon cœur. — Monsieur, vous êtes trop bon. — Voulez-vous m'épouser, mademoiselle? — Non, monsieur. — Comment, mademoiselle! vous ne voulez pas épouser un capitaine? — Je ne vous épouserais pas, fussiez-vous colonel. Et la raison, s'il vous plaît? — Je n'ai pas de goût pour le mariage. — Mais j'en ai, moi, mademoiselle, vous seule me l'avez inspiré, et, corbleu! vous m'épouserez. — Je ne vous épouserai pas. — Comment, ventrebleu! Ruder a pris Mantoue, et il ne prendrait pas une femme! — C'est que les femmes ne se prennent pas à coups de canon. — Aussi n'est-ce point à l'arme à feu que je vais vous réduire. » Il ferme la porte à double tour, et il met la clef dans sa poche. Il enlève mademoiselle Javotte dans ses bras, il la jette sur le tapis...

Furieux, je me levai en poussant de grands cris. Mademoiselle Javotte criait autant que le permettait un combat qui lui ôtait la respiration. Elle égratignait, elle mordait. Je tirais Ruder par les cheveux, par un bras, par une jambe, l'enragé ne sentait rien. Enfin, son épée frappa mes yeux. Je sautai sur l'arme; mais je fis de vains efforts pour la sortir du fourreau. Je continuais de crier, et je frappais du pommeau sur les reins du frénétique assaillant. « Frappe, frappe, petit b..... moi j'épouse. »

J'étouffais de colère et de jalousie, lorsque les coups redoublés ébranlèrent la porte, qui céda enfin. Le général parut; mais, hélas! il parut trop tard. Hors de moi et poussant les sanglots du désespoir, je me jetai à ses pieds, et je lui demandai justice. Je lui racontai comment la chose s'était passée: il pouvait en juger comme moi.

Il restait pétrifié d'indignation. Ruder se releva fort tranquillement et présenta la main à mademoiselle Javotte avec assez de politesse. La pauvre fille sanglotait à son tour, cachée sous mes rideaux. » Malheureux, dit enfin M. Derneval, vous ne rougissez pas de l'infamie que vous avez commise?... — Non, général, parce que le mariage efface tout. — D'une infamie consommée chez moi. — Eh bien! général, faisons ici la noce et que tout soit dit. Allons, allons, ma petite femme, ne vous chagrinez pas: j'en ai violé plus d'une en pays ennemi, et aucune n'en est morte. — Un viol, Ruder, un viol! quelle atrocité, quelle horreur! — C'est elle qui m'y a forcé, général. Je lui offrais ma main; la proposition était honorable; elle a refusé. Je n'aime pas les affaires qui traînent en longueur, et je l'ai violée aujourd'hui pour la forcer à m'épouser demain. Allons, ventrebleu! vive la joie! »

Madame Derneval entra et demanda par quelle fatalité il arrivait toujours dans cette chambre quelque chose d'extraordinaire. « Il ne s'y est rien passé que de très-ordinaire, madame, lui dit tranquillement Ruder; une noce à faire, voilà tout. J'épouse mademoiselle Javotte, et, ce qui ne m'était pas encore arrivé, je l'ai trouvée pucelle, et je vous prie de croire, madame, que je m'y connais. »

Tout cela n'était rien moins que clair pour madame Derneval; mais la virginité de mademoiselle Javotte la fit partir d'un éclat de rire qu'elle comprima aussitôt, parce qu'elle en sentit l'inconvenance. Toujours curieuse, malgré les remontrances du cher oncle, elle voulut tout savoir, tout absolument, et moi, toujours prêt à exhaler ma fureur, je m'appesantissais sur les moindres circonstances, espérant que quelqu'un voudrait bien faire ce que j'avais vainement essayé, que quelqu'un tuerait M. Ruder.

A mon grand mécontentement, le général se contenta de lui notifier de quitter l'hôtel pour n'y rentrer que lorsqu'il y serait mandé. Le capitaine, toujours soumis à la discipline, remit le bonnet de police en poche et prit son chapeau et son épée. Jusque-là tout était bien; mais il présenta le bras à mademoiselle Javotte, du droit, disait-il, qu'a un officier de conduire sa femme à la caserne. L'infortunée jeta un cri d'effroi et se roula dans ma couverture. Ruder la déroula, et il allait la charger sur son épaule pour en finir, lorsque madame Derneval lui représenta que la violence ne donnait aucun droit, et qu'il ne pouvait rien attendre que du consentement de celle qu'il avait outragée. Ce raisonnement ne lui parut d'aucune valeur, et il continua à faire le mari. Le général, outré de colère, lui protesta que, s'il ne cessait de violenter mademoiselle Javotte, il le ferait casser à la tête du bataillon. Cette menace apaisa la rage d'épouser du capitaine; il sortit en priant le général de ne pas trop différer le mariage, parce qu'il venait, disait-il, de se mettre en goût.

On frappait à une autre porte; c'était le grand vicaire, qui, selon sa coutume, s'était habillé de la tête aux pieds. Au premier bruit, madame Derneval, qui s'était rappelé l'histoire du médecin, et qui se promettait de rire encore sans savoir de quoi, madame Derneval avait verrouillé l'antichambre du digne oncle, parce qu'il est des choses que certains yeux ne doivent jamais voir. Les femmes ont toujours la présence d'esprit du moment: aussi nous dupent-elles avec une grâce, une facilité, nous qui nous croyons si fins!

Elle fut ouvrir, et dit à son oncle que j'avais eu une nouvelle crise qui avait jeté mademoiselle Javotte dans de vives alarmes; mais que j'étais fort bien, et que ce qu'il pouvait faire de mieux était de se remettre au lit. Le grand vicaire se rendit volontiers à ce conseil; et la jeune dame revint administrer des consolations à mademoiselle Javotte, qui en avait vraiment besoin. Que de jouissances pour madame Derneval ! Remplir un devoir indispensable pour un cœur sensible, et savoir précisément à quel point le capitaine avait poussé l'insolence; prétendre que les choses n'avaient été que là, pour s'entendre dire qu'elles avaient été plus loin ; porter mademoiselle Javotte à un mariage, devenu à peu près nécessaire, pour opposer de l'esprit à la répugnance et des raisonnements à la conviction ; tout cela tient encore au sexe féminin. Nous serions vos esclaves, mesdames, vos très-humbles esclaves, si vous étiez sans défauts.

Grâce à Dieu, nous n'avons rien à craindre de ce côté-là.

Mademoiselle Javotte se plaignait amèrement de l'inutilité de la sagesse, qui ne l'avait pas empêchée de tomber dans les bras des deux hommes qu'elle haïssait également ; elle protestait qu'elle mourrait plutôt que d'être la femme du capitaine. J'affirmais que je me tuerais si ce mariage avait lieu. Mademoiselle Javotte m'embrassait, madame Derneval riait de mon transport, et le général disait, en bâillant, que si le grand vicaire savait cette nouvelle aventure il aurait de la peine à la concilier avec la profonde sagesse de la Providence, dont il était forcé de parler souvent et à laquelle probablement il ne croyait pas.

Il fallait prendre un parti. Délaisser une affligée dont la peine était aussi fondée paraissait dur, passer le reste de la nuit sans pouvoir apporter de remède au mal paraissait inutile. Mademoiselle Javotte concilia ce qu'on devait aux bienséances et au sommeil; ses instances furent si franches et tellement réitérées, qu'on put s'y rendre sans indécence, et je restai seul avec elle.

Mon état était au moins aussi déplorable que le sien, et elle oubliait sa douleur pour ne s'occuper que de la mienne. Je me modérai enfin, parce que mademoiselle Javotte n'avait cédé qu'à la force, parce que je ne voyais pas qu'elle en ressentît un grand mal, parce qu'enfin le chagrin qui affecte le plus vivement est aussi le moins durable. Mademoiselle Javotte se calma également, parce qu'elle me voyait plus tranquille, parce qu'elle ne pouvait faire que ce qui était fait ne le fût pas, parce que ses ongles imprimés sur la figure du capitaine attestaient son innocence. Je compris que, semblable aux femmes du pays ennemi, mademoiselle Javotte n'en mourrait pas.

Pourquoi parlera-t-on toujours de Lucrèce? c'est qu'elle se punit d'un crime qui n'était pas le sien, et qu'on ne citera en exemple que l'illustre Romaine, nos femmes ayant le bon esprit de distinguer le coupable de la victime.

Le lendemain, autre scène. Il semblait que le livre du destin s'ouvrît toujours où j'étais au chapitre des événements. Le grand vicaire était près de moi, et on annonça un homme qui demandait à lui parler avec les plus fortes instances. Il ordonne de le faire entrer. Un malheureux se précipite à ses pieds. Mademoiselle Javotte se cache, moi je ferme les poings, le grand vicaire s'étonne: c'était notre curé.

« Vous m'avez fait interdire et bannir de ma cure, monsieur; vous me livrez à la misère et au déshonneur, après m'avoir surpris par une indulgence perfide... — J'ai été indulgent, je l'ai été de bonne foi pour ce que je croyais n'être qu'une faiblesse. J'ai dû m'élever contre le crime, le faire punir ou en être en secret le complice. — Et de quel crime me parlez-vous? — D'un breuvage soporifique donné à une enfant qui opposait des vertus innocentes à un libertinage effréné. — On vous a trompé, monsieur. — N'ajoutez pas le mensonge à tant d'atrocités. — On vous a trompé, vous dis-je. — Eh bien! voilà celle qui vous accuse, osez la démentir. » Il force Javotte à se découvrir et à confondre le scélérat. Elle l'écrase du poids de la vérité toute-puissante, elle lui courbe le front dans la poussière. Il bégaye, il s'égare; il ne peut que demander grâce.

« Non, lui répondit le grand vicaire avec fermeté. Si vous n'étiez pas dans les ordres, je serais moins sévère sans doute; mais un prêtre qui se livre à des excès que n'osent se permettre les hommes les plus crapuleux, un prêtre qui approche des autels le cœur et les mains souillés de luxure, est un membre corrompu, que le clergé doit rejeter de son sein. Loin de vous plaindre du traitement que je vous fais éprouver, rendez-moi grâce de ne vous avoir pas livré aux tribunaux. Je n'eusse point balancé sans doute à la crainte du scandale, toujours terrible dans ses effets, car les hommes superficiels jugent la religion par ses ministres. Allez, n'attendez plus rien que de la clémence divine, et sachez la mériter. »

Madame Derneval avait rencontré l'homme qui demandait à parler à son oncle, et, selon ses petites habitudes, elle fut bien aise de savoir ce qu'il lui contait. Quand le curé fut sorti, elle parla au grand vicaire du secret qu'il avait mis à la destitution du curé. « Mon enfant, il est dur, bien dur pour moi d'être obligé de punir. Lorsque je le fais, je ne dois pas aller au-delà de mon devoir et j'en passerais les bornes en livrant le coupable à la malignité des hommes. »

Si M. Ruder eût été présent, il se fût convaincu que ses connaissances sur certaine matière étaient excessivement bornées. Mais, d'après le caractère de l'homme, il eût dit: « Je croyais épouser une vierge, j'épouse une veuve, et la différence n'est que du plus au moins. »

Le lendemain, M. Derneval tira mademoiselle Javotte à part. La conférence fut longue et sa durée m'intrigua beaucoup. Elle rentra les yeux rouges et le teint animé.

« Jérôme, me dit-elle, tu pars demain pour la campagne avec madame Derneval, son fils et son précepteur. — Et vous? m'écriai-je. — Je partirai après-demain avec les femmes de chambre. — Et pourquoi pas avec moi? — Les voitures sont arrangées ainsi. Que t'importe d'être un jour sans me voir? — Demandez-moi ce qu'il m'importe d'être heureux? » Elle recommença à pleurer et me dit qu'il est des circonstances auxquelles on ne peut se dispenser de céder.

Avec un peu plus d'expérience, il m'eût été facile de tout pénétrer. M. Derneval lui avait représenté que si Ruder n'était ni jeune ni beau, sa valeur extraordinaire pouvait le conduire aux grades les plus distingués; que celui qu'il avait déjà était honorable, et qu'une fille sans parents, sans ressources, ne devait pas balancer entre sa main et l'apprentissage d'un métier qu'elle n'était pas certaine d'exercer d'une manière lucrative. Il ajouta qu'elle tenait à Ruder par son attentat même; qu'il était possible que la chose eût des suites et que le capitaine changeât de façon de penser lorsqu'elle sentirait la nécessité de donner un père à son enfant; que le métier des armes dispense une femme, qui n'est pas folle de son mari, de vivre continuellement avec lui, et que rien n'était plus facile que de déterminer le capitaine à la laisser à Paris lorsqu'il changerait de garnison; qu'on lui ferait à cet effet un établissement de commerce qui ne lui permettrait pas de se déplacer; que madame Derneval se ferait un plaisir d'offrir la moitié des fonds et que le grand vicaire fournirait volontiers l'autre. Il l'exhorta à réfléchir sur les avantages du parti qu'il lui proposait et sur les inconvénients d'un refus.

Toutes ces raisons étaient bonnes sans doute; mademoiselle Javotte en sentait la solidité et elle n'y opposait que la douleur que me causerait son mariage. Le général lui répondait que je n'étais qu'un enfant. Elle répliquait que j'étais beaucoup plus avancé qu'on ne l'est ordinairement à mon âge, et qu'elle ne pouvait supporter l'idée de me faire du chagrin. Après bien des débats, on convint qu'on me tromperait, qu'on m'éloignerait, qu'on m'amuserait, et que je ne saurais la vérité que lorsque je pourrais l'apprendre sans danger. Ces arrangements ne m'ont été connus que plusieurs mois après.

Toujours frivole et curieuse, mais toujours essentiellement bonne, madame Derneval entra dans les vues du général. Proposer du bien à faire au respectable oncle, c'était lui procurer la plus douce jouissance. Le mariage se fit: une boutique de mercerie fut établie rue de Buci, et moi j'errais dans les jardins d'un superbe château, pensant toujours à elle et toujours abusé par des réponses concertées d'avance entre la jeune dame et ses gens.

D'abord, le général était incommodé et il avait retenu mademoiselle Javotte; ensuite l'incommodité avait pris une tournure sérieuse, et la présence de la charmante fille était devenue indispensable. Plein de reconnaissance pour la bienfaisante famille, je voulais aller aussi secourir le général. Madame Derneval m'opposait ma faiblesse et les dangers de la fatigue. Enfin, huit jours, quinze jours, un mois s'écoulèrent en instances d'une part et en défaites de l'autre.

Un matin, je déjeunais avec la jeune et belle dame, ce qui arrivait rarement. Un courrier entra, couvert de sueur et poudreux; il remit, sans rire, à madame Derneval un paquet cacheté qu'elle prit avec la négligence la plus naturelle. Je reconnus l'écriture et je sautai de joie, persuadé que mademoiselle Javotte annonçait sa prochaine arrivée. Madame Derneval, en parcourant la lettre, prit tout à coup un air affecté qui lui allait à merveille et qui n'avait rien d'étudié. Je m'inquiétai, je m'écriai, et elle eut la complaisance de lire haut.

Mademoiselle Javotte lui faisait part de la perte récente de son père, et elle ajoutait qu'elle montait à l'instant même en voiture pour aller recueillir sa petite succession. Je n'avais jamais entendu parler de ce père-là; mais comme il est assez naturel qu'on en ait au moins un et qu'il finisse par la raison qu'il a commencé, je ne m'arrêtai qu'à l'oubli impardonnable d'indiquer le lieu où était cette malheureuse succession. « C'est affreux, dit madame Derneval. — Affreux, madame, me paraît bien fort. — Mettre ses amis dans l'impossibilité de lui écrire! — Comment, madame, de lui écrire? — D'aller la joindre, armé jusqu'aux dents, et de tuer ce M. Ruder, s'il avait eu l'audace de la suivre! — Elle est capable de le permettre. — Non, madame, vous ne la connaissez pas. — Une fille qui manque à l'amitié est capable de tout. — Ce n'est qu'un oubli, je vous le jure, madame. — Eh! l'oubliez-vous un instant, Jérôme? — Ah! croyez, madame, qu'elle ne m'oublie pas non plus. — Elle vous oublie comme moi; elle oublie tous ceux

Roder renverse table, plats et assiettes.

qui lui veulent du bien. — Ménagez-la, par grâce, madame, ménagez-la; en dire du mal devant moi, c'est m'arracher la vie. — Mais lisez donc, Jérôme, lisez cette lettre. Ce n'est qu'une marque d'attention prescrite par l'usage du monde et qui d'ailleurs ne signifie rien; ce sont de ces billets que nous payons au delà de leur valeur en prenant la peine de nous faire écrire à la porte de ceux qui nous les adressent. »

Je pris la lettre : elle était d'un froid, oh! d'un froid! pas un mot pour son pauvre petit Jérôme, et une contrainte dans le style! Oh! qu'elle était loin de cette agréable facilité avec laquelle madame Derneval me trompait! Chère Javotte! combien cette lettre a dû te coûter! avec quelle tendresse je t'en ai remerciée plus tard!...

J'oubliais mon chagrin pour excuser la charmante fille; je croyais faire un beau discours et je répétais toujours les mêmes choses. Madame Derneval ne se calmait pas, et je sentais combien il est cruel d'entendre déprécier ce qu'on a de plus cher au monde. La belle dame voulut bien enfin se rendre ou oublier son mécontentement, fatiguée probablement de mes répétitions éternelles. Oh! combien je fus dupe de cette comédie! combien depuis je l'ai été de tant d'autres! et lorsque j'ai voulu faire le comédien, à mon tour, il ne m'a pas été possible de tromper la moindre femmelette seulement pendant une demi-heure.

Quelle brillante et longue dissertation je pourrais faire ici sur le cœur métaphysique de ce sexe enchanteur!

Assemblage incompréhensible de vertus et de vices, de qualités et de défauts, de courage et de faiblesse, mais possédant au plus haut degré l'art de tout embellir, qui dit vous connaître est un sot, qui vous croit est une dupe, qui se livre à vous est heureux!

Toujours aimant, mais piqué jusqu'au vif, j'opposai l'amour-propre à mon cœur : triste moyen, qui n'a pas même le mérite d'être suffisant, surtout quand on est oisif. J'en fis bientôt l'expérience, et je pris la ferme résolution d'échapper à moi-même en m'occupant.

Il me fallait des maîtres, je n'avais pas de quoi les payer, et ils veulent qu'on les paye. Pourquoi la profession d'instituteur, si utile, si honorable, n'est-elle exercée que par des gens nécessiteux? C'est qu'on n'attache aucune considération à cet état, qu'ainsi il devient un métier, et que l'homme aisé ne veut pas être traité comme un artisan.

Ne pouvant donc avoir de maîtres *à tant le cachet*, je regardai autour de moi, et j'eus bientôt choisi.

A propos, il est bien temps, je crois, de vous faire connaître la famille et les différents individus qui composaient la maison du général, et que je n'ai connus moi-même qu'après mon entier rétablissement.

Vous savez que madame Derneval a dix-huit ans, qu'elle est très-jolie, qu'elle a d'excellentes qualités, que déparent, aux yeux de l'observateur, la curiosité et la frivolité ; mais si peu d'hommes observent!

Le général est bel homme dans toute l'étendue du mot, et il le sait. Il a de l'esprit, le meilleur ton, et il le sait encore. Brave lorsqu'il s'agit d'un coup de main, *temporiseur* quand il le faut, il connaît parfaitement la guerre, et il l'a prouvé par tous les genres de succès. Mais il se croit le premier capitaine du siècle ; il se garde bien de le dire, et cependant la haute opinion de soi-même perce lorsqu'il parle de ses égaux. Du reste, doux et traitable dans les choses indifférentes, et se laissant conduire par sa femme, qu'il croit fermement gouverner.

Son fils, âgé de trois ans, est joli comme sa mère et bon comme elle, parce qu'il n'est pas gâté. Ceux qui viennent au château ne sont pas obligés de le croire le plus beau des enfants, de s'extasier au moindre mot qui lui échappe, et sa mère ne les fatigue pas du récit de ce qu'il a fait ou dit depuis sa naissance. On ne m'a pas condamné à n'être que l'agent de ses volontés et à me laisser pincer ou égratigner selon son bon plaisir. J'ai le droit de dire *non* quand ce qu'il exige n'est pas raisonnable, et alors il a le bon esprit de ne pas se mettre en colère, parce qu'il n'a pas l'habitude de voir tout ployer devant lui. J'ai, moi, assez de jugement pour sentir ma position et la nécessité d'être agréable à tout le monde. Je m'empresse surtout à plaire à l'aimable bambin, j'invente pour lui de petits jeux, je m'en amuse, parce qu'il est encore des moments où je suis enfant moi-même, et je m'applaudis d'épargner à mon petit camarade l'ennui, toujours père des fantaisies enfantines, lesquelles tourneraient sûrement à mon désavantage.

Sa mère, qui ne cède jamais au caprice, mais toujours à ce qu'elle appelle la raison, si la raison peut être le partage de la première enfance, sa mère l'a accoutumé à être aussi raisonnable qu'elle peut raisonnablement le désirer. Elle l'adore, quoiqu'elle n'en convienne pas; elle me sait un gré infini de mes complaisances, et elle entretient les dispositions favorables que j'ai fait naître dans le cœur du général.

Je n'étais pas d'âge à faire encore des réflexions philosophiques ; mais j'ai pensé depuis, et je crois fermement que le monde est gouverné par des enfants. Vous riez? l'idée vous semble exagérée? elle est pourtant toute naturelle. Un enfant mène sa mère et la mère mène le mari. Que le mari soit seulement souverain, c'est l'enfant qui règne sans s'en douter et sans que le potentat le soupçonne. Il en est de même, de proche en proche, jusqu'aux dernières conditions.

On a donné un précepteur au petit Derneval, non pour lui apprendre quelque chose dans un âge aussi tendre, mais pour former d'abord son jugement et l'accoutumer à mettre de l'ordre dans ses idées. Sa mémoire n'est chargée de rien. Il est incapable de réciter d'un ton maniéré et en faisant de ses bras un télégraphe une fable de la Fontaine ou une idylle de Berquin. Il ne sait pas lire, et l'instituteur ne pense même pas à lui faire ouvrir un livre : mais en jouant, en se promenant avec lui, il pique sa curiosité, il provoque la question qui amène un précepte ou une explication simple comme l'enfance. Ce petit cerveau est une bonne terre qu'on dispose à recevoir toutes sortes de semences.

M. Dupré est très-instruit, ce qui n'est pas rare ; mais est très-modeste, ce qui n'est pas commun. Il ne parle guère qu'on ne l'interroge ; il n'a rien de particulier avec les femmes de chambre, et il étudie quand il n'a pas de devoir à remplir, parce qu'il n'est pas chargé de l'emploi de soutenir la conversation, par la raison que madame et monsieur ne sont pas des imbéciles.

Il est considéré de toute la famille, parce qu'il le mérite, et cette considération a gagné son élève, parce que les enfants, qui n'ont pas d'idées à eux, commencent par être imitateurs. Que d'hommes vieillissent et meurent sans être sortis de l'enfance!

Le général a deux aides de camp, jeunes et bien faits. L'un tire des armes comme Saint-Georges, et danse comme Vestris; l'autre, écuyer consommé, chante comme Garat, et joue du violon comme Rhodes. Ignorants d'ailleurs comme des jeunes gens persuadés qu'un officier en sait assez lorsqu'il a le talent de plaire, et qu'il est toujours disposé à se faire tuer.

M. Derneval est laborieux et écrit avec facilité. Aussi son secrétaire n'a rien à faire que d'aller à la chasse, et jamais il ne manque le soir de faire hommage du produit de ses exploits à la jeune dame, qui ne l'estime que comme un bon tireur, c'est-à-dire assez peu. Cet homme enfin n'est à monsieur que parce qu'un général doit avoir un secrétaire.

Un instinct naturel me disait que tous les hommes aiment la louange, et lorsque j'eus reconnu le faible de chacun, plutôt par ce que j'en entendais dire que par mes propres observations, il ne me fut pas difficile de me mettre bien avec tout le monde : cela tenait à mon projet d'éducation.

On aime à être prisé ce qu'on vaut, et ma déférence respectueuse pour M. Dupré enfin son attention. Il parut bien aise que je susse lire, écrire, et que j'eusse un commencement de latinité. Un jour que je lui avais adressé, avec intention, quelque chose de plus flatteur et de mieux tourné qu'à l'ordinaire, il m'offrit de me faire suivre mes études et de me donner quelques leçons de géométrie.

Je sentais la nécessité de faire mon état moi-même et d'acquérir des connaissances, pour parvenir. Ainsi j'acceptai avec des transports de reconnaissance, qui charmèrent M. Dupré, et qui n'étaient pourtant que l'effet de l'intérêt personnel satisfait; ainsi ce que le bienfaiteur prend pour lui ne s'accorde guère qu'au bienfait.

Si je sentais l'utilité de la science, je comprenais aussi l'avantage des talents aimables : j'avais déjà reconnu qu'on a bien plus souvent affaire à l'homme léger qu'à l'homme profond. J'arrêtai donc que je saurais, de plus, monter à cheval, tirer des armes, danser, chanter et jouer du violon. J'aurais appris la mécanique, l'astrologie, l'anatomie, la chimie, si j'eusse trouvé quelqu'un qui pût m'en donner des leçons. La difficulté était de ployer deux hommes frivoles au métier de professeurs. Je leur fis une cour assidue; ils en parurent flattés, mais ils ne me proposaient rien. J'eus d'abord envie de leur offrir service pour service : c'était de leur apprendre à bien lire et à bien écrire, en échange de ce qu'ils me montreraient. J'eus assez de sagesse pour sentir ce que ma proposition aurait de désobligeant, et j'entrepris de les amener à mon but sans rien perdre de leur amitié.

Quelques mots, hasardés de loin en loin en présence de madame Derneval, et auxquels elle ne faisait pas grande attention, furent répétés si à propos, qu'elle crut avoir conçu l'idée de faire de moi un petit homme accompli. Pleine de son nouveau plan, et toujours avide de l'exécution, elle le proposa aux deux jeunes gens avec une chaleur qui ne leur permit pas la moindre objection. Un aide de camp, d'ailleurs n'a rien à faire à la campagne que de plaire à madame, et il s'en occupe exclusivement : c'est la règle.

Me voilà donc travaillant sans relâche les deux tiers du jour et jouant le reste du temps avec le petit Derneval. Le jeu l'ennuyait-il, je sautais sur mes genoux une jolie petite sœur que lui avait donnée sa maman six mois avant mon installation chez elle, et que nourrissait une grande, grosse et belle fille. C'est la mode maintenant de faire nourrir les enfants par les filles, parce qu'on ne craint ni une grossesse ni la présence importune d'un mari balourd. A la vérité, ces demoiselles échauffent bien un peu leur lait et s'exposent souvent à quelque chose de pis; mais il faut des nourrices filles, puisque la mode l'ordonne et que ce mot dit tout.

Je faisais des progrès rapides en tout genre, et j'obtenais maintenant de l'amour-propre satisfait de mes maîtres ce que je n'avais dû d'abord qu'à la complaisance ou à la contrainte. Le souvenir de mademoiselle Javotte venait-il me troubler dans un genre d'étude, je la fuyais dans un autre, je cherchais à l'étouffer dans mon cœur, et son image adorée me poursuivait jusque dans mes songes. Que de peines m'a causées cette femme-là! Mais aussi!...

J'étais occupé, très-occupé, à résoudre une des propositions d'Euclide sur lesquelles tout le monde est parfaitement d'accord, ce qui arrivera peut-être un jour de la religion chrétienne, juive, musulmane et autres, qui sont démontrées à un point, qu'il faut être d'une mauvaise foi insigne pour contester rien de ce qu'elles annoncent.

Je tenais la solution de mon théorème, lorsque de longs éclats de rire me rendirent incapable d'aucune espèce d'attention. Je reconnaissais l'organe de la jeune et jolie dame, je savais qu'elle ne riait pas sans sujet, je savais qu'elle n'aimait pas à rire seule, et jetant crayon, règle et compas, je courus pour m'amuser, si en effet la chose en valait la peine, mais décidé à trouver plaisant, très-plaisant ce qui faisait rire madame.

O petit flatteur! allez-vous vous écrier. Eh! mon cher ami, quel homme ne l'est pas lorsque son intérêt le commande? N'avez-vous pas persuadé à votre maîtresse que ses défauts étaient des qualités, que sa figure assez gentille était plus que céleste? N'appelez-vous pas actes d'une juste sévérité les oppressions de l'homme en place dont vous avez besoin? Ne trouvez-vous pas de l'esprit, beaucoup d'esprit à celui dont vous mangez la soupe, pourvu qu'il vous traite bien et souvent? Ne nommez-vous pas effrontément prudence, sagesse, prévoyance, l'avarice de l'usurier qui vous prête à un intérêt *pendable*, lorsque vous savez que vous ne lui rendrez rien? Votre femme, dont vous n'espérez pas plus, est la seule que vous ne flattiez pas. Aussi peut-elle prendre pour des vérités les choses agréables que vous lui adressez, si cela vous arrive, et si elles sont sincères, ce qui n'est pas encore certain.

J'oublie donc mon Euclide; je cours, je saute, j'arrive dans la cour. « Oh! qu'il est plaisant! oh! qu'il est plaisant! répétait madame Derneval. — Et qui donc, madame? — Vous ne voyez pas dans l'avenue?... » C'était M. Ruder, juché sur un cheval de louage ressemblant à celui de l'Apocalypse, ouvrage très-respectable, car il est de saint Jean.

Le *dada* du capitaine galopait aussi fort que le permettaient ses vingt ans et la roideur de ses jambes, parce que le cavalier avait les pieds en dehors, ce qui faisait que les éperons ne sortaient pas du ventre du pauvre animal. Du talon à la ceinture, Ruder ressemblait parfaitement à une paire de pincettes, et son échine rappelait le dos courbé de ces monstrueuses et magnifiques carpes du Rhin qu'on aime tant à trouver chez les autres, et achète rarement, parce qu'on ne les paye pas avec des courbettes : cette monnaie, qui a cours dans la bonne compagnie, n'est pas connue à la halle.

Le capitaine arrivait à toute bride, et il annonçait par ses grimaces et ses tours de croupion, certaine incommodité causée par cent mille et un soubresauts. Donnez-moi, disait un grand physicien, de la matière et du mouvement, et je vous ferai un monde. S'il est constant que le mouvement fait tout, il ne l'est pas moins qu'il détruit tout aussi, et je doute fort que le monde de mon savant eût duré longtemps, si, comme les deux demi-lunes de Ruder, il eût été renfermé dans un pantalon de drap et froissé contre une selle rembourrée avec des noyaux de pêche.

Le capitaine, voyait avec un plaisir bien naturel dans sa position critique, le moment où son cheval ne pourrait aller plus loin, et où il lui serait possible de se couler à terre et d'aller demander à l'office du vinaigre et du sel. Il n'était plus qu'à trente pas d'une grille de fer plantée sur un mur à hauteur d'appui qui séparait la cour d'un délicieux jardin anglais. Il était certain ou que le bidet s'arrêterait là ou qu'il renverserait la grille, ce qui ne paraissait pas probable. Aussi Ruder traversait la cour son chapeau au bout du bras tendu, en signe de joie de sa prochaine délivrance. Mais, hélas! et cent fois hélas! le *locati*, dont les flancs sont ouverts, et dont les blessures deviennent à chaque seconde plus douloureuses, galope jusqu'à la grille, enfile sa tête, son cou, son poitrail à travers les barreaux, les fait ployer à droite et à gauche : mais ne renverse rien, parce que dans le château d'un général tout est dans le meilleur état possible.

Ruder, très à son aise à pied, très-mauvais cavalier, mais incapable de ne jamais rien craindre, et humilié de la manière dont il paraissait devant madame, Ruder jurait et jouait des talons pour faire reculer son cheval. L'animal, au supplice, faisait de vains efforts pour vaincre l'obstacle qui l'arrêtait, et furieux à son tour du traitement injuste qu'on lui faisait éprouver, il se mit à ruer, ne pouvant faire autre chose. Il rua si ferme et si longtemps, qu'il enleva l'ignorantissime écuyer, qui partit la tête en bas, le postérieur en l'air, et qui, faisant une culbute complète, se retrouva debout, mais accroché par la ceinture de sa culotte à l'une des piques de la grille de fer.

Madame riait!... elle riait! Et les aides de camp, le secrétaire riaient!... Oh! et la valetaille qui accourait déjà, disposée à imiter madame. Le premier aspect de Ruder avait renouvelé en moi certain souvenir, qui, toujours, excitait ma colère; je me proposais de l'appeler en duel, et je cherchais la botte secrète que je lui porterais, lorsque sa nouvelle position et les ris universels me firent rire moi-même, autant qu'on le peut quand on a de l'humeur.

J'avais quitté Euclide, et le général quitta le marquis de Feuquières pour savoir la cause de ces ris immodérés. « Madame, dit-il à sa jolie épouse, vous voyez quelques ridicules à ce brave homme, et je vous assure qu'il y a fort peu de générosité à s'en amuser. Mais vous n'apercevez pas ses cicatrices, parce qu'elles sont couvertes des ailes de la gloire. Je conseille aux rieurs, qui n'ont encore que le très-petit mérite de faire de jolies gargouillades avec les jambes et le gosier, je leur conseille de tâcher d'imiter Ruder un jour, et, surtout, d'être modestes comme lui, au milieu des témoignages de l'estime générale.

Je dansais fort mal, je chantais plus mal encore, j'avais ri très-peu, ainsi je ne pouvais rien prendre pour mon compte de la mercuriale du maître du château. Je laissai faire la moue à la jeune dame et aux aides de camp, et je m'empressai, selon l'usage, de saisir le moment de mettre au jour mon petit mérite, et de faire preuve d'érudition. « Monsieur, dis-je au général, permettez-moi de vous représenter que vous ressemblez un peu aux héros d'Homère, qui parlaient toujours très-bien, mais qui ne parlaient pas toujours à propos. — Comment donc cela, monsieur Jérôme? — C'est qu'il me semble, général, que ce qui presse le plus est de dépendre le capitaine. — Il a parbleu raison! Allons, messieurs les rieurs, aidez-moi à décrocher Ruder. Ne nous souvenons du passé que pour être plus discrets à l'avenir, et allons nous mettre à table. Un verre de bon vin ne vous déplaira pas, n'est-il pas vrai, capitaine? — Par les cent diables, général, j'en boirai bouteille ; mais je la viderai debout, car de six semaines je ne pourrai m'asseoir. — Des coussins, des oreillers, force cérat pour le camarade, et à table. Allons, allons, messieurs, présentez la main à madame ; il ne faut pas rougir d'une leçon reçue à propos, il n'y aurait de honte qu'à n'en pas profiter. »

M. Dupré, qui riait très-rarement, mais qui s'empressait toujours d'être utile, offrit de frictionner la partie macérée. Les aides de camp empilèrent tout l'édredon qu'ils trouvèrent au château ; Ruder se plaça du mieux qu'il lui fut possible, et le dîner commença très-gaîment, parce que le général donnait l'exemple de la gaieté. Il savait que la jeunesse souffre difficilement les remontrances, et que, pour qu'elles soient utiles, il faut faire oublier ce qu'elles ont eu de sec et d'amer. On rince la bouche d'un malade qui a pris une potion désagréable ; le goût s'en perd, mais le remède agit.

Le capitaine, seul, en mangeant comme quatre et en buvant à proportion, ne cessait de faire la grimace et de secouer la tête, ce qu'on attribua d'abord à certaine excoriation douloureuse que vous connaissez comme moi ; mais son poing, qu'il portait de temps en temps à sa mâchoire, son œil enflammé qui menaçait le plafond, et quelques jurons qui brochaient sur le tout, firent soupçonner au général qu'il s'agissait d'autre chose que d'une écorchure. « Vous jurez beaucoup, mon cher Ruder? — Général, je demande pardon à madame ; mais j'ai eu l'honneur de la prévenir que telle est mon habitude. — Oui, mon ami, je me rappelle même qu'à cet égard elle vous a laissé à peu près liberté tout entière ; mais qu'avez-vous qui puisse vous agiter ainsi? — Ce que j'ai, général, ce que j'ai ! on vient de me faire chef de bataillon... — Eh bien ! mon ami, je vous en félicite. — Mais on m'envoie avec mon corps à Dijon. — Mon camarade, il faut y aller. — Y aller ! sans doute j'irai, et je viens vous faire mes adieux. Mais Ruder à une armée de réserve ! Ruder dans l'intérieur de la France ! tandis qu'on se bat en Italie et sur le Danube ! me prend-on pour un invalide? J'irai à Dijon ; mais, sacrebleu ! j'enrage, et ce n'est pas là l'unique sujet qui me donne de l'humeur, car il est bon que vous sachiez que j'en ai, et beaucoup. — Et contre qui donc, mon cher Ruder? — Contre celui qui a été dire là-haut : Il y a là-bas un brave homme que vous laissez dans un coin... — Comment, un service essentiel vous donne de l'humeur ! — Ah ! si ce n'était pas un officier général !... Je vais vous conter l'affaire.

« Hier, après la parade, il m'emmène dîner chez lui ; c'est fort bien ! Au dessert, il me présente mon brevet ; c'est au mieux ! En quittant la table, il me propose une partie charmante, à ce qu'il dit ; c'est à merveille ! Je monte dans son carrosse ; nous partons. Savez-vous où il me mène?... Dans un mauvais lieu. — Cela n'est pas croyable. — Cela est vrai ou le diable m'emporte ! Ruder viole une fille, une femme, une veuve : mais Ruder a des mœurs, et, pour l'empire du monde, il ne coucherait, ni avec sa mère ni avec sa sœur. Il est vrai que la première est morte et que la seconde a cinquante ans.

« Nous entrons dans un appartement qui ne finissait pas, et où il faisait clair comme en plein jour. Un tas de gens que je ne connais pas, qui ne valent pas grand'chose, étaient rangés en demi-cercle et passablement alignés, il faut que j'en convienne ; mais savez-vous ce que cette canaille faisait là? Elle écoutait une coquine, une madame Pèdre, qui disait tout haut, devant tout le monde, qu'elle est amoureuse du fils de son mari. L'effrontée contait tout cela à mademoiselle Pet-de-None, qui trouvait la chose toute naturelle et on applaudissait à ces infamies, et je criais à travers les *bravos* que j'allais couper en rubans de queue les jupons de ces deux malheureuses, et, par la mort, c'est ce qui serait arrivé, si le général ne m'avait retenu.

« Mais ce n'est rien encore que cela. Arrivé dans le salon, un salon à colonnes, ma foi, un joli jeune homme, à qui la déhontée fait entendre clairement qu'elle veut coucher avec lui. Le jeune homme rougit, baisse les yeux, et refuse net, quoique la belle-mère en vaille assez la peine. Brave garçon, me suis-je dit, que cet Hippolyte, c'est sans doute un descendant de ce comte de Douglas, qui se battait si bien et qui aimait tant les filles. Vous saurez que cet Hippolyte-ci est amoureux d'une petite demoiselle Durécit, qui n'est pas plus grosse que mon poing, qui est longue comme une asperge montée, qui ne dit pas grand'chose, qui n'en pense pas plus ; mais qui est, sacredieu, fort gentille, et qui m'intéressait beaucoup.

« Ne voilà-t-il pas que cette enragée de Pèdre, piquée des refus d'Hippolyte, complote avec cette vilaine Pet-de-None de dire au papa que c'est le pauvre jeune homme qui a voulu débaucher sa mère ! Oh ! alors j'étais d'une colère... je jurais ! et tout le monde riait autour de moi. C'est bon, c'est bon, leur disais-je, rira bien qui rira le dernier. Vous entendez bien, général, que je me proposais d'avertir le père de tout ce qui se passait. Enfin il arrive, ce père, un monsieur Taisez, qui ferait bien de se taire, car il ne dit que des bêtises, et il croit tout ce qu'on lui dit.

« Aussitôt cette vilaine Pèdre lui raconte la chose

comme elle l'avait arrangée avec Pet-de-Nonc, et cela devant nous tous qui savions le contraire de ce qu'elle disait. J'étais confondu, pétrifié; mais comme M. Taisez ne jurait pas, et que son sabre restait dans le fourreau, je me suis dit: Voyons jusqu'où ces créatures pousseront l'effronterie. Il sera toujours temps de rejoindre ce père Taisez dans son salon ou dans sa salle à manger.

« J'avais bien raison de vous dire que ce papa n'est qu'un imbécile. Ne sachant comment arranger tout cela, il s'adresse à un certain Nez-de-Plume, et lui fait sa prière dévotement comme un aumônier de régiment. Mais tout à coup entre un monsieur Je-te-Ramène, qui ne ramène personne, et qui raconte bien tranquillement et bien longuement que le jeune homme et son chariot ont été avalés par un requin que Nez-de-Plume avait envoyé là tout exprès. Ah! f....., ah! b....., me suis-je écrié de toutes mes forces, le coup est trop fort, et je vengerai Hippolyte. Je saute par-dessus les uns, je renverse les autres, et je tombe le sabre à la main sur ce vieux sot de Taisez, qui se sauve. Je vois dans un coin, derrière un morceau de toile peinte que j'avais prise pour une colonne, cette infâme Pèdre et sa Pet-de-None, et je me dispose à les sabrer toutes deux. Elles trottent, elles courent, elles crient, elles rentrent dans le salon et vont, sans doute pour m'échapper, se jeter dans un ruisseau de feu que je n'avais pas vu là-bas, mais qui ne m'effrayait point : j'aurais passé en enfer pour les joindre... Pan! je tombe dans un trou; on ferme une trappe sur ma tête, et me voilà dans une cave. Je vais, je viens, je trouve à chaque pas des poutres plantées comme des échalas, contre lesquelles je me casse le nez et me meurtris les genoux. C'est égal, je vais toujours et je me moque de la rumeur infernale que j'entends sur ma tête. Enfin je rencontre un petit escalier, je le monte et je vois en haut un piquet de trente hommes en bataille. Ma foi! mes amis, leur fis-je, je n'avais pas besoin de vous; mais puisque vous voilà, nous allons exterminer ces coquins-là ensemble. — Non pas, me dit l'officier, il ne faut exterminer personne, mais nous retirer paisiblement. Ce qui vous a donné tant d'humeur n'est qu'un poëme. — Comment un poëme? — Oui, une tragédie, une fable, et tenez, voilà Hippolyte; vous voyez bien qu'il n'est pas mort. — Et qu'est-ce que Je-te-Ramène est venu nous conter? — Je vous dis que vous n'avez rien vu que des jeux d'esprit... — Ah! je me doute maintenant... oui, je devine... C'est à la comédie qu'on m'avait mené. — Précisément, vous y voilà. — Eh bien! morbleu! je n'en démordrai pas, ce lieu-ci est un mauvais lieu. Qu'est-ce que des jeux d'esprit où on suppose des crimes? Qu'est-ce que le plaisir avec lequel on écoute ces ordures-là, sinon un penchant marqué à se permettre les mêmes choses, et que combat seule la crainte de la publicité? Oui, je suis dans un mauvais lieu, et ceux qui ont imaginé ces infamies, et ceux qui viennent là pour les entendre méritent tous d'être fouettés en place publique. »

Quelques égards qu'eût M. Derneval pour les braves gens, il ne lui fut pas possible de garder son sérieux. Sa jolie petite femme s'amusait... elle s'amusait!... Et les aides de camp que le général mettait à leur aise par son exemple, et M. Dupré, qui connaissait son Euripide comme Geoffroi la méchanceté, de personne n'y tenait, et on attendait la fin de l'aventure que Ruder paraissait, malgré la gaieté générale, très-disposé à raconter, lorsqu'on annonça un courrier du ministre de la guerre. Il apportait au général l'ordre de se tenir prêt à partir sous huit jours pour Dijon.

Madame Derneval ne rit plus. Les femmes n'aiment pas les poltrons, et plus d'un grand homme a dû à sa maîtresse la moitié de sa gloire. Ah! si ma dame me voyait! disait un de nos anciens chevaliers, montant le premier à l'assaut. Mais si l'héroïsme plaît à ce sexe charmant, s'il le séduit, ce n'est que pour ajouter à sa sensibilité naturelle. Armide adorait le brave Renaud; mais fière de son choix et de la gloire de son amant, elle voulait qu'il n'en connût plus d'autre que celle de porter ses fers. Ainsi madame Derneval soupirait d'une séparation qui froissait son cœur. Ses enfants orphelins, leur mère veuve dans l'âge des amours, le général arrêté au milieu de la plus brillante carrière, et, pour balancer la crainte d'un événement incertain mais plus que probable, un laurier à ajouter à des lauriers qu'on ne comptait déjà plus...

Les aides de camp étaient au comble de la joie, et s'écriaient qu'on ne faisait pas courir un homme comme le général uniquement pour passer des revues, et M. Derneval, affectant de prendre un air modeste, paraissait persuadé, très-persuadé, de ce que disaient les jeunes gens. Ruder, qui ne pénétrait que ce qu'on lui expliquait de la manière la plus claire, demandait à ces messieurs où ils voulaient qu'on allât de Dijon. « Peut-être en Italie, dit le général. — Et par où? reprit Ruder. — Par les Alpes, mon ami; rien n'est impossible aux Français. — Je le voudrais, morbleu! — Et moi aussi, mon camarade. — Il y aura à tirer pour gagner la hauteur; mais quand on est arrivé, on se délasse en faisant le coup de fusil. »

J'étais né ardent, impétueux, et le dévouement de ces braves, et les nouveaux dangers où s'allait exposer le général, et le sentiment profond de ce que je lui devais, électrisèrent mon âme. « Général, lui dis-je avec enthousiasme, j'ai une grâce à vous demander. — Et laquelle, Jérôme ? — Emmenez-moi avec vous.— Et pourquoi faire, mon ami ? — On trouve toujours l'occasion d'être utile à son bienfaiteur. — C'est fort bien dit, reprit Ruder; mais, mon petit homme, qui tiendra compagnie à madame, qui consolera ma femme si je me fais tuer ? — Eh! oui, continua le chef de bataillon, qui ne voyait rien des signes qu'on lui faisait de tous côtés, ma femme, la petite Javotte, que tu aimes tant, et avec qui j'ai passé les plus jolies nuits!... Il serait, sacrebleu! damnant de s'en tenir là. »

Ma tête se bouleversa à l'instant, et l'idée du vilain homme profanant les appas d'une femme adorée me rendit furieux. Je sortis de la salle ; je fus prendre une épée dans la chambre de l'aide de camp qui me montrait à tirer des armes; j'allai la cacher sous une touffe de lilas, et je me promenai, en attendant le ravisseur, la tête haute, la poitrine ouverte et le jarret tendu. Il devait y avoir dans mon ensemble quelque chose de romain.

Je n'attendis pas longtemps. M. Ruder avait allumé sa pipe, et pour n'incommoder personne, il venait fumer à l'odeur de la rose, du jasmin et de l'héliotrope. Je l'abordai fièrement et lui dis en grossissant ma voix : « Vous m'avez enlevé par une action atroce une femme que vous n'auriez jamais eue sans cela ; il faut à l'instant m'en rendre raison. — Comment donc, petit, tu es brave? — Pas de plaisanteries ; je ne suis pas d'humeur à les entendre. L'épée à la main, sans verbiage et sans délai. — Allons, mon ami, je n'ai jamais refusé de me battre avec personne. Voyons comme tu te tireras de là. »

Nous gagnons un endroit couvert ; nous mettons habit bas, en nous dégainons. J'avoue que lorsque je vis la pointe de la flamberge ennemie dirigée contre ma poitrine, j'éprouvai plus que de l'émotion. Mais je sentis qu'un mot, un seul mot qui tendrait à un raccommodement me déshonorerait sans retour ; je le croyais au moins, et, pour ranimer mes esprits, qui tombaient de plus en plus, j'attaquai vivement Ruder. Il me reçut de pied ferme, et du talon de son épée il fit sauter la mienne à dix pas. « Fort bien ! dit-il, fort bien! voilà un début qui promet, je serais bien fâché de tuer un brave petit b... comme toi. Ramasse ton épée, et sache, Jérôme, qu'il ne t'est plus permis de la tirer contre celui à qui tu dois la vie. » J'avoue que cette conclusion me fit le plus grand plaisir, tant il est vrai que l'amour de la vie l'emporte sur tout sentiment.

Ruder m'embrassa, me prit par la main et me présenta à la compagnie, qui me cherchait dans les pièces d'eau, dans les puits, partout où m'avait pu conduire la nouvelle désespérante du mariage de mademoiselle Javotte. Il raconta de quelle manière héroïque je m'étais présenté, et il assura le général qu'il pouvait m'emmener, et que je ne reculerais pas d'une semelle au feu. Fier de cet éloge, que je méritais incontestablement, puisque j'avais surmonté la peur, je renouvelai mes instances ; je protestai que je voulais, dans toutes les occasions, couvrir le général de mon corps; je pleurais sur le pan de son habit brodé, que je serrais de toutes mes forces ; je protestais que si on ne m'emmenait pas je me ferais tambour dans le bataillon de M. Ruder ; enfin, je suppliai la jeune dame d'intercéder pour moi. Elle le fit avec une extrême répugnance, je lui dois cette justice ; mais enfin elle céda à mes vœux, et le général selon son habitude, se rendit aux désirs de son épouse.

Je sautai de joie à mon tour. J'embrassais les aides de camp, j'embrassais M. Dupré ; je baisais les mains de madame Derneval, qui me laissait faire. Oh ! quelles étaient jolies, ces petites mains-là! Une réflexion vint troubler ce moment si doux, où on ne me donnait le prix de ma reconnaissance! La cruelle m'avait trompé par une lettre mensongère ; elle s'était donnée volontairement à un homme qu'elle haïssait, disait-elle, à l'égal de la mort; elle m'avait condamné à traîner une vie malheureuse ; mais je l'adorais; pouvais-je partir sans la voir? étais-je sûr alors de la revoir jamais?

Elle est à Paris, sans doute; mais où demeure-t-elle? Voudra-t-on me le dire? Me permettra-t-on d'aller puiser, dans ces yeux si doux, de l'aliment à la flamme que depuis si longtemps on cherche à éteindre? Cependant, il faut la voir, il le faut absolument; que je lui reproche sa perfidie, que je lui pardonne et que je retrouve ces baisers de feu qui ont allumé mon sang à un âge aussi tendre. Je ne conterai donc mon projet à personne ; je concentrerai la haine que m'inspire Ruder, et qui se développe avec une nouvelle violence à mesure que la crainte de la mort s'éloigne et s'éteint. Je le ferai parler; cela est plus aisé que de le vaincre. Depuis que je sais me tenir à cheval, on me permet des promenades dans les environs du château. Eh bien, je pousserai jusqu'à Paris. Une heure, rien qu'une heure avec elle, et je reviens au galop.

Je rejoignis Ruder, et nous nous promenâmes bras dessus, bras dessous. Oh! quelle violence je me faisais pour me modérer et pour donner à mes questions une tournure sans conséquence! Ce bon Ruder! Il m'en apprit plus que je ne lui en demandais. Je sus qu'elle demeurait rue de Buci, la première boutique de mercerie à droite en entrant par la rue Saint-André-des-*Arcs* et non des *Arts;* qu'elle poussait la modestie jusqu'à refuser les caresses de son mari, qui, le plus souvent, employait le moyen qui lui avait si bien réussi à l'hôtel du général. Le malheureux ! il appelait de jolies nuits celles où il ne tenait dans ses bras qu'une femme inanimée ! heureux encore, comme tant de maris, qui veulent bien prendre l'aversion pour un effet de la pudeur !

Il était clair pour moi qu'elle haïssait toujours son époux; qu'elle n'avait cédé qu'aux circonstances et aux sollicitations; il ne possédait donc que son corps. C'était beaucoup, c'était trop, sans doute, mais quel soulagement que d'être certain que son cœur demeurait libre, qu'il pouvait être à moi quand la nature me permettrait d'y prétendre !

La nature ! eh ! n'est-ce pas elle qui me fait aimer? Et aimer et prétendre à plaire, n'est-ce pas un seul sentiment, un unique désir toujours indivisible? Pourquoi donc ne plairait-on pas dès que l'on peut aimer? Ne m'a-t-elle pas aimé dès ma plus tendre enfance, et serait-elle changée après six mois d'absence pendant lesquels j'ai grandi de trois pouces, et qui m'auraient embelli, si Narcisse pouvait être plus beau? Peut-elle ne pas joindre à son affection une profonde estime qu'elle me doit incontestablement, à moi qui me suis exposé à me faire tuer pour elle? Oui, je lui raconterai mon combat; je me garderai bien d'y manquer. Elle haïra son époux un peu plus, et elle m'aimera davantage.

Pendant que je faisais ces réflexions, peu modestes, mais consolantes, un piqueur sellait pour moi le cheval du général, son cheval de bataille, ma foi ! Il grognait, il n'avançait pas. « Je ne sais si monsieur sera satisfait... — Enchanté, Francœur. — Son cheval favori... — Il y a deux jours qu'il n'est pas sorti, et ses jambes s'engorgent. — Mais le général doit le monter demain. — Je le sais bien et je veux l'assouplir. — Mais vous le ramènerez couvert de sueur et d'écume. — Pas du tout, je le mènerai au pas. — Vous lui gâterez la bouche, et je serai chassé. — Pas du tout. Je vous protège, je suis protégé de madame, elle n'aura qu'un mot à dire. Ce mot, elle le dira; ainsi plus d'observations, s'il vous plaît, elles me fatiguent et ne vous mènent à rien. » Et j'aidais à Francœur, qui ne répliquait plus; mais qui avait toujours l'air un peu récalcitrant. Je serrais un sanglon, j'arrangeais les rênes du filet, tissues d'or, en vérité; j'attachais la housse la plus belle du général ; je mettais aux fontes une superbe paire de pistolets de Versailles: un homme qui part pour l'armée ne marche pas sans armes à feu. Enfin me voilà à cheval, et Francœur de s'écrier: « Ne le disais-je pas qu'il ramènerait Pompée sur les dents !»Et, en effet, j'allais comme la foudre; j'allais de manière à ne pouvoir quelquefois respirer. Les cabriolets, les charettes, les carrosses, les diligences, tout se rangeait. Postillons, charretiers, voyageurs tremblaient que je sautasse par-dessus leurs têtes.

J'entre dans Paris, et je vais le même train. Les piétons se collent contre les murs, lorsqu'ils n'ont pas le temps de se jeter dans une allée; ceux que la crainte pétrifie tombent au milieu du ruisseau, et Pompée s'élance et franchit tout avec la légèreté de l'hirondelle qui joue sur l'eau. Ceux qui sont à l'abri du danger crient, le cou tendu, les bras en avant : Arrête, arrête! Aucun ne se présentait, et je ne sais si les tours de Notre-Dame eussent arrêté Pompée.

J'arrive enfin à cette rue de Buci, et je modère l'ardeur de mon coursier, je regarde, je cherche cette boutique où mon âme, mon cœur m'avaient devancé au comptoir. Je la vois, je saute à terre, j'attache Pompée bien ou mal, et j'entre.

Vingt jeunes gens étaient dans la boutique : l'un marchandait des rubans, l'autre du tulle; celui-ci une pièce de nankin, celui-là une paire de gants, et, contre l'ordinaire des jeunes gens, qui font tout retourner pour le plaisir de voir une jolie marchande, ceux-ci achetaient tous; ils achetaient même pour de petites somme assez rondelettes, parce qu'elle était non-seulement charmante, mais si persuasive ! Aussi sa boutique était achalandée, il fallait voir ! Rien n'était beau que ce qui en sortait. A la vérité, chacun paraissait se flatter en particulier que, vidant sa bourse et ne marchandant pas, il serait remarqué de la marchande. Tous lui disaient de jolies choses, et elle répondait à tous avec l'expression qui convenait à chaque interlocuteur. Tel autrefois César dictait à quatre en style différent.

Vous pensez bien que je n'étais pas disposé à attendre que la foule fût écoulée; j'aurais attendu longtemps; il en sortait un, il en rentrait quatre. Je me fis faire place à la façon de M. Ruder, lorsqu'il sauta sur le théâtre pour perforer le roi d'Athènes. On me repoussait, et mes gestes devenaient plus significatifs; elle m'aperçut enfin, et, légère comme Zéphire, elle sauta par-dessus le comptoir et tomba dans mes bras.

« Comme il est grand !... Comme ses traits se sont développés !... Quel maintien ! quelle grâce ! Ah ! Jérôme ! que n'avais-tu vingt ans lorsque M. Ruder... — Je les aurai, femme charmante, et je ne vous aimerai pas davantage. »

Elle répondit ; je répliquai... On se rappelle toujours les sensations vives qu'on a éprouvées; mais les expressions s'effacent... L'amour a un langage à lui

L'HEUREUX JÉROME

Le général arrivait, suivi de deux femmes de chambre.

seul, que lui seul entend bien, auquel lui seul sait répondre.

Un de ces messieurs qui avait dépensé à la boutique un mois de sa petite pension, et qui, ainsi que les autres, n'en était pas plus avancé, jugea à propos de s'apercevoir que je lui avais froissé une côte : les amants malheureux prennent facilement de l'humeur. Celui-ci me prit par le collet de mon habit, et d'un geste menaçant... Elle était là, la dame de mes pensées; j'avais puisé dans ses yeux un courage surnaturel, j'avais respiré la gloire sur ses lèvres. Plutôt mourir mille fois que de souffrir un affront devant elle ! c'était là ma devise, la seule que je pusse, que je voulusse connaître. « Laissez les gestes aux goujats, dis-je à mon adversaire. Les gens comme moi ne connaissent que le champ de l'honneur. J'ai des pistolets aux arçons de ma selle, suivez-moi. » Il était brave il sort. Je crois remonter Pompée; quinze ou vingt drôles l'avaient détaché et l'emmenaient, disaient-ils, en fourrière. Je proteste que personne ne touchera davantage au cheval de bataille du général Derneval. On conclut de ma protestation que j'étais l'étourdi qui avait mis tout un quartier en rumeur. On me prend, on m'enlève, on me porte. Je déclare que je pars pour l'armée, et qu'on n'a pas le droit d'arrêter un défenseur de la patrie; on me rit au nez. Je me fâche; on rit plus fort. Je demande où on me conduit : A la préfecture de police. Je réponds qu'un militaire n'est pas justiciable des administrations civiles; on réplique que je conterai cela à ceux qui vont recevoir la plainte. Je me débats, on me serre. Je pince, je mords; je me sens frapper. Furieux, je double, je quintuple mes forces. Je fais des efforts inouïs qui eussent été inutiles, si trente coups d'un vigoureux bâton, roulant sur les têtes de mes détenteurs, ne leur eussent fait lâcher prise. C'était le jeune homme avec lequel j'allais me brûler la cervelle, qui, indigné de la manière dont on me traitait, avait pris ma défense. « Vous êtes un brave garçon, me dit-il, et je ne dois pas vous laisser accabler :

Œuvres de Pigault-Lebrun.   LIV. 7

disposez de moi en ce moment. Demain nous nous verrons. » Et il frappait à outrance, et je m'armai de la pince d'un paveur que je trouvai sous mes pieds et j'essayais de frapper aussi raide que mon nouvel allié. Tout ce que je pouvais faire était de soulever l'instrument; on esquivait les coups; je frappais l'air; mais je tenais les assaillants à une distance convenable.

Nous avancions toujours; mais cela ne suffisait pas. Il fallait s'esquiver, et la foule qui augmentait à chaque instant formait autour de nous un cercle mobile, et par conséquent inabordable.

Tout à coup un officier à la tête d'une garde pénètre au milieu de l'enceinte, écoute les griefs des plaignants; et comme je ne pensais qu'aux moyens de rejoindre madame Ruder, et qu'ainsi je ne niais rien, l'officier me tira de mes illusions amoureuses en nous enjoignant de marcher, à moi et à mon compagnon. La première chose qu'apprend un aspirant à l'honneur de se faire tuer en ligne, c'est la soumission à ses supérieurs : je me laissai donc conduire sans réplique à la préfecture.

O joie! ô surprise! elle n'avait pu supporter l'inquiétude où la jetait cet événement : elle m'avait suivi. Elle venait me défendre si j'étais innocent, ou solliciter ma grâce si j'avais commis quelque faute, et elle avait la bonté de me dire cela d'un ton si doux, si caressant!

On m'interrogea avec un sérieux, une importance qui m'eussent fait rire en toute autre circonstance. Il semblait, en vérité, que j'eusse compromis la sûreté de l'État. Peu fait aux manières rébarbatives, je me troublais, je répondais gauchement. Déjà on murmurait le mot prison. Elle s'avança vivement, et dit, en quatre mots, que j'étais un enfant adoptif du général Derneval. Ici, on m'honora d'une légère inclination de tête. Elle ajouta que cet officier m'aimait beaucoup, ce membre de phrase me valut un regard de bienveillance; qu'à la vérité mon cheval m'avait emporté, mais qu'il n'y avait personne de blessé, et que le parti le plus simple était de me remettre entre les mains du général. Le juge le plus sévère se déride à l'aspect d'une jolie femme, et j'ai toujours reconnu que de toutes les recommandations, celle-là est la meilleure. Le désir, d'ailleurs d'être agréable au général était un motif de plus pour changer totalement de façon de voir, et on fit demander quatre dragons et mon cheval de bataille pour me reconduire au château.

Parfaitement remis de mon trouble; fort des égards qu'on marquait au général, et des attentions que l'on ne pouvait refuser à la plus séduisante des protectrices, je revins à mon caractère, à mon amour, à mes désirs; je déclarai très-haut que j'étais venu uniquement pour voir cette belle dame; que j'avais une affaire de la plus haute importance à lui communiquer; que je n'avais pu trouver le moment de lui parler encore, et que je ne partirais que le lendemain. Le ton tranchant du petit drôle qu'on daignait à peine regarder cinq minutes auparavant, fut nommé énergie de caractère, noblesse d'âme, fierté de courage, que sais-je encore? On m'invita à passer avec elle dans un arrière-cabinet, où j'entamai de suite la grande affaire. Voici ce que c'était.

Je voyais tous les jours le général coucher avec sa femme, et cela me paraissait tout simple, parce qu'il l'aimait. Par la même raison, je trouvais tout naturel de coucher avec madame Ruder; et je lui déclarai nettement que tel était mon vœu, mon espoir, mon intention. Elle rougit, ses yeux s'animèrent; mais elle me répondit que si je n'étais pas tout à fait un jeune homme, je n'étais plus aussi un enfant, et que des plaisanteries autorisées autrefois par mon âge, n'étaient plus innocentes en ce moment. Flatté d'être regardé comme une espèce d'homme, je n'en devins que plus opiniâtre, et je jurais que je coucherais avec elle. Elle jurait que non, elle me parlait de la dignité du mariage, des obligations qu'il impose, et, en me faisant une leçon de morale, elle me passait la main sur les joues, sous le menton, elle me chiffonnait une oreille, le bout du nez, et ce n'était pas du tout le moyen de me faire respecter le mariage. Je l'accablais de caresses qu'elle ne pouvait prévoir ni éviter toutes. Elle me repoussait doucement, et cette douceur même était un charme attirant, qui multipliait les attaques, et les rendait toujours plus vives. Je devenais entreprenant à l'excès; je brûlais; c'était du vitriol qui coulait dans mes veines. Sa voix était altérée, son œil humide; sa poitrine se gonflait, son cœur battait avec extrême violence. J'avançais toujours et, bien que très-jeune encore, j'aurais fini par faire le petit Ruder, si, se levant tout à coup, elle n'eût été ouvrir la porte du cabinet, et s'asseoir sous le chambranle même, en se plaignant de la chaleur. Furieux d'être dupe de cette ruse de guerre, et comptant reprendre mes avantages dans un moment plus favorable, je protestai que les dragons me hacheraient plutôt que de m'emmener. Elle revint à moi; elle me supplia, les larmes aux yeux, de ne pas la perdre par un éclat public; elle me conjura de partir, et me promit, pour pour prix de ma docilité, que je la verrais le dimanche suivant, jour qu'elle avait fixé pour aller prendre congé du général, et lui souhaiter un heureux retour.

Oui, elle était vraiment sage. Victime des circonstances avec son curé et son mari, elle craignait de l'être encore de son cœur avec moi. Trop jeune pour connaître l'art de la séduction, d'amener, de saisir l'instant favorable, j'avais déjà assez d'expérience pour sentir combien sa manière de me craindre était différente des terreurs que lui avait inspirées Ruder. Il me manquait quelques années encore pour savoir tout hasarder à propos ; mais alors cette femme charmante descendant à la prière, me suppliant, mouillant mes mains de ses larmes, devenait sacrée pour moi. Il me semblait entendre la Divinité même, et j'étais aussi incapable de lui désobéir que de cesser de l'adorer. Heureux âge où l'on sent encore le charme de la vertu, où on trouve une satisfaction secrète à la pratiquer, où on ne prévoit pas que, pour être à la mode, il faudra, un jour, n'avoir que des vices aimables.

Je me soumis donc à ce qu'elle demandait, mais je fis mes conditions. Je lui fis promettre, jurer qu'elle viendrait dimanche, dimanche matin, de très-grand matin, et qu'elle passerait la journée entière, tout entière au château. Je ne parlai pas de la nuit : Ruder était là, et, lorsqu'il s'approchait d'elle, j'aurais voulu qu'il fît sans cesse jour, et qu'on abattît toutes les cloisons.

Cette affaire réglée, je pensai au jeune homme avec qui je devais me casser la tête le lendemain. S'il me tue, je ne la verrai pas dimanche ; si je ne me bats pas, je suis déshonoré, et comment partir si je me bats ?

Ces réflexions sont cruelles ; elles m'absorbaient. Connaissant mon caractère comme mon cœur, elle jugea que j'étais occupé de tout autre chose que de mon amour : elle m'interrogea. Il me paraissait affreux de la tromper, et je trouvais de la lâcheté à lui dire la vérité : c'eût été la placer entre mon adversaire et moi.

Un billet, qu'on me remit très à propos, me tira d'embarras : il était de mon jeune homme. Conscrit et reconnu, on l'avait emprisonné ; il me demandait mes bons offices près du général, qu'il avait entendu nommer par madame Ruder ; il me priait instamment d'oublier notre démêlé, qu'il reconnaissait avoir grossièrement provoqué ; il finissait en m'offrant franchement son amitié, et en me demandant la mienne. Toutes ces propositions m'arrangeaient fort. J'étais très-disposé à aimer les braves gens, parce que je les estimais ; ensuite je ne demandais pas mieux que de le servir auprès du général, parce qu'après le plaisir d'aimer, je n'en ai jamais connu de plus doux que celui d'obliger ; enfin il me faisait des excuses positives, satisfaisantes, et il est dur de se battre au moment même où l'on peut espérer une longue suite de jouissances plus réelles.

Je lui passai le billet ; elle le lut, et me regarda d'un air si touché ! elle croyait sentir les coups auxquels je me serais exposé. Qu'elle était bonne, qu'elle était aimante ! Je me gardai bien de lui dire que je m'étais mesuré avec son mari ; elle n'eût pas manqué de me faire un discours à la *Chimène*, sur l'éternelle barrière que *Rodrigue* eût élevée entre elle et lui. Qui sait même si elle ne se fût pas avisée d'aimer Ruder mourant, Ruder tué pour elle, Ruder tué par moi, pourvu, toutefois, que Ruder mourût, car lorsqu'on s'est donné la peine de faire des grimaces d'usage, il est infiniment désagréable, il est dur de les avoir faites en pure perte ?

On m'avertit que les dragons m'attendaient. Je répondis que ma dame avait parlé, et que je lui donnais ma parole d'honneur de me rendre de suite au château, et par le chemin le plus court ; qu'ainsi je n'avais pas besoin d'escorte. Mon juge, désormais disposé à tout faire pour moi, lui demanda si on pouvait compter sur moi. Elle protesta qu'elle m'outragerait, si elle doutait un moment que je dusse tenir ma parole. Messieurs les dragons furent donc, à leur grand mécontentement, renvoyés à leur corps de garde : toute corvée utile à un général vaut au moins une station à l'office. Je l'embrassai encore une fois, deux fois, autant de fois qu'elle voulut le permettre devant des témoins qui pouvaient n'être pas indulgents. Je lui fis répéter qu'elle viendrait dimanche, bien sûrement dimanche, et je demandai Pompée.

Je le demandai si haut, et d'un ton si impératif, que le chef de division, choqué de mon impertinence, me dit : « Mon cher ami, vous ne vous apercevez pas que vous êtes complètement ridicule. Sachez que je ne fais rien que pour le général et madame, et que si vous ressentez les effets de la considération que je leur marque, elle ne vous est pas du tout personnelle. Reprenez le ton modeste que vous aviez en entrant ; c'est celui qui convient à votre âge. » Je rougis jusqu'au blanc des yeux ; j'étais humilié, battu à terre ; mais j'eus le bon esprit de sentir que je méritais la leçon. Combien de jeunes gens me lisent, qui n'ont que des aïeux, qui traînent un grand nom, qui, plus impertinents que je ne l'étais encore, pourraient s'appliquer la mercuriale, en profiter, et n'en feront rien !

Aussi rouge, aussi confuse que moi, elle entreprit de m'excuser. J'avouai, je reconnus ma faute, et j'en demandai l'oubli avec la franchise d'un bon cœur qui aime à réparer les écarts du cerveau. Le chef me sourit, me pressa la main, et je me disposai à remonter à cheval.

O mon Dieu !.... mon Dieu ! je ne reconnais pas

Pompée. Les galons, les crépines de la housse et des chaperons sont arrachés; les rênes de tissu, les étriers d'argent enlevés! « Ciel !... juste ciel! que pensera le général? — Il te pardonnera, Jérôme. — Et le soupçon, madame, le soupçon d'une bassesse... — L'idée ne lui en viendra pas. — Je n'oserai jamais me présenter devant lui, non, je n'en aurai pas la force. — Veux-tu que je lui écrive, petit ami? — Non, madame, non; cela ne suffit pas. Avant que le cachet soit rompu, on aura vu Pompée dépouillé, nu, et l'imputation déshonorante aura volé de bouche en bouche. — Eh bien! je partirai avec toi. — Oh! oui, ma bonne, mon excellente amie, partez aujourd'hui; dimanche en sera plus aisé à attendre. — Je me présenterai la première. — Sans doute; je vous en prie: votre présence dispose toujours aux sentiments doux. — J'attesterai que lorsque tu es descendu à ma porte, Pompée brillait de toute sa parure, et que ces messieurs qui trouvent mauvais qu'on galope sur le pavé, ne font pas difficulté de s'emparer du bien d'autrui. — Au mieux, à merveille! Que le général me punisse pour être venu à Paris sans sa permission; mais que je conserve son estime, celle de madame Derneval, de M. Dupré, de tous les honnêtes gens. Je cours, je vous amène une voiture, j'attache Pompée derrière, et nous partons. — Non pas, petit ami, non pas. Le cheval de bataille du général n'est pas fait pour être attaché derrière une vinaigrette, et un aspirant à la gloire ne voyage pas comme une femme. Vous monterez Pompée, qui, pour être dégalonné, n'en est pas moins le plus fier des coursiers, très-différent de ces hommes par qui nous nous laissons si souvent éblouir, et qui ne montrent que la plus pauvre nudité lorsqu'on les déshabille. »

Ah! elle ne veut pas que je partage sa voiture. Elle se défie donc d'elle-même, elle m'aime donc plus qu'elle ne le voudrait? Oh! oui, oui, sa conduite m'éclaire, je suis aimé de la femme charmante... Et si son vilain Ruder n'était pas au château... peut-être que loin des fâcheux... dans l'ombre du mystère... Oh! non... elle ne consentira jamais... Eh! pourquoi pas? L'Amour, jeune comme moi, ne triompha-t-il pas de Psyché, et ne suis-je pas beau comme lui, puisque tout le monde le dit?

Je faisais ce monologue en courant à la place Saint-Michel, d'où je ramenai le cabriolet le moins sale, tiré par le cheval le moins décharné.

Je lui présente la main, elle monte; je saute sur Pompée, et nous partons. Oh! comme je marchais sagement pour ne pas perdre un de ses regards, qui pénétraient au fond de mon cœur! Quel doux sourire embellissait ses yeux lorsqu'ils rencontraient les miens! Mais la distance de mon cheval à sa voiture, mais les équipages, les charrettes, les crocheteurs, qui me la dérobaient à chaque instant, mais le plus ridicule des mariages, s'il n'était le plus détestable!... Oh! lorsqu'on s'aime, il faudrait n'avoir à redouter ni maris ni témoins; n'être esclave ni des préjugés ni des usages, n'être que deux enfin, isolés du genre humain dans un coin de terre oublié, désert, inaccessible... dans l'île des Cocos, par exemple. Quatre lieues de circonférence, c'est plus qu'il n'en faut pour se promener; des ombrages épais, formés par la nature, où on mêlerait ses soupirs au chant des oiseaux amoureux; des cocotiers en abondance, et partout une végétation vigoureuse, voilà pour la nourriture, car il faut penser à tout. L'eau, la plus pure, en abondance... Et l'arbre à pain, que j'oublie, l'arbre à pain, ce don précieux qu'on ne daigne pas penser à naturaliser en Europe, et l'arbre à parasol, dont les habitants de la mer du Sud tirent leurs vêtements; et des roches qui garnissent les côtes et en éloigneraient ceux qui ne vivent pas uniquement pour l'amour... Oh! si j'étais avec elle dans l'île des Cocos!... Eh! pourquoi n'irions-nous pas?... J'arrangerai cela, moi, rien n'est plus facile.

Elle n'aime point son mari, elle le quittera. Elle vendra son fonds de boutique, et avec le produit, mille écus au moins, je fréterai un bâtiment, élégant comme la galère qui porta Cléopâtre allant au-devant d'Antoine. Nous nous embarquons. La mer courbe ses ondes devant nous. Zéphire enfle doucement nos voiles de pourpre, les Nymphes et les Tritons jouent autour du navire et saluent la Vénus nouvelle qui le monte. C'est moi qui tiens le gouvernail, le plaisir dans les yeux, le sourire sur les lèvres et les cheveux ornés d'une couronne de myrte qu'ont arrangée ses jolies mains. Le voyage ne dure qu'un moment, et nous bénissons, en abordant, la terre protectrice qui nous dérobera à tous les yeux, et où, semblables à Philémon et Baucis, nous vieillirons sans connaître l'ennui ni les infirmités de la vieillesse. C'est là... «Eh! ventrebleu! monsieur; prenez donc garde à ce que vous faites. Vous me tirez du rêve le plus délicieux, et vous prenez mon genou pour une borne. »

C'était un jeune homme qui menait son cabriolet comme j'avais mené Pompée le matin, et qui m'avait accroché la rotule avec son moyeu. Il était déjà loin lorsque je me retournai, et la douleur que j'éprouvai me fit sentir plus positivement que toutes les remontrances possibles le tort qu'on a de galoper dans les rues. Si tel, qui est aujourd'hui en carrosse, daignait penser que demain il peut être à pied; si celui qui oublie la main première qui le tira de la boue réfléchissait que l'échelon qui le soutient peut manquer tout à coup ; si l'autre, qui fait valoir une faveur légère que lui arracha l'importunité, sentait l'obligation de payer ses bienfaiteurs en répandant lui-même des bienfaits ; si chacun enfin apprenait à se juger soi-même, il n'y aurait qu'une espèce de justice, la justice relative, et avec celle-là plus de lois, plus de tribunaux, plus d'avoués, plus de défenseurs, plus de clercs, plus d'huissiers, plus de recors, plus de garnisaires, plus de papier marqué. A la vérité ce serait un grand mal pour tous ces gens-là, si l'équité s'emparait enfin de la balance incertaine de Thémis ; mais nous y gagnerions beaucoup, nous autres pauvres diables qui formons l'immense majorité, et... oh ! encore un château en Espagne, et mon genou enfle à vue d'œil. Je ne saurais me tenir plus longtemps à cheval, je souffre horriblement.

Elle crut que je cherchais un prétexte pour partager sa voiture, et elle voulut s'assurer elle-même de mon état. Elle fit arrêter sa vinaigrette, descendit, examina mon genou, me crut estropié, se plaignit plus haut que moi, repoussa le conducteur qui se présentait pour m'aider à descendre, voulut me recevoir elle-même dans ses bras et me porter dans son cabriolet. J'ajoutai à la douleur en me prêtant à ce qu'elle exigeait ; mais mon cœur battait contre le sien, ma bouche touchait sa joue, ses yeux, son sein, et elle ne s'alarmait de rien, parce que Vulcain n'est pas dangereux, et que j'étais plus boiteux que lui.

Légère comme les Grâces, mais faible aussi comme elles, ma charmante amie ploya sous le faix et perdit l'équilibre. En vain je voulus la retenir, l'impulsion était donnée, elle m'entraîna avec elle, nous roulâmes dans la poussière. Bienheureux saint Paul ! troisième ciel, qui n'existe pas, mais que vous avez vu, ne vous offrit rien de comparable à l'aspect des trésors que je découvris en ce moment. C'est avec raison que saint Denis, présent alors, se fût écrié en vrai gendarme : Sacredié, que c'est beau !

Elle, toute honteuse, moi enchanté, et tous deux gris de poussière, mais nous juchons, tant bien que mal, sur notre banquette, et Pompée, le fier Pompée, humilié de sa position, suit l'humble wiski, l'oreille basse et au petit pas. Nous ne disons rien, parce qu'elle ne veut pas parler de sa chute, et que je jouis encore dans le recueillement.

Comme nous n'avons que des facultés bornées, et que la jouissance surtout les fatigue promptement, je reposai mon imagination en pensant à l'accueil qui m'attendait au château.

Je me rassurai en la regardant : était-il possible qu'on lui refusât quelque chose ? Mais je tremblais lorsque je voyais Pompée par la petite lucarne de derrière. Je me représentais le général me fixant d'un air terrible, et me demandant compte de ma conduite avec sévérité.

Si un trouble violent dérange nos facultés d'un côté, de l'autre il exalte l'imagination, qui saisit rapidement les ressources qui nous restent. Je me flattais au moins qu'un sentiment de pitié fléchirait sa rigueur. Je bénis alors l'étourdi qui avait failli me casser la cuisse ; et je pris bravement la position qui me faisait souffrir le plus, pour empêcher l'enflure de tomber. Mais je réfléchis bientôt qu'un officier accoutumé à voir voler des bras, des jambes, des têtes, ne s'arrêterait pas à une simple contusion. Je regardai encore la plus aimable des femmes. Elle était calme, la paix de son âme se peignait dans ses traits ; elle ne craignait donc rien pour son Jérôme, que pouvait-il craindre lui-même ?

L'espérance rentra tout à fait dans mon cœur, et je m'aperçus alors que nous ne retournions point par la route que j'avais suivie le matin. J'avais pris la plus courte, par une raison très-simple : je volais dans ses bras. Quel motif l'avait pu porter à ordonner positivement à son cocher de suivre cet autre chemin, plus long d'une grande lieue ? Le besoin de temps pour préparer ma défense ? Bah ! elle a tant d'esprit !... Et puis la véritable éloquence n'est-elle pas fille du sentiment, et se prépare-t-on à sentir ?... Je l'interrogeai : pas de réponse. Ah ! ah ! me fis-je, les femmes sont donc quelquefois dirigées par des raisons dont elles ne veulent pas convenir Eh ! parbleu ! quand on ne peut les faire parler, il faut savoir les deviner, et cela n'est difficile que pour les sots : moi qui ai beaucoup d'esprit, à ce qu'on dit, et je le crois, je ne suis pas embarrassé du tout.

D'abord, continuai-je à part moi, inquiets de ma longue absence, mais bien sûrs que je n'ai été qu'à la rue de Buci, M. et madame Derneval, pour m'empêcher d'y faire des extravagances, auront dépêché sur mes traces, et les aides de camp, et ce trop heureux coquin de Ruder. Si nous avions pris le chemin le plus court, nous aurions été rencontrés ; le commandant de bataillon se fût emparé de sa femme, l'eût ramenée à Paris sans que j'eusse le mot à dire, messieurs les aides de camp se fussent saisis de ma personne : bon gré, mal gré, il eût fallu les suivre au château, et j'y serais arrivé sans la plus aimable des médiatrices, réduit à mes propres moyens de défense, et on est si bête quand on a peur ! Je savais bien qu'elle n'était jamais flattée de rencontrer son vilain Ruder, et puis je ne sais quoi me persuadait qu'elle aimait mieux, bien mieux, sans doute, passer avec moi un jour, deux jours, une semaine, me soigner, me consoler, me caresser..., et, en vérité, c'est tout simple... je suis si bien, j'ai une si jolie petite tournure, je l'aime tant ! je le lui dis avec tant de grâce, et elle m'écoute avec tant de complaisance !... « Ah ! fripon, vous entends-je dire, la fatuité vous domine toujours, lors même que vous ne savez ce que vous dites. — Non, monsieur, il n'y a pas l'ombre de l'amour-propre dans ce que je rêve là ; j'ai deviné tout ce qu'elle pensait, tout précisément. Rappelez-vous que le temps des scrupules religieux est déjà loin, et trouvez bon que je vous prévienne que celui des aveux approche. Avec quel plaisir nous nous étendîmes alors sur les détails charmants de son enfance, sur la naissance et les progrès d'une passion mutuelle à qui nous avons dû les moments les plus heureux de notre vie ! »

Déjà je distingue la grille, la grille fatale de la cour du château. Malgré mes réflexions consolantes, rassurantes, le cœur me battit d'une force... oh !

Cependant, comme je prétendais n'être plus un enfant, je voulus me conduire en homme et m'armer de courage, ce qui veut dire assez communément dissimuler sa frayeur.

Le portier en reconnaissant mon amie, poussa un cri de joie : c'est ainsi qu'on la recevait ordinairement au château. Ce cri attire un piqueur, celui-là même qui eut la complaisance de me laisser monter Pompée. Le piqueur, qu'on a tancé vigoureusement et auquel on a donné huit jours pour se pourvoir ailleurs, se met en devoir de me faire une scène. Il parle très-haut, je lève le ton plus haut encore et on arrive à la hâte de tous côtés. Je m'entends crier aux oreilles qu'il est affreux d'abuser de la confiance d'un vieux serviteur et de lui faire donner son congé. L'expression de la vérité pénètre jusqu'à mon cœur. J'embrasse le malheureux domestique, je lui demande pardon. Mes larmes coulent ; le vieillard, désarmé, y mêle les siennes.

« Bien, me dit-on, bien ; le premier mouvement à la vivacité, le second à la nature : j'attendais ce retour-là. » C'était M. Dupré, qui me prit la main et me conduisit droit au vestibule. Je reconnus le général à travers une croisée et je me retournai pour m'assurer qu'elle me suivit. Elle ne m'eût pas quittée alors pour l'empire du monde. J'avançai donc d'un pas assez ferme et je me présentai, puisque enfin il fallait finir par là.

Le général était debout appuyé sur la poignée de son sabre, il fronçait les sourcils, son regard était menaçant, il avait précisément l'air que je lui voyais de deux lieues de son château. Madame Derneval faisait semblant de broder, et ses yeux retombaient sur son métier lorsqu'ils rencontraient les miens. Elle les relevait furtivement lorsque je regardais son époux, et un léger sourire effleurait ses lèvres rosées.

« Eh bien, monsieur, me dit le général, vous avez donc enfreint mes ordres en allant à Paris et vous n'avez pas craint de me déplaire en emmenant Pompée ?... » Je ne sais ce qu'il allait ajouter. Ma bonne amie l'interrompit et plaida ma cause avec une chaleur, un charme qui ramenèrent l'aménité sur la figure de mon juge, et lorsqu'elle en vint aux galons et aux crépines, qu'elle protesta de mon innocence, le général l'interrompit à son tour. « Je sais, madame, que Jérôme est incapable d'une bassesse. L'incident sur lequel vous allez vous étendre est une suite imprévue de sa première faute, et je n'en ai pas le moindre ressentiment. Passez sur cet article, madame, et continuez, car j'ai beaucoup de plaisir à vous entendre. »

Sans être rhétoricienne, sans savoir ce que c'est que la rhétorique, elle fit une péroraison tellement sentimentale, tellement entraînante, que madame Derneval laissa tomber son aiguille et vint lui jeter les bras au cou. Le général fit aussi deux pas et s'arrêta tout à coup, sans doute parce qu'il se souvint que les juges ne sont pas dans l'usage d'embrasser les avocats.

Il allait prononcer. « Doublez, m'écriai-je, mon général, quintuplez ma peine, mais grâce, grâce pour l'infortuné palfrenier que j'avoue avoir trompé ! Il est époux, général, il est père ; me reprocherai-je toute ma vie d'avoir ôté l'existence à une honnête famille ? » M. Dupré m'embrassa ; les domestiques, qui formaient l'auditoire, dans le bas du salon, se précipitèrent ; tous voulaient m'embrasser à la fois. Je cherchai parmi eux, je trouvai mon vieux piqueur ; je le saisis par le bras, je l'entraînai, je le présentai au général et je tombai à ses pieds. « Grâce ! grâce ! » m'écriai-je de nouveau, et vingt bouches répétèrent ce cri.

Le général me releva, et je crus sentir qu'il me serrait la main « Retourne à tes occupations, dit-il avec bonté au vieillard ; mais plus de chevaux à monsieur sous aucun prétexte. Pour vous, Jérôme, qui voulez servir le roi et qui commencez votre carrière par un acte d'indiscipline, vous serez puni et sévèrement ; je vous donne pour prison le château et ses dépendances, et vous n'en sortirez que pour me suivre à l'armée. »

La punition était douce et paternelle sans doute ; mais si dans un moment d'enthousiasme je m'étais mis à la discrétion du général, je n'en fus pas moins sensible à l'humiliation de subir un châtiment quelconque et surtout avec le chagrin de l'avoir mérité. Madame Derneval, habile, comme toutes les femmes, à démêler les sensations des hommes, qu'ils ne savent ou qu'ils ne daignent pas prendre la peine de cacher, madame Derneval, toujours bonne, toujours aimante, voulut répandre sur la plaie un baume consolateur. « Mon ami, dit-elle au général, la punition toute militaire que vous infligez à Jérôme ne s'accorde point avec l'habit qu'il porte. — Vous avez raison, madame. Qu'il monte à sa chambre il y trouvera, grâce à vos soins, de quoi s'équiper en soldat.

Fatigué de la scène qui venait de finir, je ne fais pas répéter ; je monte machinalement, j'ouvre et je cherche le surtout de drap bleu. Quelle est ma surprise ! un habit de hussard complet, l'uniforme que j'ai toujours préféré, et celui-ci d'un goût exquis et d'une richesse à éblouir. Je me frotte les yeux, je regarde, je les frotte encore, j'admire, je saute de joie. Je touche avec précaution toutes les pièces de ce brillant costume, je les baise, et en deux tours de main je me dépouille de mes vêtements bourgeois, que je jette avec dédain, dans un coin de ma garde-robe. Je me couvre lentement, très-lentement de l'uniforme chéri, quoique je ne perde pas une seconde ; mais c'est que je m'arrête de minute en minute, que je me contemple dans une glace, et que, toujours plus satisfait de ma petite personne j'en prolonge complaisamment l'examen. Enfin, le bonnet sur la tête et le sabre au côté, je m'étourdis si complètement que je ne sais pas où je suis, ce que je fais, ce que je pense.

Bientôt il ne me suffit plus de m'admirer, je voulais que les autres m'admirassent aussi. J'avais pour prison le château et ses dépendances ; en quatre sauts je descends l'escalier. Je pensais en sautant que le cadeau de madame Derneval avait le double mérite de l'agrément et de l'à-propos, que mon sexe saisit toujours avec tant de grâce, et je sentis que la jolie dame me devenait plus chère encore.

Je passais devant le salon et j'allais parcourir les cours, les jardins, le parc : des éclats de rire prolongés m'arrêtèrent. Je savais qu'il n'était pas bien d'écouter ; mais cette transition subite de la sévérité à l'extrême gaieté me fit soupçonner que la première pourrait bien avoir été jouée. Pour savoir ce qu'il en était, j'approchai l'oreille de la serrure. « Avouez, madame Ruder, que notre pauvre Jérôme a eu une cruelle peur. — Oh ! général, vous ne vous en faites pas d'idée, et je vous avoue que je n'étais pas moi-même trop à mon aise. — Vous, madame ! — Ecoutez donc, général, je suis la première cause de son escapade. — Et vous avez pu croire que je me fâcherais sérieusement des folies que vous faites faire ? Puis-je vous faire un crime d'être charmante et en vouloir à Jérôme parce qu'il a des yeux ? Entre nous, cependant, je m'applaudis de son prochain départ. Il commence à n'être plus enfant, il est ardent, impétueux, très-joli garçon, et cette espèce d'amoureux-là donne souvent de la tablature à une femme honnête mais sensible. — Oh ! général, j'ai sur lui un empire absolu. — Et vous l'avez sans doute aussi sur vous-même ; ainsi je ne vous ferai pas observer que de l'amitié à l'amour le pas est très-glissant, surtout quand on ne s'est marié... — Allons, allons, mon ami, tu fais rougir cette pauvre madame Ruder jusqu'aux yeux. Venez, jolie petite femme, venez faire un tour de jardin avec moi. Nous rentrerons quand cette fantaisie de persifler sera un peu calmée. »

J'entends pousser un fauteuil, et, crac ! je m'envole vous devinez où ; où je savais que j'allais la rencontrer ; en tiers à la vérité ; mais un instinct secret me disait que les vieilles seules sont sans indulgence pour des plaisirs et des peines qu'elles ne peuvent plus partager.

Fort de ce que je venais d'entendre, je me promis bien de profiter de la première occasion de pousser mes avantages, et de jouer dorénavant le repentir aussi bien que le général jouerait le mécontentement.

Je ne voulais pas qu'elles me vissent de loin et qu'elles m'examinassent en détail. Mon petit amour-propre exigeait qu'elles fussent frappées de mon ensemble et qu'aucune des exclamations qui leur échapperait ne fût perdue pour moi. Je me cachai derrière des touffes de rosiers.

Je les voyais venir : jouissance d'amour, jouissance de vanité, je me procurais tout. Madame Derneval, appuyée sur le bras de mon ami, la regardait avec le plus tendre intérêt. Elle parlaient à demi voix ; j'étais tout oreilles, et je n'entendais rien. Elles approchèrent enfin. « Votre époux a raison, madame. Je l'aime trop, et je sens qu'il faut qu'il parte ; mais qui me rendra ces moments si innocents et si doux qui m'ont fait oublier quelquefois mes chagrins ? — Songez qu'il ne part pas seul, madame Ruder, et quel chagrin vous restera-t-il lorsque celui qui les cause sera également loin de vous ? Servez-vous de votre raison : combattez un penchant qui n'a rien de répréhensible encore, mais qui est déjà dangereux. Songez, d'ailleurs, que ce jeune homme se développe, que le plaisir va devenir pour lui un besoin, et que des objets nouveaux le distrairont d'une passion qu'il croit aujourd'hui devoir être éternelle. »

Il n'y a qu'un enfant qui fasse connaître à une femme qu'il a entendu les secrets confiés à l'amitié. C'est la forcer à rougir ; c'est clouer dans sa bouche cet aveux si doux à entendre répéter ; c'est l'avertir de se défier de tout. Mais calcule-t-on rien quand on aime passionnément et qu'on est sans expérience ?

« Jamais, jamais, m'écriai-je en sortant impétueusement de ma cachette, jamais je n'oublierai mon adorable amie : cessez, madame, de calomnier mon cœur. Ne plus l'aimer, ne plus l'aimer, grand Dieu ! Je perdrais plutôt le souvenir de vos bienfaits, de ces bienfaits que le temps grave chaque jour plus profondément dans mon âme... » Et à qui croyez-vous que j'adresse ces belles choses-là ? Au vent.

Confuses de s'être laissé surprendre, elles avaient fui légères comme l'hirondelle qui rase l'herbe fine ; et au lieu de voler sur leurs traces, de réparer une sottise, et de profiter d'un moment si favorable, je restai là comme un nigaud, et je haranguai les nymphes, les faunes, les sylvains. Qu'on est dupe à quinze ans ! On l'est d'une autre manière à cinquante.

Je réfléchis enfin, je sentis ma faute et je voulus la réparer. Je courus aussi de toutes mes forces. Elles étaient retranchées dans l'appartement de madame Derneval, sanctuaire sacré et impénétrable, où je n'entrais jamais que je n'y fusse appelé.

« C'est le diable, criait une voix rauque dans la cour, c'est le diable que ce petit b...-là. Croiriez-vous qu'il m'a volé ma femme ? Le fait n'est, sacrédié, que trop certain. Les voisins l'ont vu fermer la boutique, prendre la donzelle sous le bras et disparaître avec elle. Et moi, qui courais les champs, comme un imbécile, pendant qu'on me faisait... Par la mort ! je les retrouverai, fussent-ils en enfer, et, pour lui, je le coupe en deux comme une asperge. »

C'était Ruder qu'on avait envoyé à ma poursuite, qui descendait du cheval, et qui aussitôt que moi, mais d'une autre manière, contait aux palefreniers ce qu'il aurait dû cacher à toute la terre, si le fait eût été vrai comme il le prétendait ; mais hélas ! et cent mille fois hélas !...

Je me présentai pour interrompre ce maudit conteur, qui compromettait la plus intéressante des femmes. « Mon épouse, monsieur, mon épouse, où est-elle ? il me la faut à l'instant même, ou sans égards pour votre âge... » Il porta la main à la poignée de son sabre. Outré de cette manière d'interroger, et toujours prêt à me battre avec ce chien d'homme-là, je mets flamberge au vent... On se jette entre lui et moi... C'était sa femme, qui avait reconnu sa voix, qui m'avait suivi des yeux, et qui tremblait !... Etait-ce pour lui ou pour moi ?

Ruder, désarmé à son aspect, s'avança pour l'embrasser, et savoir comment il ne nous avait pas rencontrés sur la route. Elle lui présenta ses deux oreilles, ne lui répondit pas un mot, me dit que madame me demandait, me poussa devant elle, me fit entrer par une porte, passa par une autre, en ferma quatre ou cinq sur elle, et s'alla cacher je ne sais où.

J'entrai chez madame Derneval, à qui je n'osai pas désobéir, et au lieu de la jolie dame je trouvai le général, qui me fit une mercuriale très-vive sur ma nouvelle crânerie. Le résumé de son discours était qu'il n'est pas d'usage de tuer le mari parce qu'on est amoureux de la femme. Je savais cela comme lui ; mais la tête était montée, et je répondis avec assez de fermeté : « Mais quand le mari fait l'insolent ? — On supporte tout, monsieur, par égard pour l'objet qu'on aime. — On ne souffre rien, général, quand on porte cet habit-là. — Monsieur, vous ferez aujourd'hui les fonctions d'aide de camp auprès de moi, et vous ne me quitterez pas d'un instant, à peine de désobéissance au premier chef. » Il n'y a avait pas de réplique à cela ; mais j'enrageais, j'enrageais... oh !

On vint avertir le général qu'on avait servi. Il était arrivé au château une société nombreuse et choisie, et je ne m'étais aperçu de rien, parce qu'où elle était je ne voyais qu'elle. Je suivais modestement le général, plus haut que moi de sept à huit pouces. Je ne voyais personne, et personne ne me voyait. Mais lorsque mon brillant serre-file, en s'asseyant, permit enfin que j'entrasse en scène, un murmure général d'enchantement, j'allais presque dire d'ivresse, éclata aussitôt, et les éloges volaient de bouche en bouche. Je la vis rougir de plaisir, et plus belle de moitié.

Le général, à qui rien n'échappait, jugea à propos de tempérer le mouvement de satisfaction que je ne me donnais pas la peine de dissimuler. « Jérôme, me dit-il, la beauté d'un soldat est dans sa valeur. Vénus seule pouvait aimer le lâche Pâris, et pour les femmes estimables le front le plus beau est celui qu'ombragent les lauriers. — Il ne lui manque que cela, dit à demi-voix une dame qu'on eût trouvée charmante si celle que vous connaissez bien n'eût été là. — J'en cueillerai, madame, répondis-je d'un ton de voix assuré, et je prends désormais pour devise : La gloire ou la mort. »

J'aurais bien mieux fait de ne rien entendre, de ne rien répondre. Pendant que je me livrais à mon enthousiasme chevaleresque, ce vilain Ruder s'était glissé à côté d'elle, et la place était prise lorsque je me présentai. Allons, me dis-je, encore une occasion manquée ; nous verrons à la première qui s'offrira si j'aurai enfin l'esprit du moment.

La figure balafrée et grotesque de Ruder était remarquable ; mais ses tournures de phrase ne l'étaient pas moins : il avait un idiome à lui. Il adressait à sa femme des saillies grivoises, que ces dames avaient l'air de ne pas entendre, lorsque le rire ne les trahissait point. Il allongeait les bras à droite et à gauche pour se saisir des meilleurs plats, et lui servir les meilleurs morceaux. Par intervalles, il lui prenait la

C'est Jérôme, lui dis-je, c'est Jérôme...

tête entre ses deux mains et lui faisait les deux joues sans s'apercevoir que sa moustache était humectée du jus du croupion d'un chapon au gros sel. Comme on peut s'amuser de ces choses-là sans avoir l'air d'oublier la décence, un éclat général mit à son aise le beau sexe, la victime exceptée : elle ne savait quelle contenance prendre. La femme qui aime le moins son mari souffre toujours en pareille circonstance : elle ne se dissimule jamais qu'elle partage ses ridicules.

Le général, toujours plein d'estime pour les braves gens, et craignant peut-être de paraître ridicule lui-même en admettant un tel homme à sa table, le général s'efforçait d'arrêter les sarcasmes et les ris en répétant jusqu'à satiété que Ruder était un héros. Le héros n'en paraissait pas moins plaisant. « Riez, ventrebleu, riez, disait-il ; j'aime ma femme, j'ai raison car c'est la plus jolie créature que j'ai vue de ma vie, et, par la mort ! quelques jours d'absence sont la rocambole de l'amour. » et, pour finir d'une manière saillante, il procède à une nouvelle embrassade. Sa femme, fatiguée, excédée, se jette brusquement de côté. Le buste de Ruder tombe d'aplomb sur ses genoux. Outrée, désespérée d'une pareille scène, elle le pousse avec colère, et par conséquent avec force. Il roule sous la table, veut se retenir à un tréteau et le renverse. La table, les bouteilles, les carafes chancellent. L'officieux M. Dupré fait les plus grands efforts pour soutenir la table. Il ne s'aperçoit pas qu'il pousse sur le second tréteau, qui, n'étant pas cloué sur le parquet, perd l'équilibre, et tombe comme le premier. Les plats se brisent, les sauces coulent, Ruder crie, personne ne l'entend, parce que lorsqu'on rit on ne s'occupe pas du chapitre des accidents, et cependant il serait sage de penser à tout. Quand les valets eurent fait disparaître les débris, ils relevèrent la table, et les éclats recommencèrent avec une unanimité et un bruit qui n'étaient pas sans fondement; c'était Ruder qui se relevait avec un pan et une manche d'habit de moins. Un chien d'arrêt lui avait arraché la manche, imprégnée d'un coulis de fricandeau. Un basset avait mangé des cervelles de veau, qui avaient coulé dans sa poche, et pour les trouver plus vite, il avait déchiré le contenant. Le commandant, inhabile à se remuer, et par conséquent à se défendre, avait en vain poussé des cris du diable. « Mille pardons, mon général, je suis, sacredié, désespéré, d'autant plus désespéré que nous n'étions qu'au premier service. Je vois qu'il faut faire chaque chose en son temps, se battre au feu, manger à table et caresser sa femme au lit. A ce soir donc, ma poule, et, par la corbleu! demain vous en direz des nouvelles à ces dames. — Je ne le crois pas, lui répondit-elle froidement. » Je frissonnai de jalousie.

Le désordre fut bientôt réparé. Un autre couvert et le second service invitèrent les convives à se remettre à table. Ruder, obligé d'aller changer d'habit, laissait une place précieuse, et cette fois je ne m'amusai point à faire l'orateur, madame Derneval me vit auprès d'elle: on était monté sur le ton de la plus grande gaieté, et aussitôt elle prit par la main un voisin et une voisine; elle commença à chanter une ronde. Le cercle se forma; et lorsque chacun fut le plus loin possible du siége qu'il occupait, elle se jeta dans le premier fauteuil, les autres en firent autant, et on passa au second acte du dîner. Bon, me dis-je, d'après ce nouvel arrangement, je n'aurai pris la place de personne. Un coup d'œil de reconnaissance adressé par ma charmante amie à madame Derneval, un regard expressif de celle-ci, en forme de réponse, me firent sentir que tel avait été le but de la ronde. O femmes, femmes! ces soins délicats, ces attentions fines sont trop au-dessus de nous. Humilions-nous, superbes.

Ruder rentra paré, et beau comme il pouvait l'être. Il restait une place entre M. Dupré et une femme respectable, au moins par l'âge. Le commandant après avoir observé qu'il était, sacredieu, fort drôle qu'on eût interverti l'ordre établi d'abord, et qui lui convenait beaucoup. Nouveau coup d'œil d'elle à madame Derneval, et de madame Derneval à elle.

Comme M. Dupré et la très-estimable maman n'inspiraient rien à Ruder d'aussi vif que son appétit, il se mit à manger et à boire comme un convive allemand. « Fort bien, lui dit M. Dupré, vous voilà ce que vous devez être et dans toutes les circonstances *age quod agis*. — Agé vous-même, reprit Ruder. Je sais bien que je ne suis plus un jouvenceau, mais à toute espèce de combat je vaux mieux que vous; et si vous en doutez, je vous le ferai voir. — Ne vous fâchez pas, mon camarade, interrompit le général, qui ne savait pas le latin. Agis était un célèbre prince grec, auquel M. Dupré vous fait sans doute l'honneur de vous comparer. — Qu'est-ce que c'est, mon général, qu'est-ce que c'est, s'il vous plaît? M'a-t-on vu filer la carte, faire le service à un joueur, escroquer de l'argent à quelqu'un pour me traiter de grec? Corbleu, monsieur Dupré, si vous étiez un homme de cœur, je vous ferais voir que je suis un Français, et un Français de la plus rude trempe. — Vous entendez mal, mon cher Ruder. Les villes grecques formaient une association... — Précisément, général, une société de fripons. — Pas du tout, mon ami. Les Grecs ont brillé longtemps par... — Je le crois bien, parbleu! leurs successeurs du pharaon et du trente-et-un brillent aussi aux dépens des dupes, et je ne souffrirai jamais... Un moment donc, monsieur Picard, laissez le levraut, je vous prie. — Il me semblait, reprit Picard avec une modestie ironique, que monsieur en avait mangé. — J'en mangerai encore deux fois, monsieur le domestique. » Et pendant que ce dialogue occupait l'assemblée, que M. Dupré souriait de la méprise du général, j'adressais à mon amie des choses insignifiantes pour les cœurs froids, mais que l'amour se plaît à saisir, et auxquelles elle sait si finement répondre: ses joues se coloraient, son sein s'agitait. Je voyais cela à merveille, mais je me gardai bien de lui donner l'éveil; je cherchais à prolonger, à accroître le délire: je n'avais pas oublié la leçon du matin.

Pour remplir le rôle que je croyais jouer, il faut avoir simplement le goût du plaisir, inspirer beaucoup d'amour; toujours maître de soi, en calculer les progrès, et être heureux avant que le soupçon puisse naître. Si j'avais eu cet empire sur mes sens, j'aurais fait encore une gaucherie en attaquant lorsqu'il était impossible de vaincre. Je ne tardai pas, au contraire, à me livrer au charme qui m'entraînait; penché, presque appuyé sur elle, je la dévorais des yeux; mon cœur battait avec une violence extrême; je ne voyais, je n'entendais plus qu'elle; j'allais prendre sa main et la porter à mes lèvres brûlantes, lorsque madame Derneval, notre Minerve fidèle, que les chances de la ronde ou sa prévoyance avaient placée à l'autre côté de notre amie, lui marcha sur le pied de manière à la faire crier.

« Eh bien! eh bien! qu'y a-t-il, corbleu? dit Ruder, qui oublie le levraut, se lève et court à sa femme? — Un sentiment de colique, répond celle-ci. — Ma petite cocote, j'ai un remède sûr pour ce mal-là, et pour tous les maux d'alentour. Passez chez vous, et corbleu, je vais vous l'administrer à l'instant. Mesdames, ne prenez pas garde s'il vous plaît, » et sa figure était enluminée, et il faisait feu de l'œil qui lui restait.

Il l'avait prise sous le bras, et, bon gré, mal gré, il prétendait la conduire n'importe où. Sa proposition l'eût guérie de la fièvre quarte, si elle l'eût eue, et la colique se dissipa à l'instant. Mais elle était debout, et une de mes bottines, imprimée sur sa robe blanche, ne laissait aucun doute sur mon intention et sur sa complaisance. « En voici bien d'une autre ! s'écria le commandant. Ce petit démon-là vient de mettre ma femme à la cire luisante. Savez-vous bien, monsieur Jérome, qu'on fait l'amour avec les jambes comme avec les mains ? — Non monsieur, je ne savais pas cela. — Hé bien, corbleu, je vous l'apprends. Ma femme est sage, mesdames, elle n'a pas grand mérite à l'être, car elle est excessivement froide ; mais cet étourdi-là finirait par la compromettre, et je n'entends pas cela. Observez-vous, Jérome, je vous en prie. — Monsieur, balbutia-t-elle plus confuse que jamais, j'ai bien senti quelque chose... — Ventrebleu, madame, vous avez senti !... Et vous avez souffert que cette bottine vous polluât ! — J'ai cru, monsieur... j'ai cru... que c'était... — Le tréteau, dit madame Derneval. — Ah ! oui, le tréteau, reprit la femme charmante. — Je l'ai cru aussi, commandant, poursuivis-je. — Hé ! quel chien de plaisir trouvez-vous tous deux à avoir pendant tout un dîner la jambe collée contre un morceau de bois ? — On n'évite pas toujours ce qui déplaît, ajouta madame Derneval ; et mon fauteuil collé à celui de madame, ne lui permettait pas de faire le moindre mouvement. — Enfin, commandant, j'ai eu la maladresse de prendre la jambe de madame pour un morceau de bois, je l'ai cru, je vous en donne ma parole d'honneur. —

A ces derniers mots, le général fronça le sourcil, et m'ordonna de le suivre. Il me conduisit dans son cabinet. « Ignorez-vous, monsieur, qu'un militaire n'engage jamais son honneur en vain ? — Pardon, général ; mais je crois que vous m'avez dit qu'on doit tout faire pour l'objet qu'on aime. — Si vous n'eussiez pas commis la sottise, monsieur. — Elle était faite, général, fallait-il que je l'avouasse ! — Ne me quittez pas d'un instant, monsieur, je vous le répète. Si le mari ne voit pas clair, il n'est pas moins le premier grenadier de l'armée, et je ne souffrirai pas qu'il soit le jouet de personne... Tourangeau, Tourangeau, dites à madame que je la prie de passer dans son salon, et de faire servir le café. »

Qu'on ait cru ou non à la défaite du tréteau, elle était sortie pour changer de robe, et, en paraissant écouter avec la plus respectueuse déférence, je l'avais vue conduite par madame Derneval, entrer dans une chambre du rez-de-chaussée qui communiquait à l'appartement de la jolie femme. » Bon, me fis-je, Ruder n'ira pas la chercher là malgré elle, et une migraine, que lui donnera son amie, la tirera d'affaire. Si je suis réduit à penser à elle sur ma couche solitaire, au moins son mari ne sera pas plus heureux, et c'est quelque chose que cela pour un amant, et un amant jaloux. »

Elle craignait, sans doute, la malignité des interprétations, car madame Derneval déclara qu'elle ne paraîtrait pas de la soirée, et au lieu d'une migraine, elle lui donna une attaque de nerfs. Ruder se récria sur une incommodité venue si mal à propos ; il protesta qu'ayant promis aux pieds des autels de garder sa femme en maladie comme en santé, il entendait passer la nuit auprès de son lit ou dedans. Madame Derneval lui répondit sèchement qu'une de ses femmes veillait auprès d'elle ; qu'elle coucherait dans une chambre de son appartement, et qu'elle espérait qu'aucun homme ne se permettrait d'y entrer sans son aveu. Le général me regarda d'un air qui voulait dire que la consigne me regardait spécialement ; je répondis par une inclination presque imperceptible, que je m'y soumettais, mais je conservais une arrière-pensée qui me permettait d'interpréter plus tard ma révérence comme bon me semblerait. Ruder jura ; il dit que ce n'était pas la peine d'épouser une jolie femme qui a des attaques de nerfs à l'approche de la nuit, et qui se retranche dans un lieu impénétrable. On commençait une bouillotte, et quand on a *passe, jeu, vatout*, à dire, on ne saurait faire la moindre attention aux plaintes d'un mari désolé.

Pour moi, après avoir bien mûri mon petit projet, je bâillai cinq à six fois, et je demandai au général s'il avait quelque chose à m'ordonner. « Non, me dit-il, allez vous reposer, vous devez en avoir besoin. » Je monte, et je me déshabille, comme si en effet, j'allais me coucher ; je mets mon dolman sur une chaise, mon pantalon sur une autre, près de mon lit, mes bottines sur le parquet, près de la table de nuit, je fourre une grosse bûche entre mes draps ; je bourre mon bonnet de coton d'une chemise et d'un mouchoir, et le place sur l'oreiller, l'ouverture tournée vers le mur. J'allais reprendre l'habit bourgeois si méprisé le matin ; je comptais m'échapper à la faveur de l'obscurité, et aller attendre, sous ses croisées, quelque occasion favorable... O douleur ! J'entends donner deux tours de clef à ma serrure.

Ce ne pouvait être que le général ou quelqu'un qui agissait par son ordre. Appeler, interroger, me plaindre de la défiance qu'on me marquait, c'eût été manifester tout autre intention que celle de dormir. Je ne soufflai point, j'ouvris une fenêtre, et je me flattai que le grand air et la fraîcheur calmeraient une tête toujours exaltée. Triste remède pour le mal d'amour que le grand air! Hélas! il n'en est qu'un d'efficace, infaillible, divin, que tout le monde connaît, et dont, cependant, je n'avais encore pu faire usage.

La lune éclairait ses persiennes de sa lumière argentée. C'est quelque chose pour un amant timide et novice que l'aspect du réduit qu'embellit l'objet de ses feux. Je regardais alternativement les persiennes et la lune. « O lune! m'écriai-je d'un ton sentimental, ô lune si souvent favorable aux amants! ne ferez-vous rien pour Jérôme? » Jérôme ne voyait pas trop comment la lune pourrait le favoriser; mais cette invocation nocturne avait quelque chose de poétique, d'auguste, de mélancolique qui me rangeait parmi les héros de roman et j'en avais déjà lu, je vous l'avoue, en secret. Oh! si alors j'eusse connu Ossian, que de belles phrases j'aurais faites! Hélas! des phrases et la lune ne pouvaient abaisser un mur de quinze pieds ni ouvrir des persiennes.

Mon œil, au moins, cherche à percer dans l'intérieur de sa chambre; pas de lumière. « Sans doute elle repose déjà. Elle repose! et moi je regarde tristement, mais avec une sorte de volupté, cette enceinte qui la dérobe à ma tendresse. Elle repose! et moi, je passerai la nuit à cette fenêtre; mais je ne me bornerai point à contempler les siennes... Déjà je pénètre bien au-delà. Mon imagination, peintre rapide et fidèle, me la représente livrée au plus doux sommeil. Nulle draperie ne voile ses charmes séducteurs; elle repose avec la sécurité et l'abandon de l'innocence. Les songes légers la bercent; d'une main, ils répandent des pavots; de l'autre, ils couvrent de roses le lit fortuné qui la recèle. Vénus, jalouse de la voir si belle, croit qu'elle lui a dérobé sa ceinture. La mère des Amours tremblerait, si un regard, si une caresse de Mars ne la rendaient à la confiance et au plaisir... Diable, c'est beau, ça! Amplification de rhétorique en vérité. Je m'en rapporte à Geoffroi : il en a tant fait faire! Il en fait tant!

» Mais qu'aperçois-je?... Un homme!... Oui, c'en est un. Il marche droit à ses persiennes... Quelle audace! quelle impertinence! S'il y porte la main, je l'étends sur la place. » J'avais saisi mon fusil de chasse, bien déterminé à le faire comme je le disais. « Mais, me trompé-je? C'est lui... Non... Si fait, si, parbleu, c'est ce vilain Ruder. Remettons le fusil, car, ainsi que me l'a observé le général, il n'est pas dans les règles de tuer le mari parce qu'on est amoureux de la femme. Mais, quel que soit son projet, il ne réussira pas, je le jure. Je vais faire un carillon d'enfer, et le forcer à battre en retraite.

« Mais que je suis simple, moi! Il ne lui guérira pas les nerfs à travers les barres de ses persiennes. Voyons ce qu'il va faire; quelque sottise, sans doute, et les fautes du mari tournent toujours au profit de l'amant. Après tout, il sera toujours temps de mettre celui-ci en fuite.

» Le voilà qui opère, il veut ouvrir, le châssis résiste... Bon, tout est bien fermé. Ah! monsieur tire son sabre. A qui diable en veut-il?... Il insinue la lame entre les barres; le bas de la persienne joue; il est parvenu à lever le crochet. Oui, mais le ressort d'en haut... Que cherche-t-il donc encore?... Oh! le malheureux! Il amène en dehors, avec son sabre, le cordon qui sert à faire jouer le ressort... O ciel! la persienne s'ouvre; il n'est plus séparé d'elle que par un verre fragile... » Je frissonnai : je connaissais sa manière d'obtenir ce qu'on lui refusait, et, avant qu'on pût secourir la plus intéressante des femmes, il était homme à avoir cassé les vitres, et renouvelé la scène qui l'avait forcée au plus bizarre, au plus ridicule mariage. Cette idée me causait des tourments incroyables, et, ne pouvant mieux faire, je gonflai ma poitrine pour crier vingt fois de suite : Au voleur!

» Mais que vois-je! Il recule... Ruder reculer! Que se passe-t-il donc? Il pousse doucement les persiennes,... Ah! j'aperçois de la lumière. Elle quitte probablement madame Derneval; elle va se mettre au lit et mon amplification est perdue.

» Il se colle contre le mur; il attend que le sommeil la lui livre sans défense. Le traître! plutôt mourir que de lui laisser consommer... Mourir! c'est bientôt dit. Je n'ai pour cela que deux moyens : mes armes ou un saut par la fenêtre; et cette mort-là serait sans fruit pour toi, parfaite et chère créature, et ma perte, je le sais, ajouterait à l'amertume de ta vie. Mourons, s'il le faut, mais que ce ne soit pas comme un sot.

» Il ne fait pas le moindre mouvement, et déjà une demi-heure s'est écoulée. Parbleu, je serai aussi patient que lui, et je verrai s'il attendra que le jour le chasse. Ah! il se rapproche, il rouvre les persiennes... Encore ce sabre!... Il attaque un carreau; il veut en détacher le mastic. Oh! je le vois, pour les imbéciles, comme pour les gens d'esprit, l'invention et la ruse sont filles de l'amour. Il sait à présent que penser de l'attaque des nerfs ; il voit qu'on l'a joué ; il sera sans miséricorde... Que va-t-elle devenir?

» Le mastic crie sous l'acier... bon, j'entends la voix argentine demander qui est là... Eh! mon Dieu, mon Dieu! Il se voit découvert ; il hasarde tout ; avec le pommeau de son arme il brise le carreau... Il s'élance par l'ouverture comme un vautour fondant sur sa proie... Il n'y a pas une seconde à perdre. »

Je saute sur la bûche qui devait me représenter dans

mon lit; je la mets en travers de ma fenêtre et j'y attache mes draps. En un clin d'œil je suis dans la cour, sans penser que je suis nu, qu'il m'est impossible de remonter, et que, le lendemain, mon échafaudage déposera contre moi. J'entends crier d'une part, jurer de l'autre ; je cours, je vole ; j'entre aussi dans cette chambre sans avoir eu le temps de ne rien résoudre, sans savoir ce que je vais faire. Une porte s'ouvre ; plusieurs personnes entrent avec des lumières.... Je me jette sous le lit.

C'était le général, qui, fidèle à ses douces habitudes, couchait toujours avec madame. Il avait entendu les cris et les juremenls ; il connaissait les manières expéditives de Ruder, et, en chemise com. moi, il arrivait, suivi de deux femmes de chambre, aussi simplement vêtues. Il n'était pas trop tard ; mais il était temps.

Le général, arrêtant le commandant par une jambe, commença un fort beau discours sur le respect dû aux lieux et aux convenances. Ruder l'interrompit brusquement en lui disant que cette affaire-ci ne touchant en rien à la discipline militaire, elle n'était pas de sa compétence, et qu'il trouverait très-mauvais que qui que ce fût s'arrogeât le droit de l'empêcher de jouir des siens. Le général, qui se fâchait même contre les héros quand ils le poussaient à bout, tire le commandant sur le parquet ; le commandant se relève en jurant et se dispose à recommencer l'attaque. Le général ne savait plus quel parti prendre ; les sanglots de la femme charmante m'avaient mis en fureur; j'allais sortir de ma cachette, au risque de tout ce que pourrait dire et faire M. Derneval, lorsque Picard et Tourangeau, qui couchaient au-dessus des remises, parurent aussi en pan-volant et tenant chacun une fourche à la main.

Le général leur ordonna de mettre le commandant dehors, et de veiller le reste de la nuit à ce que personne ne vînt rôder auprès des croisées. Ruder, exaspéré, fit la plus brillante défense ; mais il fut contraint de céder à la vigueur des deux jeunes gens.

Le général, maître de la place, pensa aussitôt à en défendre les approches ; il referma les persiennes, monta sur une chaise, et avec le sabre de Ruder, qui était tombé dans la bagarre, il coupa les cordons des ressorts aussi haut que peut atteindre un homme de sa taille élevé encore d'un pied et demi ; il arracha le fil de fer d'une sonnette, en fit cinquante tours, aux crochets et aux pitons, et quand ces précautions eurent rassuré la femme tremblante, M. Derneval se plaignit amèrement de Ruder, qui semblait choisir sa maison pour y donner les scènes les plus scandaleuses ; mais il blâma la résistance opiniâtre de sa femme, qui n'était propre, disait-il, qu'à aliéner le cœur de son mari ; il ajouta que cette résistance était déplacée, puisqu'elle avait été vaincue plusieurs fois et que Ruder devant s'éloigner au premier moment un dernier acte de complaisance ne devait pas lui paraître si cruel. Ce raisonnement me parut absurde ; elle ne le trouva point plus convaincant que moi, elle entreprit de justifier sa conduite, et la discussion finit comme elles se terminent presque toutes entre un homme galant et une très-jolie femme : il l'embrassa sur les deux joues et retourna auprès de madame.

Le plus profond silence régnait dans la chambre ; il n'était interrompu que par le bruit doux et réglé de sa respiration. Je croyais respirer son haleine, et, comme l'imagination ne s'arrête jamais, je me laissais aller à des idées, mais à des idées.... En effet, rester immobile sous ce lit, c'est plus que la raison elle-même n'eût osé promettre. Essayer de m'y établir !... Oh ! oh !... oh !... il faut cependant rester dessous ou y entrer, et, entre ces deux extrêmes, le choix n'était pas embarrassant. « Oui, mais au premier mouvement que je vais faire la peur la saisira encore, ses cris me déceleront... Ah ! il y a un troisième parti à prendre, c'est de me retirer. Mais comment, sans échelle, ouvrir les persiennes ! Comment éviter encore qu'elle m'entende ? Je me décide, et puisque je ne puis éviter des cris, que ce soit une tentative de l'amour qui les arrache. Un moment donc... Si près de madame Derneval, oserais-je jamais,... Hé, madame Derneval est heureuse, pourquoi ne chercherais-je pas à le devenir ! Que vais-je faire après tout, que d'imiter Ruder ? eh ! quoi de plus louable que de suivre l'exemple d'un mari ! » Le dilemme n'était pas louable sans réplique ; mais comme tout le monde juge bien dans sa propre cause, à ce que tout le monde croit, je me conduisis comme l'avare, qui nomme l'usure un intérêt honnête ; comme le voleur, qui ne vise qu'à rétablir l'égalité primitive des biens ; comme la coquette, qui prétend que tromper les hommes c'est venger son sexe ; comme l'ambitieux, qui affirme que ses sujets sont trop heureux de mourir pour sa gloire.

Un profond soupir interrompit mes réflexions, et mon âme tout entière passa à mes oreilles. Un dernier acte de complaisance n'est pas si cruel, répéta-t-elle à demi-voix. Oh ! il est toujours affreux d'être dans les bras d'un homme qu'on abhorre. Pauvre petit Jérôme ! il n'a rien entendu : sans doute, il eût été le premier à me secourir. Il ne m'eût pas fait de ces raisonnements qui ne coûtent rien aux cœurs insensibles ; il m'aime, lui, et il part, et quand je l'aurai perdu, il ne me restera que le souvenir de mes malheurs. Oh ! Jérôme, Jérôme ! — Il est près de vous, répondis-je enchanté, » et sans doute le son de ma voix n'avait rien d'effrayant, car s'il lui échappa un cri, il fut si léger, si faible! Ce n'était peut-être que l'accent du plaisir.

Léger comme Zéphire, ardent comme le désir et ferme comme Hercule, je m'élançai dans son lit... M'y voilà... dans son lit, entendez-vous? Elle s'enlace dans mes bras; cent baisers donnés et rendus, portent, des deux côtés, le délire à son dernier terme; je crois toucher au suprême bonheur. Tout à coup elle se dégage, elle me repousse... « Non, Jérôme, non. Le nœud qui me lie m'est insupportable; mais il est sacré. Respecte-le, mon ami; laisse-moi mon estime et la satisfaction intérieure de ne pas mériter mon sort. »

Etourdi de cette sortie morale, que je trouvais des plus déplacées, je m'arrêtai en effet, soit par une suite de l'étonnement où elle me jetait, soit plutôt par la crainte de déplaire à une femme que j'idolâtrais. Lui donner le temps de se remettre! Quelle faute, allez-vous dire! Apaisez-vous, censeur, celle-ci est la dernière.

Elle se remit si bien, qu'elle commença à causer avec moi, aussi paisiblement que si elle eût été dans un cercle de vingt personnes. Oh! combien je me repentis, alors, d'avoir cédé à des instances que, lorsqu'on aime pour la première fois, on croit toujours sincères, et qui, vraiment, le sont quelquefois! Piqué de la voir aussi calme auprès de moi, qui croyais pouvoir compter sur sa tendresse, sur une tendresse aveugle, absolue, je n'écoutai plus que ma vanité; mais ce sentiment factice, qui me rendit plus entreprenant que jamais, disparut bientôt sous le sentiment toujours dominateur. L'amour reprit tout son ascendant, et, seul, il dirigea ces caresses brûlantes qui animeraient une femme insensible. « Que risqué-je? après tout, dit-elle, n'ai-je pas pris, contre M. Ruder, des précautions qui arrêteront ce bel enfant, et je n'y pensais plus. » Elle cessa de se défendre. Forte de ces précautions, que je ne soupçonnais pas encore, pour la seconde fois, elle partagea mon ivresse. La fièvre d'amour m'embrasait; les mêmes feux circulaient dans ses veines. Je ne prévoyais plus d'obstacles... O surprise! ô rage! une aiguille perfide a fermé toutes les avenues... elle est cousue dans sa chemise.

Ma colère excita des éclats de rire qu'étouffait la crainte de nos heureux voisins. Ces éclats, dans un pareil moment, me parurent un outrage; ils ajoutèrent aux transports de l'amour déçu. Nouvel Alexandre, je ne cherchai pas à dénouer le nœud gordien : en un instant la batiste fut en pièces.

Cette femme si gaie, si forte, si sûre d'elle quelques instants auparavant, devint craintive et suppliante. Oh! Jérôme, je te prie, je te conjure... » Pouvais-je écouter encore? La foudre eût éclaté sur ma tête, que je ne l'eusse pas entendue. « Cruel enfant, c'en est donc fait! » Tel fut le dernier cri de sa vertu mourante.

Quelle nuit, grand Dieu, quelle nuit! je n'entreprendrai pas de la dépeindre.

Dans un de ces intervalles où les amants, accablés de plaisirs, cherchent le repos, si nécessaire pour amener des plaisirs nouveaux, la bien-aimée parla de notre aventure; c'était toujours s'occuper de notre amour. Elle passa aux suites que cette nuit pourrait avoir, et qui n'étaient pas à beaucoup près, aussi satisfaisantes. Elle exigea un récit détaillé de tout ce que j'avais fait, et lorsqu'elle sut que mes habits étaient restés dans ma chambre, et que mes draps pendaient à ma fenêtre, elle devint froide comme un marbre. « Nous sommes perdus, me dit-elle. — Nous sommes perdus, répétai-je avec complaisance! Nos destinées sont donc enfin communes; tu y consens, tu viens de le dire. Non, je ne pars plus. Point de gloire, point d'honneur, point de fortune. Mon amie, toujours mon amie, et je suis le plus heureux des hommes.

« — Mon ami, tu sais combien je t'ai toujours aimé. Enfant, je te disais c'est l'Amour; adolescent, je le dis encore; mais l'amour tel qu'il se montra aux yeux ravis de Psyché, et les moments que je viens de passer avec toi devaient être les plus délicieux de ma vie. Mais je ne suis pas de ces femmes qui rapportent tout à elles seules, et qui plongent leurs amants dans une lâche oisiveté. Je veux que le mien soit un héros; je veux qu'il justifie, s'il est possible, mon amour et ma faiblesse. Je veux, enfin, pouvoir me dire, en pensant à toi : Sa gloire est mon ouvrage et sa constance est le prix de mes sacrifices. Tu partiras donc; tu emporteras mon cœur, ma vie, tout mon être; mais tu partiras, il le faut, je te l'ordonne. Obéis, ou je te méprise, et sache que je ne puis aimer ce que j'ai cessé d'estimer. — Eh bien! vous le voulez; je conserverai votre estime et votre amour: je partirai.

« — Raisonnons maintenant sur les dangers auxquels nous sommes exposés. Je crois qu'il faut que tu sortes.

— Oh! ne parlons pas de cela encore. Cher enfant, la nuit s'avance: il n'y a pas de temps à perdre. Tu ne veux pas me déshonorer.

— Je vous reverrai donc pendant la journée?

— Oh! oui, Jérôme, oui, nous nous reverrons.

— Et vous serez seule?

— Hélas! peut-être.

— Songez que cette journée est la dernière qui

nous reste. Ferez-vous au moins ce que vous pourrez pour recevoir mon dernier adieu?

— N'est-tu pas le choix de mon cœur? Ne t'appartiens-je pas toute entière?

— Je sors, je sors à l'instant même; mais par où?...

— Je ne sais.

— Ni moi. Oh! il me vient une idée. Voyons-là, petit ami.

— Je ne suis pas mal fort! je vais vous élever dans mes bras; vous ouvrirez les ressorts de la persienne, et pour le fil de fer qui tient les crochets d'en bas...

— Et Picard, étourdi, et Tourangeau, qui veillent là...

— Ah! je l'avais oublié... Eh bien, la cheminée...

— Non, cher enfant, non, je ne le permettrai pas. Une chute mortelle peut-être... Attends, mon ami, je ne demande qu'un moment. »

Elle passe une robe; elle me prend la main: elle ouvre doucement, très-doucement la porte de madame Derneval,... Une lampe brûlait... Première transe. Elle s'arrête, elle écoute... elle avance. « Avez-vous besoin de quelque chose, madame Ruder?

— Non, madame. Mais la scène de cette nuit m'a agitée; je ne saurais rester au lit, et le général a si bien fermé mes croisées... Je vais prendre l'air sur le balcon, » et ses genoux ployaient sous elle, et je tremblais comme la feuille. Heureusement madame Derneval, à moitié endormie, parlait à travers un double rideau.

— Madame Ruder, prenez l'escalier dérobé; éveillez Fanny, elle vous tiendra compagnie.

— Oui, madame.

— Avouez que Ruder a été bien attrapé.

— Oui, madame.

— Nous rirons demain de sa mésaventure.

— Oui, madame.

— Ah! allumez une bougie à la lampe.

— C'est inutile, madame, je connais l'escalier, » et comme enfin les rideaux pouvaient s'ouvrir, elle me faisait tourner autour d'elle, selon les tours et détours qu'il fallait prendre, et, en parlant et en répondant, elle avançait toujours.

Il fallut bien entrer chez Fanny: les autres passages étaient fermés. Mademoiselle Fanny avait aussi sa lampe parce que madame l'appelait quelquefois, et elle n'avait pas tiré ses rideaux: nouvelle transe. Le ronflement le plus prononcé nous rassura... Mais, que vis-je? c'était M. Picard, qui ronflait à côté d'elle. Je pensai alors que les rideaux font du bruit, et on avait d'excellentes raisons pour n'en pas faire.

Nous passons; nous arrivons chez mademoiselle Clotilde. Mêmes sujets de crainte et même spectacle. Là s'était établi M. Tourangeau. « Tout le monde est occupé ici, ma bonne amie, lui dis-je en gagnant avec elle les grands appartements. J'aurais pu me retirer par la fenêtre; mais qui eût deviné tout cela? » Un soupir d'allégement s'échappa lorsque nous ne courûmes plus aucun danger. Je la serrai dans mes bras, et elle me pressa sur son cœur. Elle ouvrit les portes vitrées du balcon, et, pour que madame Derneval fût bien sûre qu'elle était là, elle se mit à chantonner, quoiqu'elle n'en eût aucune envie.

Il faisait un clair de lune effrayant, et mes draps, mes malheureux draps... « Ah! lui dis-je, si Picard et Tourangeau eussent bien servi le meilleur des maîtres, ils fussent venus lui faire part de leur découverte; on m'eût cherché, non pas chez vous probablement; mais tout le monde étant sur pied, la retraite devenait impossible.

— Plus d'imprudence, mon ami, n'en fais plus; tu en vois les conséquences.

— Je vous le promets; mais au moins rendons grâce à l'Amour, qui nous a si bien servi. »

Un baiser bien voluptueux, bien prolongé, fut le tribut que nous lui offrîmes: j'étais trop jeune encore pour multiplier de plus doux sacrifices. Elle me serra la main, et je m'éloignai.

Je marchai à grands pas vers ma chambre, persuadé que la plus belle des nuits se terminerait comme je l'avais commencée. Je cherche, je tâtonne... Pas de clef, et je n'avais pas prévu jusqu'alors que celui qui avait cru s'assurer si complètement de ma personne n'avait dû rien négliger; ou plutôt je ne m'étais occupé que d'elle, et sa réputation sauvée, tout m'était à peu près égal. Cependant je réfléchis, dans le calme des passions, que le général, pourrait se lasser d'avoir quatre ou cinq mercuriales à m'adresser tous les jours, et, ramené au sentiment de ses bontés, au néant où me réduirait son abandon, je sentis de quelle importance il était, pour moi, de rentrer. Je commençais là-dessus, selon l'usage des gens préoccupés, un monologue fort intéressant sans doute... On me frappe sur l'épaule: je me retourne stupéfait. « Ah! vous voilà enfin, petit sacrebleu! et d'où diable venez-vous à l'heure qu'il est?

— Mais je viens... je viens de faire un tour dans le corridor.

— Chansons, monsieur Jérôme. Ce n'est, sacrebleu! pas pour faire un tour de corridor qu'on se donne la peine de descendre dans la cour avec ses draps.

— Je descendais... je descendais...

— Pour aller trouver quelqu'un qui ne te tient pas rigueur, n'est-il pas vrai?

— Mais... monsieur Ruder, vous interprétez d'une manière étrange...

— Par la mort! j'ai deviné, son embarras le trahit. Tenez, Jérôme, j'ai cru longtemps que vous étiez amoureux de ma femme, et hier encore cette robe à cire luisante n'était, ventrebleu! pas trop claire. Ce n'est pas que je te redoutasse, mon ami. Ma femme est blanche, dure et froide comme la Vénus du musée Napoléon; mais ces assiduités chiffonnent toujours un mari. Je vois avec plaisir, mon camarade, que l'amitié est pour madame Ruder, et ce que tu sais bien pour une autre. Touche là, mon garçon, et désormais entre nous c'est à la vie et la mort. »

FIN DE LA PREMIÈRE PARTIE

La publication de la *Belle Madame Ruder*, deuxième et dernière partie de ce si gai et si intéressant roman, va suivre sans aucune interruption.

LA BELLE MADAME RUDER

DEUXIÈME ET DERNIÈRE PARTIE DE

L'HEUREUX JÉROME

CHAPITRE I

Très-court, mais des plus mouvementés, grâce aux ombres de la nuit pendant laquelle peu de nos personnages reposent du sommeil de l'innocence. Il pleut des baisers, des soupirs, des gifles, des coups de poing et des taloches. Tirons un voile pudique et assistons au départ de Jérôme pour la guerre.

Oh ! de quel poids je me sentis soulagé ! Le courage et la parole me revinrent à la fois. « Mais vous-même, monsieur Ruder, que faites-vous là deux heures avant le jour ? — Tu ne sais donc rien ? — Pas la moindre chose. — Tu n'as rien entendu ? — Non, en vérité. — Mon ami, un vacarme de tous les diables. Des larmes, des cris, des ongles, des fureurs... Cela ne m'alarme point, moi, j'y suis accoutumé, et je vais toujours mon train ; mais on est venu m'interrompre de la manière la plus désagréable. Le général m'a fait un beau discours, et ses laquais m'ont mis à la porte. — A la porte ! de chez qui ? — De chez ma femme, que Dieu anime s'il en a le pouvoir. — Quoi ! vous avez voulu... — Ne va-t-il pas s'étonner qu'on veuille coucher avec cette femme-là ? — Au contraire, commandant. Enfin, que faites-vous là et que me voulez-vous ? — Tu penses bien qu'on ne chiffonne pas une femme comme celle-là pendant un quart d'heure sans se mettre le diable au corps. — Je ne sais pas cela, monsieur Ruder. — Mais je le sais, moi ; je suis resté dans un état... Le moyen de coucher seul, attaqué d'un pareil mal ? J'allais me jeter dans le bassin pour tâcher d'en finir, et en traversant la cour j'ai vu les draps pendant à la fenêtre. J'ai jugé que tu t'en donnais à cœur joie lorsque j'allais me morfondre, j'ai changé de dessein, et je suis venu t'attendre.

« Or çà, camarade, tu ne tiens pas trop à la belle, n'est-ce pas ? Quelque fille de la laiterie, de la cuisine ? Entre militaires on doit se passer ces effets-là de main en main, et il faut, sacredieu, que tu me conduises...

— Mais, commandant, je suis excédé de fatigue. — Raison de plus ; moi, je suis frais. — Mais cette fille... — A tout à gagner. Écoute, Jérôme, tu ne peux rentrer chez toi ; le général se doutera du fait, et tu seras tancé d'importance. — Ma foi, j'en ai grande peur. — Allons, mon ami, service pour service. Je t'aiderai à planter une échelle sous ta fenêtre, et tu me mettras dans le lit de la princesse. Qu'en dis-tu ? le traité te rit-il ?

La première partie m'en plaisait fort, et je trouvais plaisant que ce fût le mari lui-même qui m'aidât à effacer jusqu'à la dernière trace que pouvait suivre le soupçon ; mais on ne lui manquait pas impunément de parole, et cette laitière, cette cuisinière, où la trouver ? Je n'étais jamais entré, je crois, dans les basses-cours ni dans les mansardes. Cependant, tout bien calculé, je crus qu'il valait mieux avoir une affaire avec Ruder que d'encourir la disgrâce du général. J'acceptai la proposition, au hasard de tout ce qui en résulterait : nous descendîmes ensemble.

Le seul meuble qui pût me servir à rentrer chez moi était une échelle double, longue comme celle de Jacob, montée sur quatre roues, et qu'il fallait amener du fond des bosquets. Ruder, stimulé par le feu de la luxure la roula presque seul.

Je grimpe, je saute les échelons ; je touche à la fenêtre si désirée ; enfin je suis chez moi. Vite j'allais dérouler mes draps d'autour de la bûche, les jeter dans le premier coin et refermer la croisée : Ruder était monté aussi lestement que moi. Il m'arrêta par le bras.

— « De la bonne foi, corbleu ! ou je me fâche sérieusement. Vous me livrerez votre belle, sinon l'échelle restera là. Or cette échelle ne sera pas venue seule ; on ne l'aura pas amenée sans motifs, et, sacredieu ! ce témoin sera presque aussi fort que les draps. »

L'argument était fort ; je crus devoir m'y rendre.

Œuvres de Pigault-Lebrun.   LIV. 1

Je passai un caleçon, je redescendis et je pris, en enrageant, le chemin de la basse-cour. Je ne savais pas comment cette affaire-ci finirait ; mais Ruder était sur mes talons ; il me poussait ; il n'y avait pas moyen de s'en dédire. Je vois un petit bâtiment isolé, j'ouvre la porte qui se présente ; j'avance, je tâte.

— C'est ici, lui dis-je.
— Voyons, répondit-il à voix basse, s'il n'y a pas de supercherie. Un lit, bon. Des jambes mignonnes, à merveille. Tout à l'heure, ma petite, vous allez voir beau jeu.

Nous retournons ; je remonte, je ferme et j'entends l'échelle rouler lentement. J'arrange mes draps aussi mal que devait le faire un jeune homme qui depuis longtemps ne savait plus où il en était. Je me jette sur mon lit et je m'endors profondément.

Je ne savais quelle heure il était ; mais il faisait grand jour. Nouvellement, très-nouvellement initié aux mystères de l'amour, et l'imagination pleine de leurs délices, je me hâtai de jouir des courts instants qui me restaient encore. Je m'habillai très-vite, mais avec toute la recherche d'une coquetterie toute raffinée. Je remarquai complaisamment certain air de langueur qui ajoutait un charme de plus à ma figure, ma foi très-séduisante. Je n'avais pas entendu ouvrir ma porte ; mais elle l'était, et je descendis décidé pour éviter toute explication, à paraître ne m'être aperçu de rien.

On déjeunait. Pas de place auprès d'elle : on n'en trouve jamais auprès d'une jolie femme quand on arrive le dernier. Je m'assis précisément en face ; et corrigé par les événements de la nuit passée et par la certitude d'être aimé uniquement, je ne la regardais qu'à la dérobée. Qu'elle était belle ! Le contentement et la volupté brillaient dans ses yeux ; le sourire était sur ses lèvres, et la saillie en partait comme l'éclair.

Ruder, outré de ses privations passées et futures, la regardait de travers. Je crus lui voir deux ou trois bosses au front.

Le général observa que j'avais trop dormi, que le sommeil me rendait pesant et empêchait ma gaieté ordinaire d'éclater. Il fit à sa femme quelque mine qui signifiaient pour les gens au courant que ma clôture me donnait de l'humeur. Sa pénétration me fit sourire ; mais je conclus de ma réserve trop remarquable que dans le monde il faut, pour dérouter toute espèce de soupçon, ne rien changer à ses habitudes. Je redevins à l'instant enjoué, folâtre. Et quoi de plus facile ? J'étais en fonds de gaieté pour un an, pour la vie, je le croyais du moins.

On parla enfin du départ, du cruel, du désespérant départ. Elle ne m'adressa qu'un coup d'œil ; mais quel regard ! c'était Vénus désolée lorsqu'elle perdit son fils.

Le général rappela au commandant qu'il n'avait pas de temps à perdre pour être présent à la revue de son bataillon. Il l'engagea à monter à cheval à l'issue du déjeuner. Une autre mine à madame Ruder, qui voulait dire : Soyez reconnaissante du service que je vous rends.

On se leva de table, et on avertit le commandant que son cheval était bridé. Sa femme s'avança pour le saluer ; il lui tourna le dos en l'envoyant... Le général le conduisit jusqu'au péristyle et moi jusque dans la cour. Il me prit à l'écart.

Je ne savais s'il s'agissait de tirer l'épée ou de lui rendre quelque service : j'étais prêt à l'un comme à l'autre.

— Mon jeune camarade, je crois devoir te prévenir que ta maîtresse te fait... te fait...
— Eh bien ! quoi ?
— Cocu, sacredieu ! cocu.
— Bah !
— Je l'ai prise sur le fait.
— Pas possible.
— Écoute. Je débutais avec elle à ma manière, et c'est la bonne ; quelque différence de toi à moi, sensible sans doute, lui donna probablement des soupçons, du moins je le pensai ainsi. Elle jeta un cri, je m'y attendais, et pan ! je lui applique pour la réduire une vigoureuse paire de soufflets ; ce moyen-là m'a souvent réussi. Tout à coup un grand coquin, admis à l'honneur de te remplacer et que je n'avais pas senti d'abord, m'allonge cinq à six coups de poings sur la tête... Tiens, regarde mon front. Je lâche la fille, elle s'enfuit, et ventrebleu ! je tombe sur le drôle... tu aurais eu du plaisir à voir cela... Je l'oblige à se réfugier sous le lit, où je le laisse enfin ; de peur que le général vienne encore pérorer.

» Ah çà, mon garçon, ta donzelle m'a paru bien, je l'avoue. Pas de gorge, à la vérité, mais d'ailleurs des formes très-jolies. Cependant ce n'est qu'une dévergondée qui te jouera quelque vilain tour et je te conseille de la laisser là comme un caisson vide. Adieu, camarade, nous nous reverrons bientôt et, par la mort ! j'espère que tu recevras le premier coup de feu à mes côtés. »

J'éprouvais une sorte de curiosité de connaître mon infidèle prétendue. La femme chérie travaillait avec madame Derneval, et, n'ayant rien de mieux à faire, j'entrais dans les basses-cours en paraissant rêver profondément et par conséquent ne pas prendre garde où se portaient mes pas. Trois ou quatre fillettes, tant laides que jolies, préparaient des fromages. L'une d'elles, âgée de quatorze à quinze ans, les cheveux blonds, l'œil bleu et tendre, point de gorge encore, fixa particulièrement mon attention.

— Est-ce vous, jolie enfant, qui demeurez là? Et je lui montrais la maisonnette où j'avais introduit Ruder.

— Non, mon beau monsieur, ce n'est pas moi.
— Laquelle de vos compagnes y loge donc?
— Aucune, monsieur.
— Cependant cette maison est habitée.
— La nuit seulement. Le garde-chasse y couche avec son fils.

Je ne pus m'empêcher de rire du quiproquo, et je me promis bien d'en amuser qui vous savez.

— Vous ne ririez pas, monsieur, si vous saviez ce qui s'est passé.
— Qu'est-ce donc, ma petite?
— Le diable ou le démon a battu cette nuit à outrance le père et le fils.

Et je me mis à rire de plus belle.

— Je vous assure, monsieur, que rien n'est plus sérieux. Le père ne peut sortir de son lit, et le jeune garçon est allé chercher le curé pour exorciser l'esprit malfaisant.

Un murmure de satisfaction se fit entendre dans la cour: C'est M. le vicaire général, Voilà M. le vicaire général, il vient dire adieu à notre bon maître... Les coquins, leur bon maître! vous savez comment ils le servent.

Madame Derneval accourt pour recevoir son cher oncle, le général court sur les pas de sa femme et les aides de camp sur ceux du général. M. Dupré s'avance gravement, un Homère sous le bras.

Le général avait cessé de m'attacher à sa personne, sans doute à cause de l'éloignement de Ruder. Je pars comme un trait, je me glisse, je pénètre, j'arrive. Elle était seule... elle me sourit...

Plus de remords, plus de scrupules. Tout entière à l'amour, pouvait-elle oublier qu'elle s'était dévouée sans réserve? Le boudoir de madame était là, elle s'y laissa conduire. Boudoir charmant, que notre bonheur embellit encore! O sommeil bienfaisant, sommeil réparateur, je ne te dus pas ses bontés, ses douces complaisances, mais c'est par toi que je goûtai encore la félicité suprême!

Le son d'une clochette, le bruit discordant d'un mauvais chant d'église nous rappelèrent que si nous étions seuls dans l'appartement il y avait des fâcheux dans le château. Elle sortit d'un côté, je m'esquivai de l'autre, et nous fûmes présenter nos respects à M. le vicaire général.

Il la félicita sur son air de satisfaction. Il en conclut que son mariage, qu'il avait désapprouvé d'abord, n'était pas malheureux. Il me trouva grandi, embelli, mais toujours l'œil trop éveillé, ajouta-t-il en me donnant une petite tape sur la joue. Le général nous quitta pour aller demander d'un ton très-sec au curé ce qu'il venait faire chez lui, suivi de tout le village, et où il portait en chantant ce seau d'eau bénite dans laquelle nageait le goupillon. Le grand vicaire accompagna le général, et la curiosité amena tout le monde après eux.

Elle était appuyée sur mon bras, et regardait le cortège ecclésiastique avec étonnement. Comme je l'intéressais plus qu'une procession, elle se tourna bientôt de mon côté.

— Tu ris, bel enfant; tu es donc au courant de l'affaire?
— Oui, oui, je vous conterai cela.
— Oh! de grâce, ne me fais pas languir.
— Le démon qu'on va exorciser, c'est votre mari.
— Je ne t'entends pas.
— Je le crois bien.
— Passe donc aux détails.
— Oh! il y en a pour une heure. Ma tendre amie, remettons cela à cette nuit.
— Non, Jérôme, non. J'ai reçu avec délices le premier tribut de tes forces naissantes; mais je ne t'aime pas pour moi seule: plus de tête-à-tête, mon ami.
— Cependant l'histoire est piquante.
— Monsieur, vous me la raconterez.
— Je ne demande pas mieux.
— En faisant un tour dans le parc.
— Et la chaleur?
— Eh bien! ce soir.
— Et le serein!
— Cruel enfant, non, non... une route sans fin à parcourir à cheval... non, je ne me prêterai point à cela, je ne le veux pas absolument...
— La diablesse, c'est M. Ruder.
— Mon mari, la diablesse!
— Oui, il voulait être la succube de ce petit blondin-là.
— Ah! je commence à entendre. Mais comment?... pourquoi Ruder?...
— Je ne puis à présent vous en dire davantage.

Je satisfis sa curiosité, que je comptais soutenir jusqu'au soir. A mesure que je parlais, son air boudeur se dissipa; le sourire reparut sur ses lèvres, et bientôt nous rîmes tous les deux de manière à ne plus nous entendre.

Je crus pouvoir profiter de ce moment de folie pour renouveler les plus tendres instances: elle reprit aussitôt son sérieux.

— Mon cher enfant, t'aurais-je refusé si j'avais cru pouvoir t'accorder sans inconvénient ce que tu me demandes? Penses-tu que je ne partage point la privation que je t'impose? Elle est nécessaire, soumettons-nous-y. Accoutumons-nous dès ce moment à de longs sacrifices.

Elle paraissait peinée ; je n'insistai point.

Nous allons ouvrir la grille et rentrer dans la cour: une pauvre femme nous tend la main. Je la regarde... je crois reconnaître... je la fixe encore... je lui saute au cou:

— C'est Marguerite, c'est ma bonne nourrice, celle qui me caressait quand son mari me battait, et qui caressait son mari quand il l'avait battue !

Et je l'embrassai encore avec la plus vive effusion.

La bonne femme ouvrait des yeux,... elle cherchait sous l'or et la soie ce petit malheureux, qu'elle ne pouvait reconnaître.

— C'est Jérôme, lui dis-je, c'est Jérôme, à qui vous avez porté dans la forêt de Senart votre dernier morceau de pain.

La pauvre femme recula avec un respect mêlé d'étonnement. Je jette mon dolman et ma veste.

— Le voilà, Marguerite, le voilà nu, tel que tu le reçus sur ton sein !

Et je lui ouvris les bras. L'infortunée s'y précipita, et des larmes d'attendrissement coulèrent sur mes joues.

— Et vous êtes réduite à l'aumône, ma bonne Marguerite!

— Jacques est mort. Mes grands enfants sont au service; je n'ai pu, seule, soutenir les petits. On les a mis à l'hôpital et je demande mon pain.

Et je n'ai rien, rien à lui donner ! je suis moi-même à la merci des autres !... On me serre la main en m'y glissant une petite bourse : vous savez qui. Oh! combien je fus sensible à ce nouveau bienfait! c'était le plus précieux, après le don de son cœur.

— Marguerite, tenez, prenez, et bénissez cette femme généreuse. Revenez me voir souvent, revenez tous les jours... Je ne sais plus ce que je dis : j'oublie que je pars demain. Venez, venez, suivez-moi...

Je la prends je lui fais traverser la cour, le vestibule, les antichambres. Elle résiste... je la traîne dans un salon doré, je tombe aux pieds de madame Derneval.

— Voilà ma nourrice, madame, la voilà, en proie aux horreurs du besoin. Encore une bonne action, vous en avez tant fait! une place chez vous, madame, la dernière des places; mais qu'elle vive. Rendez-lui le pain qu'elle a partagé avec moi. Je vous quitte, je vais à la mort peut-être. Eh bien! madame, cette bonne femme vous rappellera un enfant que vous avez tiré d'un état semblable au sien.

J'étais animé au point de n'avoir pas vu que le général et le grand vicaire étaient là. Je n'avais pas remarqué tous les bras étendus vers moi... je n'entendais pas les bénédictions dont Marguerite me comblait. Pour la première fois, madame Derneval me fit l'honneur de m'embrasser ; et le général me frappa trois ou quatre fois sur l'épaule.

« Jeune homme, me dit le grand vicaire, je ne vous loue point, votre récompense est là, » et il appuya avec force sa main sur mon cœur.

Elle me joignit dans une embrasure de croisée...

— Adorable enfant! avec une âme comme celle-là, on n'a pas de défaut essentiel; je n'aurai donc jamais de repentirs. — Ah! ma bonne amie ! » Et je la regardais d'un air si suppliant! — « Eh bien! oui, oui, les persiennes seront ouvertes. »

Je ne comprenais pas qu'on pût attacher un tel prix à une action qui me paraissait si simple. Je ne l'ai que trop conçu depuis : alors je ne connaissais que la nature et l'amour.

La femme de charge reçut l'ordre de vêtir la bonne Marguerite et de l'installer à la vacherie. Avec quel plaisir j'aurais embrassé à mon tour madame Derneval! Le respect me retint.

— Ah çà! dit-elle à la bien-aimée, après avoir rempli un devoir, on peut donner quelque chose à la gaieté. Dites-moi donc, madame Ruder, de quoi riiez-vous tant avec Jérôme, il y a un quart d'heure? Moi, j'aime à rire aussi. La femme charmante rougit.

— Allons, allons, ma petite, contez-nous cela.

Il n'est pas donné à tout le monde une historiette plaisante, qui déroute les curieux. Il est bien plus facile d'arranger, de modifier, d'écarter le personnage intéressant : ce personnage-là, c'était moi.

Ma bonne amie se décida donc, ne pouvant mieux faire, à raconter, à quelques petites choses près, l'aventure de son mari ; mais comme le grand vicaire n'approuvait jamais certaines anecdotes, et qu'on évitait soigneusement de lui déplaire, ces deux dames passèrent dans ce boudoir... cher boudoir !

On n'avait pas pensé, cette nuit, à m'enfermer; on ne saurait penser à tout. Peut-être aussi le départ de Ruder avait-il fait négliger cette précaution. Maître absolu de ma personne, je me disposai à aller offrir à l'Amour des actions de grâces et un nouveau sacrifice.

Je me mets en marche sous les auspices du dieu malin, toujours favorable à la jeunesse. Je traverse un long corridor en retenant mon haleine; je touche à la porte du vestibule ; il ne restait que celle-là à franchir pour être dans la cour. Hélas! cette porte, ouverte la nuit précédente, était barrée, et les deux barres étaient arrêtées par des cadenas.

Que devenir, qu'entreprendre? Cette porte était vitrée et n'était défendue à l'extérieur que par des volets, qui, sans doute, s'ouvraient en dedans. Ruder

La vivandière nous fit monter dans sa carriole.

m'avait appris comment on lève les crochets des persiennes ; mais je savais aussi que le général avait l'oreille fine, qu'il était leste, et qu'on le rencontrait lorsqu'on eût voulu le voir à cent lieues de soi. La compromettre par une étourderie de cette espèce ! jamais, jamais.

Mais renoncer à une nuit qui devait être si belle, à une nuit, la dernière de la campagne, et peut-être de ma vie, ce stoïcisme était au-dessus de moi. Y penser, au contraire, me paraissait pusillanimité, ingratitude ; car enfin elle m'attendait, j'en étais sûr, et me faire attendre, moi qui brûlais d'être auprès d'elle.

Je me frottais le front, j'y cherchais quelqu'une de ces idées heureuses que les sots ne trouvent jamais, et qui ne devaient pas me manquer à moi, qui ai beaucoup d'esprit, ainsi que j'ai eu modestement l'honneur de vous le dire. Rien que de commun ne se présenta à mon imagination.

En effet, remonter dans ma chambre, descendre encore dans la cour avec mes draps, stérilité, plate répétition, dirait Geoffroy, et puis ce moyen avait ses inconvénients. Je n'avais plus de mari bénévole pour me rouler la pesante échelle. Courir le risque d'être découvert par la valetaille ou par le général lui-même, qui partait à la pointe du jour ; subir un interrogatoire, accuser, pour sauver l'honneur de la femme charmante, la plus jolie des fromagères, bien innocente, bien ignorante, et pourtant condamnée sur ma déposition... Non, non... c'eût été une injustice, une infamie, une atrocité que jamais je ne me fusse pardonnées.

Je voulais arriver cependant, je le voulais à toute force. Ah !... je vais grimper sur les toits, au hasard de me casser le cou ; je descendrai par la cheminée... Oui, mais j'aurai l'air d'un amour nègre... D'ailleurs, irais-je barbouiller de suie ?... allons, allons, pitoyable !... n'y pensons plus.

Eh !... à propos... Tourangeau et Picard n'entrent pas chez leurs belles par l'escalier dérobé, qui communique à la chambre à coucher de madame Dernoval. Ils logent au-dessus des remises, ils ont donc des moyens de s'introduire dans l'intérieur du château, et je peux en sortir par où ils y entrent... Oui, mais par où entrent-ils lorsque cette porte est fermée? Ce sont eux peut-être, qui, hier, l'avaient laissée ouverte; alors, comment profiter cette nuit... Je me dépitais, je me désolais, je me désespérais.

De tous les maux, quand on peut choisir, disait M. Dupré, il faut choisir le moindre. Après bien des réflexions, je me décidai à sacrifier la fillette aux yeux bleus et à descendre avec mes draps. Je ne pris ce parti qu'à regret : j'en soupirai amèrement, bien différent des grands, qui comptent pour rien le malheur, l'obscurité; qui vont droit à leur but, et qui écrasent sans scrupule ce qui se rencontre sur la route.

J'étais déjà au premier, et je cherchais dans les ténèbres l'escalier de mon second. Je portais les bras en avant, parce qu'il n'est pas agréable, pour un beau garçon, de se casser le nez ou de s'enfoncer un œil. Ma main rencontra un bras qui me fit peur, par une excellente raison : je ne savais d'abord à qui il appartenait. Un large galon sur le parement me fit juger que j'étais aux prises avec M. Picard ou M. Tourangeau. Ils avaient tous deux autant à craindre que moi; or, comme celui qui attaque a presque toujours l'avantage, je m'avançai brusquement. Mon homme, effrayé, recule; je le pousse, il fait une volte, il court, et je cours après lui.

Nous nous heurtons en courant, tantôt contre une cloison, tantôt contre une porte, et nous arrivâmes ainsi à l'extrémité du bâtiment. La lune commençait à nous éclairer à travers une croisée qui était au bout de ces longs corridors. Là, je comptais joindre le fuyard, lui persuader que je l'épiais, l'intimider, le faire parler et savoir enfin par où il montait au second pour arriver à l'entre-sol, puisque très-évidemment il ne s'introduisait pas par la porte.

La croisée était ouverte. Mon drôle s'élance comme un écureuil, il disparaît. Je tremble que la frayeur lui ait ôté le jugement, et qu'il se soit jeté sur le pavé. J'approche, je regarde. Je vois un toit en pente douce, sur lequel mon homme assis se laisse doucement glisser. Du bas de la couverture, il saute sur un mur à hauteur d'appui; du mur il saute à terre et s'enfuit à toutes jambes.

Ce toit couvrait un appentis qui touchait aux cuisines et qui servait de bûcher. Il était bâti dans une arrière-cour, séparée de la grande par le petit mur que mon coureur venait de franchir. Je connaissais tout cela, mais je n'y avais jamais fait attention. Persuadé d'ailleurs que j'entrerais chez elle sans obstacles, je n'avais pas pensé à surmonter ceux que je rencontrerais à chaque pas. Cependant la route m'était ouverte; Tourangeau ou Picard était sans doute rentré dans son galetas, guéri pour cette fois de la manie des excursions. Je n'avais plus rien à craindre, je montai sur la croisée.

Je me sentis retenir par derrière. La peur me saisit... mais une peur! je me crus pris par le général, et je me trouvai hors d'état d'agir et même de réfléchir. Je me laissai ramener comme un sot dans ce maudit corridor, je m'aperçus à peine qu'un individu en chemise passait entre moi et la croisée. On la ferma sans bruit. Une petite main doucette me saisit le poignet, m'attira, m'entraîna... A qui diable appartenait encore cette main-là?

— Non, monsieur Tourangeau, vous ne serez pas venu ici uniquement pour me faire une scène qui n'a pas le sens commun. Vous ne sortirez pas que vous ne vous soyez expliqué sur mon intimité prétendue avec M. Jérôme.

Mademoiselle Clotilde n'avait rien d'effrayant, aussi me remis-je à la minute. Je n'en sentis que mieux l'embarras le plus cruel où m'eût jeté cette nuit la fortune ennemie. Que répondre à cette fille quand elle me reconnaîtra? Et cela ne peut tarder, puisqu'elle me mène droit à sa chambre, toujours éclairée par une lampe. Il est certain que je ne suis pas venu là pour faire le loup-garou. Pourquoi y suis-je donc? Cela se devine de reste; mais pour qui? Pour elle, comme elle paraît disposée à le croire? Il faudrait le lui prouver... ma foi, non. Pour Jenny? Quelle apparence? Elle eût mis sa camarade dans le secret, puisqu'il fallait passer chez l'une pour entrer chez l'autre. Madame Derneval couche avec son mari; la bien-aimée seule... mes assiduités, son affection marquée... Allons, allons, pas d'explication, et tirons-nous de là.

Clotilde tenait ferme; mais c'était une petite blonde svelte, délicate, qui ne pouvait lutter avec avantage contre moi. Je crus que je me dégagerais facilement de cette main incommode, que j'arriverais avant elle à la croisée, que je l'ouvrirais sans qu'elle pût me joindre, ou, si, nouvelle Atalante, elle courait aussi bien que moi, je ferais le Tourangeau, non celui de la nuit dernière, mais le Tourangeau jaloux, brutal, et cinq à six claques, bien appuyées sur le derrière, me débarrasseraient définitivement.

Ce plan impromptu me parut admirable. J'agitai si fortement mon bras, que la petite main fut obligée de lâcher prise; mais l'autre me saisit au collet.

— Ah! mon Dieu! mon Dieu, dit-elle d'une voix éteinte, en touchant ma broderie et la fourrure de mon dolman, c'est monsieur Jérôme!

— C'est lui-même, belle enfant.

— Tourangeau vous a-t-il reconnu?

— Je ne le pense pas.

— Ah! tant mieux.

— Et pourquoi?

— Croiriez-vous, monsieur Jérôme, qu'il est amoureux de moi?

— Oh! très-facilement, car vous êtes fort jolie.

Et cela était vrai.

— « Il a osé se déclarer.

— Mais c'est tout simple cela.

— S'introduire clandestinement dans ma chambre.

— En vérité?

— Mais je vous l'ai reçu...

— Je le crois.

— Je l'ai mis à la porte.

— Parbleu ! la pudeur alarmée !...

— Cependant, c'est pour le mariage qu'il me recherche.

— Oh! ce motif excuse bien des choses.

— Impertinence de plus. A-t-on jamais vu un laquais épouser une femme de chambre?

— Mais cela pourrait se voir : Tourangeau a de la figure.

— Ah! s'il portait la vôtre!... A propos de cela, savez-vous ce qu'il m'a dit, piqué de mes dédains? « que je ne lui étais cruelle que parce que vous m'aimez. »

Et tout cela était conté avec un accent de bonne foi qui m'eût complétement abusé, si je n'avais su que son éloignement pour les laquais n'était pas aussi prononcé qu'elle voulait me le faire croire. Je pouvais l'atterrer, la mettre dans l'impossibilité d'ajouter un mot, et profiter du moment de stupéfaction pour m'éloigner : je n'avais qu'à lui détailler ce que j'avais vu la nuit précédente. Oui, mais elle eût deviné facilement avec qui j'avais traversé la chambre de Jenny et la sienne : en se levant, elles avaient trouvé la femme charmante sur le balcon.

Elle ne me lâchait pas. En parlant, en répondant, nous avancions toujours. Nous entrâmes enfin dans cette chambre.

— Tourangeau ne s'est donc trompé, monsieur Jérôme?

— Sur quel objet, petite Clotilde ?

— Oh! il faut qu'il ait deviné, puisque vous courez les toits pour me surprendre. Ici, je ne sus que répondre. — Mais vous allez vous retirer. Je vous en prie, je vous en conjure. Seize ans, jolie; une chemise qui pendait d'un côté et se relevait de l'autre, qui découvrait tantôt une épaule, tantôt une gorge... Je ne bougeais pas, je regardais. « Mais voyez donc si ce petit lutin-là s'en ira ! » Debout devant moi, elle me poussait, en me caressant le menton d'une main, une joue de l'autre... « Ah ! mon Dieu ! j'entends quelqu'un ! » Cela n'était pas vrai « Si on vous trouvait ici !... » Elle ferma la porte et mit le verrou.

Avoir l'impertinence de la rouvrir; ne pas donner un baiser ou deux à une jolie fille qui m'assure que je suis amoureux d'elle, c'est ce qu'un butor eût pu faire, et ce qu'un jeune homme d'un certain genre ne se permet jamais.

Je pris donc un baiser pour avoir l'air de faire quelque chose; elle me le rendit. J'en pris un second. Ces baisers pris et rendus produisirent un effet sensible sur elle et sur moi. Elle avait les mains d'une agilité étonnante : j'étais déshabillé à demi, sans m'en être mêlé. Enfin, en chemise comme elle, je me trouvai dans son lit sans trop savoir comment.

Me comporter là comme un sot, c'eût été lui donner de moi l'opinion la plus défavorable, et on tient à sa réputation. D'ailleurs, de quoi étais-je coupable ? c'était une espèce de viol que j'éprouvais-là. Je sais bien que Joseph laissa son manteau à madame Putiphar; mais très-probablement la dame était laide, quoique l'Écriture ne le dise pas.

On cherche des moyens d'atténuer, de légitimer ses faiblesses, et ces raisonnements-là m'étourdirent un moment. Mais lorsque l'ivresse des sens fut calmée; lorsque la raison, qui nous abandonne quand nous en avons le plus de besoin, se montra à moi armée de son redoutable flambeau, combien je fus confus, repentant ! moi, qu'une femme adorable avait tiré de la plus profonde misère, à qui elle avait prodigué les soins de la mère la plus tendre, et qui enfin s'était donnée à moi sans réserve, lorsque sa beauté, sa jeunesse, ses malheurs lui eussent attaché les hommes les plus fiers et les plus délicats, moi, j'avais oublié et ce que je lui devais et mon amour! Je remplissais sans honte la place que venait de quitter Tourangeau! J'avais pris pour des faveurs un abandon que je n'avais pas même eu la peine de solliciter. Ce retour sur moi-même fut affreux ; un trait poignant me déchirait; je me faisais horreur.

Je sortis brusquement de ce lit d'opprobre. En vain elle voulut me retenir. Ses prières, ses caresses furent inutiles. Je m'habillai sans lui répondre, sans la regarder ; je m'éloignai de cette chambre à grands pas.

Elle me suivait des yeux, étonnée, interdite, et d'après les sentiments qu'elle me supposait, ma conduite devait lui paraître bizarre, extravagante. Je descendis ce toit, ce mur que sous le moindre prétexte je pouvais franchir de même une heure auparavant; mais mon cœur vil avait été le complice de cette fille.

J'entrai dans la cour. Je m'approchai de ces persiennes, objet si vif de mes désirs et si profondément oubliées. Je m'en approchai avec un respect mêlé de terreur... Elles étaient entr'ouvertes. Non, pensai-je, non, je n'entrerai pas : je me suis rendu indigne d'elle. Je contemplerai ces murs qui la recèlent ; je lui adresserai mes vœux ; mais je n'approcherai plus de ses lèvres souillées par le vice.

Assis sur une pierre, les bras étendus, les yeux fixés sur ses croisées, j'étais rendu à l'amour qu'empoisonnait la douleur... Je ne trompe pas ; les persiennes remuent... mon premier mouvement est d'y courir ; mais le sentiment de ma bassesse pèse sur moi ; il me fixe à la pierre ; je ne peux m'en détacher.

Elle ouvre tout à fait... Oui, c'est elle ; voilà bien ses traits enchanteurs.

« — Jérôme, mon ami !... » Cette voix si douce que j'aimais tant à entendre, que je n'entendais jamais sans être plus heureux, cette voix semblait alors me reprocher mon crime, c'était celle d'un juge menaçant. « Jérôme, dit-elle encore, Jérôme que j'ai tant attendu ! » Je me levai ; je m'approchai lentement : elle me présenta la main ; je retirai la mienne avec précipitation.

« Mon ami, tu es dans un état extraordinaire. Que signifient ce trouble, cette agitation ? Que t'est-il arrivé ? Oh ! viens me confier tes peines : j'ai acquis le droit de les partager. » Elle me brisait le cœur. J'entrai cependant : j'eus l'audace de profaner l'air qu'elle respirait. Elle referma les persiennes ; elle se jeta dans un fauteuil ; elle m'attira sur ses genoux. Par grâce, cher ami, dis-moi ce qui t'afflige. Tu ne réponds pas à mes caresses ; j'ai donc quelque tort avec toi ! » Je me dégageai de ses bras, qui me pressaient tendrement ; je tombai à ses pieds, et je fondis en larmes.

— Cruel enfant, tu me fais mourir. Si, en effet, tu connais l'amour, tire-moi de l'anxiété affreuse où je suis. Parle, je t'en conjure.

— Eh bien oui, je parlerai, j'en aurai le courage. Vous allez me mépriser, me haïr ; mais je n'aurai pas la lâcheté de vous abuser par des mensonges.

Je lui racontai tout, tout sans la moindre réserve. Je ne cherchai pas même à affaiblir mes torts. A mesure que je parlais, elle s'éloignait de moi, et, lorsque j'eus fini, elle ne m'adressa pas un mot de consolation. J'étais cependant dans un état à exciter sa pitié. Étendu sur le parquet, ne trouvant plus de larmes, suffoqué par les sanglots, près de perdre connaissance, j'articulais péniblement et de loin en loin : « Oui... oui... haïssez-moi... je l'ai trop mérité.

— Voilà, dit-elle, le prix d'une faiblesse condamnable. Je n'en devais pas attendre d'autre : le ciel est juste. » Ces mots cruels me portèrent le dernier coup : je m'évanouis.

— Ciel, ô ciel ! Où suis-je ? dis-je en revenant à moi. Est-ce un songe, une illusion ! Je suis dans ses bras ; elle me couvre de baisers, elle me pardonne donc !

— Eh ! ma vie ne tient-elle pas à la tienne ! Cette vie si chère, pouvais-je la laisser éteindre devant moi ! Malheur à l'amante orgueilleuse qui conserve le souvenir d'une faute effacée par les larmes et le repentir ! Mon ami, n'oublie jamais cette scène. Songe que je n'ai été heureuse que par toi : que je ne puis l'être que par toi, et que je ne supporterai ton absence que par l'espoir d'être aimée. Ah ! si l'occasion, la facilité, le besoin de jouir te rendent encore infidèle, je t'en supplie, je t'en conjure, ne sois plus assez barbare pour me le dire ; trompe-moi tout à fait : ces vérités-là sont terribles à entendre.

Par combien de serments je la rassurai ! avec quel feu je les prononçai ! J'avais cet accent que le mensonge ne connaît point, qui persuade toujours, et l'adorable créature allait au-devant de la persuasion.

Le ressentiment, le repentir, tout s'effaça devant l'amour ; nous étions tout à lui. Transports, délire, douce confiance, repos voluptueux, tous les biens qu'il répand sur la totalité des mortels, nous les réunissions sur nous. L'aurore s'annonçait déjà, et nous ne pouvions nous séparer. Nous ne formions qu'un corps, et nous n'avions qu'une âme.

— Mon ami, me dit-elle enfin, c'est sur des volcans que croissent les lauriers. Que mon souvenir te soutienne dans les périls, mais qu'il t'empêche de les braver sans nécessité. Prends cet anneau : mon nom et le tien y sont gravés. Qu'ils soient désormais inséparables comme nos cœurs.

— Hélas ! je n'ai rien à offrir en échange. » Elle coupa une boucle de mes cheveux.

— Écris-moi souvent, je le veux. Je te répondrai quand je saurai où t'adresser mes lettres. A ton âge on a besoin de conseils, et les miens ne te déplairont pas ; ils seront doux comme l'amour qui les aura dictés. Art d'écrire, art charmant ! nous ne nous verrons pas, mais nous croirons nous entendre, et nous nous ferons illusion sur le reste. Le moment approche : va, bel enfant, va te mettre en état de paraître.

Il était temps. J'entendis, en me retirant, du mouvement dans les écuries. Je fis à la hâte une toilette de militaire, c'est-à-dire que tout y paraissait négligé ; mais il est un âge où la négligence sied à merveille. Le désordre même a sa coquetterie, et je savais tout cela.

Lorsque je descendis, les chevaux de selle et une

Il avait jeté à la tête de Ruder tous les pots possibles.

berline attendaient dans la cour. Une table était servie, et nos dames, parées de leurs seuls charmes, se disposaient à en faire les honneurs. On mangea peu, on parla moins. Madame Derneval avait un bras passé autour du cou de son mari, et le regardait tendrement. Il tenait ses enfants sur ses genoux et les baisait avec affection. Les petits innocents lui rendaient gaiement ses caresses. Heureux âge, où l'on jouit de tout, et où on ne prévoit rien!

Le général se leva. « Ma bonne amie, il faut se quitter : pas de faiblesse, s'il est possible. » Il l'embrassa, et elle fondit en pleurs. Elle savait, cependant, combien cela était inutile : nous le chérissions comme un père.

Il me restait un devoir à remplir, et je saisis le moment des derniers adieux, des derniers vœux, des dernières caresses. Je courus à la basse-cour.

Je trouvai Marguerite dans son réduit. Elle était à genoux devant une image de sa patronne, en qui elle avait une grande dévotion. « J'ai passé la nuit en prière, me dit-elle. Que le bon Dieu vous ramène avec M. le général. » Elle m'embrassa, et sa main décharnée me bénit.

Je rentrai. La bien-aimée priait le général de lui donner une place dans sa berline, parce que, disait-elle, l'intérêt de son commerce la rappelait à Paris. Je devinai son intention, et je l'en remerciai d'un coup d'œil.

« Quoi! ma petite, lui dit madame Derneval, vous voulez me quitter aujourd'hui, où votre présence m'est si nécessaire! Je n'aurai donc personne avec qui je puisse pleurer! » Pouvait-elle insister! elle ne se le permit pas.

L'instant fatal était arrivé pour nous comme pour les autres. Ses larmes coulèrent aussitôt en abondance. Elle se jeta dans les bras de madame Derneval, sans doute pour lui donner le change sur la source de sa douleur. Le général me tira par le bras. Son œil était sec, mais il était profondément affecté. « Vous pleurez, Jérôme! laissons cela aux femmes. Songeons que la gloire nous attend. Partons. » Je ne l'avais pas embrassée : nous seuls n'osions paraître nous aimer.

Il m'entraîna dans la cour; les dames nous y suivirent. La portière ouverte, les valets tenant les étriers, lui rappelèrent trop vivement l'intervalle peut-être éternel que peu de jours, peu d'heures, allaient mettre entre nous. Elle me pressa sur son cœur; je m'oubliai, je répondis à ces douces étreintes. « Ah ! lui dit madame Derneval, vous aurez aussi à me parler de Jérôme. »

Le général me fit monter dans sa berline avec son secrétaire, et j'en avais grand besoin. Il baissa les stores avec fermeté pour terminer cette scène. C'en est donc fait, me dis-je, et je laissai tomber ma tête sur ma poitrine. Le cocher avait ses ordres : il nous enleva au galop. Les aides de camp nous suivirent. Les chevaux de main étaient partis la veille et devaient aller à petites journées.

Je ne dis pas un mot du château à Paris. J'étais recueilli; je pensais au passé, je me défiais de l'avenir. Est-il bien vrai que la gloire vaille l'amour? Quoi ! le plaisir barbare de faire couler le sang humain, de plonger dans le désespoir les mères, les épouses, les amantes des victimes qu'on a immolées ; le vain honneur d'avoir contribué à ajouter à de vastes États une province qui sera peut-être restituée à la paix ; des distinctions frivoles, l'admiration du vulgaire, qui ne sait rien juger, tout cela dédommagerait des jouissances du cœur, jouissances réelles que nous tenons de la nature, qui ne nous trompe jamais? On goûte un bonheur pur auprès de sa maîtresse! on est heureux encore en sortant de ses bras, et on gémit, mais on n'en convient pas, sur les ruines des cités qu'on a réduites en cendres.

« Jérôme, me dit le général, il y longtemps que j'ai pénétré votre secret. L'homme le plus honnête n'est pas le maître de ses affections, mais il doit les régler. Que signifie l'abattement où je vous vois? ignorez-vous que le plaisir est partout, que la gloire n'occupe qu'un point, et qu'il n'est qu'un moment pour la saisir? Nos preux chevaliers connaissaient aussi l'amour; mais son nom n'était sacré pour eux que parce qu'il était inséparable de l'honneur. Et que deviendrait la patrie, si les enfants qu'elle a nourris dans son sein préféraient au devoir de la défendre un repos qu'ils n'ont pas mérité? Opprobre à qui peut soutenir une arme et qui balance à la porter ! »

Tout cela était beau, sans doute ; mais je ne savais où était le point qu'occupait la gloire, et derrière moi, à dix minutes de chemin, je laissais... je laissais ma félicité, mon cœur, ma vie... Elle l'avait ordonné.

Nous entrâmes à Paris, et nous descendîmes à l'hôtel. Ma soirée était à moi : j'allai dans la rue de Buci. Je passai, je repassai, je m'arrêtai devant cette boutique que sa présence n'animait plus, mais où elle avait reçu mes adorations. Je tirai mon crayon, et j'écrivis sur les planches de fermeture : « Il est venu ici ; il s'y est arrêté longtemps. »

CHAPITRE II

Entrée en campagne et en pays conquis; voici madame Plombock, cantinière par vocation, laquelle semble faire complètement défaut à sœur Thérèse. A peine convalescent, Jérôme se tire pourtant très-galamment d'une situation doublement agréable ; madame Plombock, par expérience, et petite sœur Thérèse, dans son innocence, se consolent ensemble en songeant aux vues impénétrables de la Providence. L'incontinent commandant Ruder est enfin puni par où il a si souvent péché. Bientôt il se réhabilitera.

Nous prîmes notre route par Melun, Montereau, Sens, Joigny, Sancerre et Montbard ; partout nous trouvâmes l'image de la guerre. Sur les routes, des caissons, des pièces de campagne, des équipages; dans les villes, des soldats de toutes armes s'exerçant, se mêlant, buvant, chantant sous des feuillées préparées par les vivandières: partout l'enthousiasme et la gaieté; partout je trouvais une heure pour lui écrire. Pas de prétention, pas de style : la plume courait, poussée par le sentiment.

Je reçus à Dijon dix lettres à la fois. Tous les jours elle avait écrit ; tous les jours elle écrivait la même chose, et je ne me lassais pas de relire ces gages précieux de son amour. Je les enfermai dans un petit sac de soie sur lequel j'avais fait broder son chiffre et le mien. Je le portais sur mon cœur, et cent fois le jour je disais : Je ne quitterai mon petit sac qu'avec la vie. Oh ! c'est qu'elles sont si chères, ces premières lettres de l'objet aimé, si préférables à des mots qui passent comme l'éclair ! Ici on retrouve tout, tout jusqu'à l'inflexion de voix qui part d'une âme et qui pénètre l'autre. On voit la main charmante qui traça les caractères chéris ; on les interprète, on les commente, ils donnent sans cesse à penser. Non, les amants ne devraient jamais se parler, ils devraient toujours s'écrire. Ils noteraient tout, jusqu'à un soupir ; ils emporteraient la conversation tout entière, et ils croiraient causer encore dans l'isolement où les jette quelquefois la contrainte.

Bientôt une armée se rassembla sous les murs de Dijon. Cent bataillons s'y réunirent ; des compagnies de volontaires vinrent s'y organiser. Ces compagnies, composées de la plus brillante jeunesse, ne respiraient que les combats. Ah ! me dis-je, ils n'aiment donc pas : ils ne tiennent point à la vie.

Elle m'écrivit un jour :

« Tu ne me parles que de ta tendresse : que fais-tu donc à Dijon ? Es-tu le seul qui ne prenne aucune part aux événements qu'on commence à prévoir ? N'est-ce donc que pour aimer que la nature t'a tout prodigué, figure, grâce, esprit, qualités de cœur ? Ces avantages seront-ils perdus pour ta réputation et ta fortune ? Ton âge est celui des illusions ; mais il vient un temps où on est forcé de regarder en arrière, et quel compte auras-tu à te rendre de l'emploi de tes plus belles années ? Occupe-toi de ton état, et que notre correspondance soit le délassement de tes travaux. Rappelle-toi ce que je te disais la première nuit... Je veux que mon amant se distingue ; qu'il justifie mon amour et ma faiblesse. Tu me l'avais promis, bel enfant, et tu l'as oublié. »

Heureux le jeune homme sensible qui trouve, en entrant dans le monde, une femme aimable qui l'attache, qui l'aime assez pour être son guide, et qui pare les leçons de la sagesse du charme du sentiment !

« Oui, lui répondis-je, j'ai tout oublié, hors vous et mon amour. Votre lettre me rend à mes devoirs. J'ai prié le général de me prêter Polybe, Folart, Guibert. Je vais étudier, approfondir leur art meurtrier. J'ai demandé du service avec instances. On m'a répondu que je n'étais point d'âge à supporter les fatigues du soldat. J'allais répliquer que j'ai quinze ans et que je vous aime, et qu'ainsi je suis capable de tout. Je me suis contenu ; mais je me promets de ne pas quitter le général et de le couvrir de mon corps dans toutes les occasions. Nous battrons les ennemis, et je vous écrirai du champ de bataille, sur le canon que j'aurai encloué. »

En effet, je me livrai à l'étude avec ardeur. Je me remis à la géométrie, que j'avais négligée depuis quelque temps : c'est qu'il y a si peu de rapport entre un problème et sa maîtresse ! L'image de la mienne me soutenait dans ces commencements arides et donnait un air riant aux choses les plus abstraites. Je ne sortais plus de ma chambre que pour aller à la poste déposer mes paquets et retirer les siens. Je ne me serais rapporté de ce soin à personne. Les gens indifférents font-ils quelque chose de bien ?

Le général se crut enfin obligé de fixer mes heures de récréation, comme on impose des punitions aux jeunes gens trop dissipés. Il exigea que je le suivisse dans la société, où ses agréments extérieurs, ses talents militaires, ses qualités aimables, le faisaient accueillir. Je ne dus d'abord qu'à lui la faveur d'y être reçu. Bientôt on me distingua de cette jeunesse oisive et turbulente qui porte dans les familles le goût de la dissipation, et quelquefois le déshonneur. On me proposait comme un modèle de sagesse et d'application, et je recevais avec modestie des éloges que je m'efforçais de mériter. Oh ! combien j'étais fier de lui écrire tout cela ! Avec quelle satisfaction elle lisait ces détails !

« Je t'aimerais davantage, me disait-elle, si mon amour pouvait croître encore. »

Le général tirait une sorte de vanité des marques d'estime et d'affection que je recevais partout. Il m'appelait son élève : j'étais au moins celui de sa bienfaisance. Il me fit enfin l'honneur de me présenter, avec Ruder, au général en chef. Si le commandant de bataillon était ridicule dans le monde, il occupait une place marquante aux armées, et le général en chef le reçut d'une manière distinguée. Il me parla avec bonté, et daigna m'interroger sur des sciences qui lui sont si familières ! Je répondis avec timidité ; mais sans manquer de précision et de justesse. Il tira M. Derneval à l'écart, et lui dit quelques mots. J'entendis celui-ci lui répondre ;

« Permettez que je le ménage encore cette campagne. Au printemps prochain, je vous demanderai une sous-lieutenance. »

Bientôt toute l'armée s'ébranla, et, fidèle au plan que je m'étais tracé, j'étais toujours à côté du général lorsqu'il était à cheval ; j'étudiais une partie de la nuit, et j'écrivais à ma bien-aimée des villes et des villages du pays de Vaud et du Bas-Valais. Je ne recevais plus de ses nouvelles : où m'eût-elle adressé ses lettres ? Sait-on où on s'arrête avec le chef qui nous commande ? Cette privation était cruelle ; mais elle voulait que je devinsse homme, et je me soumis.

Nous arrivâmes au pied du mont Saint-Bernard. Quel spectacle pour un enfant élevé dans l'abondance, sous le ciel le plus riant ! Une immense chaîne de montagnes dont l'œil cherche en vain la cime ; d'énormes masses de rochers, couvertes de neiges en tout temps ; dans leurs cavités, des amas effrayants de glaces qui ne fondront jamais. Nulle trace de végétation ; pas un oiseau dont le chant annonce au voyageur attristé son arrivée prochaine à un climat plus doux. La nature est toujours en deuil dans ces affreuses contrées.

C'est là cependant que Bernard de Menthon fonda au deuxième siècle un monastère qui existe encore. Il trouva des religieux qui renoncèrent à tout, jusqu'à l'influence du soleil, et ceux-là eurent des successeurs. Ces pieux cénobites errent sans cesse sur ces monts glacés, pour chercher le voyageur égaré ou enseveli sous la neige. Des chiens les aident dans cette pénible recherche, et le malheureux qui touche au terme de sa vie, que l'espoir même abandonne, est porté à l'hospice par des mains charitables qui le réchauffent, qui le nourrissent, quelle que soit sa religion. Les moines du mont Saint-Bernard plaignent les hérétiques, et les aiment comme leurs frères.

On sait quels obstacles il fallut vaincre pour faire passer l'armée et transporter l'artillerie par des sentiers escarpés, bordés de précipices. On connaît la patience, la persévérance, le désintéressement que montrèrent les Français. Le récit de cette campagne mémorable appartient à l'histoire. Je ne parlerai que des faits où j'ai eu quelque part.

Depuis plusieurs jours je souffrais beaucoup. Encouragé par l'exemple des autres, je ne me permettais pas le plus léger murmure. Lorsque mes forces étaient épuisées, que ma constance m'abandonnait, je répétais ces paroles : Je veux que mon amant soit un héros.

Il y avait à peine une heure que j'étais sorti de l'hospice, lorsque le froid le plus vif que j'eusse encore senti me saisit avec une telle âpreté, qu'il me fut impossible de rester à cheval. Je descendis, je marchai, je ne fis pas trente pas, je fus forcé de m'arrêter. Mon sang se coagulait; le sommeil, symptôme de mort en pareille circonstance, m'accablait déjà, je me couchai dans la neige. Le général m'adressait la parole : étonné de ne pas m'entendre répondre, il regarde en frémissant dans le précipice qui nous environne ; il se tourne de mon côté et me voit mourant. Il oublie ses propres souffrances, il saute à terre, il me relève, il me couvre de son manteau, il me force à marcher, et me fait marcher très-vite. Mes sens éteints se raniment, quelque spiritueux communique leur chaleur à mon sang, mes idées renaissent, je reconnais enfin l'homme à qui je dois la vie. « Mon ami, me dit-il, les citoyens paisibles n'ont pas d'idées de pareils maux ; mais ils vivent et meurent sans être connus, et c'est par ici qu'on va à la postérité. » Ah! pensai-je, elle saura ce que j'ai souffert, elle me plaindra, sa bouche charmante me louera : voilà pour moi la postérité.

Après des travaux et des efforts inouïs, nous entrâmes enfin dans la plaine du Piémont ; là on forma des ambulances. Le général exigea que j'y entrasse, et en effet l'excès de la fatigue m'avait rendu malade. Il me laissa de l'argent ; ce métal est utile partout. Il me recommanda particulièrement, et il alla se mettre à la tête de sa division.

On n'est pas bien à l'ambulance. Propreté, aliments salubres, pansements réguliers ne se trouvent pas toujours dans ces hôpitaux volants. Ma nouvelle situation ne me parut pas fort au-dessus de celle où j'étais quelques jours auparavant. Ah! me disais-je, s'il faut passer par beaucoup de ces épreuves pour être un héros, je ne m'étonne plus qu'ils soient si rares.

Mon argent et la recommandation du général m'avaient donné beaucoup de crédit sur les agents subalternes de l'établissement. J'en avais toujours deux ou trois en course, et ils me procuraient deux avantages : le premier, de vaincre l'ennui en distribuant les provisions qu'il rapportaient ; le second, de faire du bien à des malheureux dont j'étais devenu le camarade, et avec qui j'allais courir la même chance. Le boulet ne respecte personne, et il y a du moins égalité au champ de bataille ; je ne crois pas qu'on la trouve ailleurs.

Il y avait parmi nous un jeune homme qui avait été grièvement blessé au passage du mont Saint-Bernard. Il crachait le sang en abondance. Pâle, défait, accablé de faiblesse, il ne pouvait me reconnaître, et son état le rendait méconnaissable pour moi. Je ne voyais en lui qu'un homme mourant que des soulagements pouvaient rendre à la vie ; je lui procurai ceux qui dépendaient de moi. Je ne me doutais pas à qui je rendais service.

Au bout de quelques jours la nature fit un effort en sa faveur. Marâtre pour la vieillesse, elle traite les jeunes gens en enfants gâtés. L'hémorrhagie s'arrêta, et la connaissance lui revint. Il me prit la main et me la serra : il ne pouvait parler encore. Chaque fois que j'approchais de lui, il me donnait quelques signes d'amitié. Je les attribuais à la reconnaissance, et je croyais bien qu'il m'en devait un peu. Enfin il me dit d'une voix faible : Avez-vous oublié la rue de Buci? Je le regarde, je cherche à retrouver des traits altérés, défigurés par l'épuisement et la pâleur... C'était mon conscrit, celui qui m'avait défendu contre la canaille ameutée contre moi, dont j'avais causé l'emprisonnement, et qui avait été conduit à Dijon par la gendarmerie.

Rien ne lie les hommes aussi solidement que le malheur, et quels titres n'avait pas à mon amitié celui qui m'avait rendu un service essentiel, et qui n'en avait été payé que par des désagréments, que connaissait la bien-aimée, et avec qui j'en pouvais parler sans cesse?

J'avais des torts à lui faire oublier. Je lui avais promis de le recommander au général, et je l'avais laissé languir en prison. L'infortuné était totalement effacé de ma mémoire. Serait-il vrai que l'amour règne en tyran sur les cœurs qu'il subjugue, qu'il en bannit tout autre sentiment, qu'il nous isole et nous détache de tout ce qui n'est pas lui? Heureusement la nature n'a pas voulu que cette fièvre des sens fût durable.

Je priai ce jeune homme de me pardonner ma faute ; je m'engageai à la réparer ; je lui demandai son amitié ; je lui offris la mienne, et jamais traité ne fut conclu aussi promptement, ni avec plus de satisfaction mutuelle.

Dès cet instant je le considérai comme un frère, et je ne le quittai plus. Il n'avait pas besoin de ma bourse ; mais il lui fallait des soins qu'un ami seul peut prendre, et je fus payé des miens par son retour rapide à la santé.

On fit partir les malades pour la petite ville d'Aoste, qui avait été emportée l'épée à la main. Des hôpitaux réguliers nous y attendaient. Il y a dans Aoste une maison de ces filles dont on ne peut trop louer le zèle désintéressé, et cet hospice n'avait qu'un nombre de lits très-limité. J'appris qu'on les destinait aux officiers, et, sans autre titre que la bienveillance du général, je figurais parmi eux. Je demandai qu'on m'inscrivît pour une place chez les sœurs de la Charité, et cette faveur me fut accordée sans difficulté. La plus aimable des femmes avait porté l'habit de cet ordre : ces sœurs, Piémontaises ou autres, devaient avoir ce naturel sensible, cet amour de l'humanité, ces attentions, ces prévenances, dont mon ami Luvel avait encore un besoin si pressant.

— Tu prendras ma place à cet hospice, lui dis-je, et peut-être y trouveras-tu une sœur Madeleine. Moi, j'irai à l'hôpital militaire, j'y attendrai que tu puisses te mettre en route, et nous rejoindrons ensemble le gros de l'armée.

Il voulait que je jouisse de la place que j'avais obtenue ; je voulais qu'il l'occupât ; il s'en défendait, j'insistais ; nous nous querellions... comme se querellaient Oreste et Pylade.

Très-mal à l'aise sur des chariots où on nous avait entassés, nous mîmes pied à terre. Il pouvait laisser dans le fourgon son sac et ses armes ; il s'inquiétait peu de son fusil, cela se trouve partout ; mais son sac, il y tenait comme moi à celui que je portais sur mon cœur. Il contenait des lettres d'une jeune personne qu'il avait tendrement aimée, que la femme charmante lui avait fait négliger un moment et avec laquelle il s'était sincèrement réconcilié pendant son incarcération. Elle n'avait pas la présomption de faire de lui un héros. Luvel, de son côté, bornait ses désirs à la possession de sa mie, et aux jouissances d'une vie douce et paisible. De là sa répugnance à venir batailler avec les Autrichiens.

Un soldat ne peut pas arrêter la marche d'un convoi pour fouiller un sac, le retourner et en tirer des billets doux ; un amant ne saurait se résoudre à s'en séparer : je pris le sac et je passai mes bras dans les bretelles. Il tirait d'un côté, je tirais de l'autre.

— Tu ne le porteras pas.
— Je le porterai.
— Tu n'en as pas l'habitude.
— Ni toi non plus.

Pendant la conversation, passe une vivandière, jeune, noire, à l'œil vif, au propos gaillard. Elle avait une charrette couverte, qui renfermait toute sa fortune, et dans laquelle elle courait le pays ennemi avec autant de sécurité que j'en avais en galopant le pavé de Paris sur Pompée.

— Un louis, lui dis-je, et vous prendrez mon ami et son sac.
— Un second louis, et elle te prendra aussi, ou je marche.
— J'irai donc à pied ? nous dit-elle, car je n'ai pas de place pour trois.
— Vous monterez sur votre cheval.
— Oui, pour vous plaire, je crèverai la pauvre bête.
— Nous vous donnerons le premier que nous prendrons à l'ennemi.
— Je pourrais attendre longtemps.
— Pourquoi cela, ma bonne ?
— C'est que vous me paraissez plus propre à cajoler les femmes qu'à faire des chefs de file.
— Tiens, quelle idée elle a de nous ! Luvel, nous lui prouverons que le Français fait également bien l'amour et la guerre... Eh ! mais... que je me rappelle ! n'avez-vous pas été à madame Derneval !
— Et j'y serais encore sans un maudit médecin qui voulait faire le capable, et qui n'était rien moins que cela. Il m'a coûté une bonne place, et ne m'a offert en dédommagement que le soin très-fastidieux de raccommoder son linge et de bassiner son lit. Mais en allant et venant j'ai rencontré M. Plombock, maréchal des logis en chef des hussards, qui parle peu, mais qui agit fort. Nous nous sommes pris à l'essai, et, satisfaits également l'un de l'autre, il m'a proposé sa large main ; je l'ai acceptée, et je lui ai promis devant un prêtre de lui être fidèle... comme on l'est à Paris.

Le régiment a reçu ordre de partir pour l'armée, et comme M. Plombock veut que sa femme soit toujours en activité, il m'a fait vivandière. Il a vendu tout ce que j'avais pour m'acheter cet équipage et son contenu. Ce métier-là m'a déplu d'abord, et il diffère beaucoup de la vie que j'avais menée jusqu'alors ; mais on se fait à tout, et la liberté qui règne dans les camps dédommage de bien des choses. Je fais d'ailleurs de bonnes affaires, et je me trouve à merveille de M. Plombock, qui remplit grandement ses devoirs, et qui n'est pas jaloux. Pour peu que la guerre dure quinze ans, je me retirerai avec une fortune honnête, si les manteaux rouges ne me l'enlèvent pas, et moi avec elle.

— Et que ferez-vous alors ?
— Je vendrai le brandevin et la tranche de saucisson aux sujets de Sa Majesté Hongroise, et je gagnerai leur argent, que les Français me reprendront

peut-être. Je suis disposée à faire souvent mon va-tout. Que j'en gagne trois ou quatre, et je suis au-dessus de toutes les chances. Ah çà ! dites-moi, beau garçon, d'où connaissez-vous madame Derneval !

Je lui rappelais les circonstances de mon entrée à l'hôtel ; elle me baisa sur les deux joues. Elle nous fit monter dans sa carriole, et refusa nos louis. Luvel se coucha sur un sac farci de jambons, je me mis à califourchon sur le baril au brandevin, et madame Plombeck enfourcha gaiement son cheval hongre. Elle nous fit sur la route les contes les plus plaisants ; elle en riait la première, et montrait en riant des dents dont la blancheur la faisait paraître plus brune ; mais elle avait des yeux qui faisaient du tout un ensemble très-piquant.

Nous entrâmes dans la très-petite et assez vilaine cité d'Aoste. J'éprouvai une jouissance qui m'était inconnue, à l'aspect de la première de nos conquêtes. Je passai jusqu'à l'enthousiasme, quand je sus que la ville avait été emportée au pas de charge, et la baïonnette au bout du fusil.

Guéris-toi, dis-je à Luvel, et, à la première occasion, nous monterons les premiers à l'assaut en pensant à nos dames.

Tope, me dit-il, et que madame Plombeck apprenne que si le beau Pâris était un lâche, le brave Achille était jolie garçon.

La jolie vivandière ne connaissait ni Achille ni Pâris ; aussi ne répondit-elle rien, et la femme qui parle le plus n'est pas toujours celle qui intéresse davantage. Luvel venait de faire preuve d'érudition ; la femme qui l'eût entendu, eût eu la vanité de répliquer ; la réplique eût senti le pédantisme ; une femme pédante est complétement ennuyeuse, et on tourne les talons à une femme qui ennuie. Nous tournâmes le devant à la petite Plombeck ; nous l'embrassâmes avec un vrai plaisir, et nous suivîmes un gros d'officiers, qui allaient, ou qu'on portait chez les sœurs de la Charité. Luvel se défendait toujours de prendre ma place, et cela devait être. J'insistai pour qu'il la prît : cela devait être encore. Je l'assurai enfin que s'il se faisait enterrer, mes recommandations auprès du général ne lui serviraient pas de grand'chose ; que sa maîtresse serait désespérée au seul aperçu de son extrait mortuaire ; que j'en aurais presque autant de chagrin qu'elle, et qu'un homme sensible ne donne de chagrin à personne. Il se rendit, en riant, à mes instances.

Nous entrâmes dans des salles où régnaient l'ordre, le silence et la plus grande propreté. Nous rencontrâmes d'abord cinq à six vieilles dames à qui je ne dis rien du tout. Je n'aime pas les vieilles femmes : c'est un malheur, c'est une erreur, c'est tout ce qu'on voudra ; mais je m'accommodai au mieux de sœur Thérèse, que je joignis dans un petit coin, et avec qui j'entrai en pourparler pendant que nos officiers se casaient. Seize ans, l'œil furtif, la gorge rondelette, le pied mignon, voilà sœur Thérèse.

Elle trouva fort simple que je cédasse ma place à un ami qui en avait plus besoin que moi ; mais elle me fit observer qu'elle ne pouvait rien sans l'agrément de sa supérieure. Sa supérieure trouva aussi la chose très-simple ; mais elle me fit observer que mon ami n'étant pas inscrit sur l'état, elle devait en déférer à l'officier-commandant.

L'officier-commandant trouva encore la chose très-simple, parce que l'hospice était réservé pour les officiers seulement.

— Mais, monsieur, je n'ai pas encore l'honneur de l'être

— Mais, monsieur, on vous considère comme l'étant déjà, et la recommandation du général vous donne droit à cette distinction.

— Vous permettrez au moins, monsieur, que mon ami qui a des ressources, se fasse traiter à l'auberge.

— Ah ! par exemple, monsieur, je ne connais pas dans l'ordonnance militaire, d'article qui défende cela ; mais comme j'ai vu monsieur votre ami sous la conduite de la gendarmerie, il aura la bonté de payer un caporal que je mettrai de planton dans sa chambre.

— Qu'à cela ne tienne, monsieur. Mais ne pourrai-je aussi, moi, mettre une sœur de planton à côté de son lit ?

— Je n'empêche pas cela. Voyez, monsieur, arrangez-vous pour le mieux.

Luvel et moi courûmes rejoindre la petite sœur Thérèse.

La petite sœur trouva très-simple qu'une jolie fille de seize ans fût de planton auprès d'un joli homme de vingt ans, pourvu toutefois que sa supérieure fût de cet avis. Sa supérieure consultée, trouva mille et une difficultés.

— Si c'était un chanoine, disait-elle, un diacre, ou au moins un simple tonsuré ; mais un Français de vingt ans et d'une aimable figure ! Et puis, presque toutes nos sœurs sont âgées ; qui les soulagera si je permets aux jeunes de s'absenter ?

— Madame, dit la petite Thérèse, car toutes les vieilles filles ont la manie d'être appelées madame, soit qu'elles rougissent de n'avoir pas trouvé un honnête homme qui ait voulu les associer à son sort, soit qu'elles soient assez sages pour prendre le mot pour la chose, madame donc, dit la petite Thérèse en regardant Luvel du coin de l'œil, si monsieur voulait remplacer le calice que ce tambour a serré dans sa caisse, au moment où vous m'ordonnâtes de m'aller cacher dans ce panier d'osier habillé en saint François, lorsque ce vilain borgne voulait séduire madame à force ouverte...

— Oh! ce serait différent, dit la supérieure, car, enfin, nous ne pouvons pas vivre sans messes, et on n'en dit pas sans calice.

— J'en donnerai un, dit Luvel, et il sera de vermeil.

— Vous n'êtes pas gascon, monsieur le Français?

— Madame, je consigne le prix du calice.

— Monsieur, je n'ai rien à répondre à cela.

Auri sacra fames

est la devise du genre humain, et une sœur de la Charité pouvait bien l'adopter pour un calice. Cette affaire arrangée, nous sortîmes de l'hospice, Luvel ayant son caporal à sa droite, la sœur Thérèse à sa gauche, et moi en avant pour examiner les enseignes.

— Entrons ici, leur dis-je. Grande et belle maison, balcon doré, enseigne magnifique! Nous sommes sans doute à l'hôtel de la Très-Sainte-Trinité, ce que je n'affirme point cependant parce que je n'entends pas ce que le barbouilleur piémontais a écrit au bas de son enseigne. D'ailleurs, je vois dans la cour la carriole de madame Plombeck, et elle est si drôle, cette petite femme-là! Elle t'amusera, Luvel.

Mon ami établi dans la plus belle chambre de la maison, tous les gens à ses ordres, connaissance prise du caporal, qui se trouve être un jeune homme bien élevé, du caractère de sœur Thérèse, qui me parut aussi gaie à l'auberge, que réservée au couvent, je me fis conduire à l'hôpital militaire. Luvel m'avait beaucoup engagé à profiter de la permission de se traiter à ses frais, et j'en avais bonne envie; mais je pensai que l'argent que j'économiserais à l'hôpital tournerait au profit de ceux qui n'en avaient point, et ce motif me détermina.

Le premier objet qui me frappa en entrant dans les salles, ce fut Ruder qui se promenait en long et en large avec le bras gauche en écharpe, et qui, du poing droit se frappait le front, exercice qu'il suspendait de temps en temps, pour lever son œil unique au plafond.

— Qu'avez-vous donc, monsieur Ruder!

— Ce que j'ai! ne le vois-tu point! Un coup de baïonnette dans le bras.

— Oh! je suis bien fâché de cela, monsieur Ruder.

— Moi, je m'en bats l'œil, monsieur Jérôme.

— Et où avez-vous reçu ce coup-là!

— Ici, sur les remparts, que j'ai escaladés à tête de mon bataillon; mais j'ai eu le petit plaisir de fendre en deux celui qui m'a fait cette saignée.

— Et ce sont les douleurs causées par votre blessure, qui vous engagent à vous faire des bosses au front!

Ma blessure!... des douleurs? Me prends-tu pour une femme? crois-tu que je ne sache pas souffrir!

— Qu'avez-vous donc qui vous tourmente à ce point-là.

— Ce que j'ai, ventrebleu, ce que j'ai! Tiens, lis les bulletins de l'armée. Depuis que je suis ici, nos lurons ont pris Châtillon, le fort de Bar, Saint-Martin les hauteurs de Romano, Chivasso, Vescelli, Santhia, Crescentino, Biella, Trino, Masserano. Tout cela pris en dix jours, et Ruder n'y était pas! Ventrebleu, sacrebleu, sacredieu! Mais il me reste un bras; et il ne m'en faut pas davantage. Je pars demain, c'est décidé. Et toi, que fais-tu dans cette ville?

— Moi! j'entre à l'hôpital.

— À l'hôpital! à l'hôpital, toi, blanc comme un lis et vermeil comme une cerise! à l'hôpital, dis-tu tu veux donc te déshonorer! Au feu, ventrebleu, au feu! Je t'emmène avec moi.

— Mais...

— Pas de mais.

— Écoutez donc...

— Je n'écoute rien.

— J'ai un ami malade...

— Eh bien qu'il se guérisse.

— Je lui ai promis de ne pas l'abandonner.

— Qu'est-ce que c'est, monsieur, qu'est-ce que c'est? Et ceux qui sont là-bas, qui versent leur sang tous les jours, ne sont-ils pas aussi vos amis, vos frères d'armes? Savez-vous si le général lui-même, à qui vous devez tant, n'expire point au moment où vous ne pensez qu'au repos avant d'avoir combattu! Au feu, Jérôme, au feu!

— Au feu, commandant! Vous m'électrisez, et je pars avec vous. Allons voir mon ami et prendre congé de lui.

— Allons le voir ce monsieur, qui se dorlote dans une auberge comme une demoiselle, et, sacrédié, pour p... qu'il puisse marcher, il viendra avec nous.

Nous sortons, et nous marchons vers l'hôtel de la Très-Sainte-Trinité. Ruder allait le nez au vent, appuyé sur sa canne, en répétant à chaque instant:

— Dix villes de prises en dix jours, et, sacré nom, je n'y étais pas!

La nature lui avait donné une âme de feu, qui maîtrisait son corps et le ployait à tout. J'étais honteux en le regardant, en l'écoutant, d'avoir pensé à entrer dans un hôpital, lorsqu'un homme dans cet état brûlait d'en sortir.

Nous trouvâmes Luvel entre des draps bien blancs,

et le caporal partageant auprès de son lit, avec sœur Thérèse et madame Plombock, une collation aussi friande qu'on peut se la procurer dans une ville prise d'assaut. Ruder, après avoir examiné le malade, prononça qu'il n'était point en état de se faire casser la tête ; mais il jura contre les tourtes et les confitures. Il protesta que cette mollesse était indigne d'un soldat à qui il ne faut que du pain, de l'eau-de-vie et une pipe de tabac. En conséquence de ces principes, il donna un coup de pied à la table, et la renversa avec les bouteilles et les bonbons. Madame Plombock lui baisa une joue, sœur Thérèse lui passa la main sous le menton, et, à l'aspect des deux jolies femmes le héros s'adoucit considérablement. Il permit qu'on relevât les débris de la collation. Il dévora une tourte de frangipane sans se faire trop prier, et quelques verres de malaga lui firent oublier sa blessure. Il baisait à droite, il baisait à gauche ; enfin il parut donner le mouchoir à la petite sœur Thérèse, qui n'avait pas trop de ses deux mains pour contenir celle qui restait au commandant.

— Sacrebleu, disait-il en la regardant, si cette poulette-là m'était tombée sous la main lorsque nous passions tout au fil de l'épée !... Mille bombes !... mais je n'ai trouvé que des guenons. Une vieille roquentine de supérieure qui me criait : Prenez garde à mon cautère... vous ébranlez ma dernière dent...

— Comment, reprit la petite sœur c'est vous monsieur le borgne, qui houspilliez si durement madame !

— Oui, mon cœur, et jugez, d'après la manière dont je me suis montré avec elle, de ce que j'aurais fait avec vous.

— Oh ! ne parlons plus de cela, monsieur l'officier.

— Vous avez raison, mon petit chat. L'homme n'est fait que pour agir, et, corbleu, nous agirons. Dis donc, l'hôte, ici, à moi. Arrive donc, maraud. Deux lits de plus pour ce soir et un bon souper ; c'est moi qui traite. Ma blessure s'enflammera un peu, mais qu'importe. Mais regarde donc Jérôme, comme cet habit lui va bien ! elle me rappelle ma femme qui le portait... oh ! avec une grâce !... T'en souviens-tu camarade !...

A qui demandait-il cela !

— Ah çà, commandant, j'espère que vous ne la traiterez pas comme...

— Tais-toi, nigaud. Les femmes sont trop heureuses qu'on s'arrange de manière qu'elles n'aient rien à se reprocher.

— Pas d'arrangement, je vous en prie, dit la petite sœur Thérèse, je ne suis pas disposée à m'y prêter.

— Allons, allons, ma fille, tu es à moi par droit de conquête, et je ne prétends pas user de mon droit en barbare ; mais, corbleu, tu capituleras !

La petite sœur Thérèse, effrayée de cet amour, si différent de la douce mysticité à laquelle s'était vouée sa patronne, la petite sœur prenait sa mante et voulait à toute force retourner à son couvent.

— N'ayez nulle inquiétude, jolie enfant, lui dit Luvel, le commandant n'a qu'un bras ; Jérôme est là, il le grisera, il le couchera ; le caporal est là : tout s'accorde pour vous rassurer.

La petite sœur eût quitté Luvel à regret ; elle plaisait fort à Luvel ; ils étaient déjà d'accord et ne s'en doutaient pas. Retourner au couvent, c'était se condamner à ne plus revoir son joli homme, car il eût fallu donner les raisons de ce retour précipité, et certes, madame la supérieure n'eût pas exposé la plus fraîche de ses religieuses aux entreprises d'un homme qui n'est arrêté ni par un cautère ni par des branlantes. La petite sœur, vaincue par ces réflexions et par les raisonnements de Luvel, qui ne pouvaient avoir de solidité que sur un esprit déjà persuadé par le cœur, la petite Thérèse laissa tomber sa mante, et reprit en souriant sa place auprès de l'intéressant malade.

Ruder, qui s'était déjà mis en travers de la porte, laissa la circulation libre aux habitants de la maison.

— Allons, me dit-il, chez le commissaire des guerres demander des chevaux pour demain. Le devoir d'abord, puis le plaisir quand on le trouve.

Je fus très-aise de lui voir prendre ce parti. J'espérais que le grand air le calmerait assez pour qu'il ne pensât plus à employer ce qu'il appelait les grands moyens. Je le connaissais trop pour lui faire des représentations. Habitué à se roidir contre tout ce qui le contrariait, il n'en eût été que plus ferme dans sa première résolution.

Le commissaire des guerres lui marqua la plus haute considération et lui parla debout. Il fit de ses exploits une récapitulation qui impatienta le modeste commandant.

— Finissons, finissons, commissaire, il y a en France cent mille hommes aussi braves que moi, et je ne viens pas ici pour recevoir des compliments. Il s'agit de deux chevaux pour demain, un pour moi, un pour ce beau garçon, à qui je vais faire respirer l'odeur de la poudre à canon. A demain donc, deux chevaux et un guide rendus au point du jour à l'auberge de la Très-Sainte-Trinité.

Nous rentrâmes et nous trouvâmes tout disposé pour nous recevoir. Deux lits dans la même chambre, ce qui me plut beaucoup, parce que je serais le maître d'empêcher le commandant de renouveler les scènes qu'il donnait partout. Je regardai la porte en

Madame Plombock avait fait pirouetter Ruder.

paraissant faire l'inspection de notre local, et je vis qu'elle fermait à clef.

Nous passâmes dans la chambre de Luvel, où on avait mis le couvert. Un lit de sangle pour Thérèse, un autre pour le caporal, et madame Plombock dans un cabinet voisin, dont la porte fermait à merveille, mais dont la cloison avait été abattue à coups de crosse de fusil par des amateurs qui cherchaient les couverts d'argent que l'hôte avaient jetés dans son puits... manière de se loger pêle-mêle, qui paraîtra un peu extraordinaire à quelqu'un qui ignore ce que c'est qu'une petite ville mise en désordre par le vainqueur et encombrée d'hommes, de chevaux, d'équipages. En pareil cas, on fait de son mieux.

La petite sœur était déjà dans son déshabillé de nuit, qui la rendait plus jolie encore. Un degré ou deux d'agrément de plus, et elle eût été comparable à cette charmante sœur Madeleine qui m'avait prodigué les soins que Thérèse rendait à Luvel, qui avaient décidé du destin de ma vie, et dont la jouissance m'avait rendu digne de l'envie des plus fortunés des êtres. Quelques soupirs s'échappèrent de mon cœur, toujours brûlant d'amour, de souvenirs, d'espérances. Hélas! me disais-je, la reverrai-je jamais, cette rue de Buci? le reverrai-je cet heureux château, et ce boudoir, et ce rez-de-chaussée, et ce lit?... O mort! encore quelques nuits comme celles-là, et j'aurai assez vécu!

Le commandant fut sobre pendant le souper, réservé avec les femmes, et j'en augurai bien! Que j'étais jeune encore! c'était le repos du lion. La conversation ne roula que sur la guerre. Ruder en parla en homme expérimenté et qui méprise la vie. Nous écoutions, Luvel, le caporal et moi, avec le silence et l'attention des Grecs, lorsque Calchas prononçait ses oracles. Je m'aperçus que la petite sœur prenait de l'intérêt à ses récits et cessait de le regarder avec dégoût. Le général, pensai-je, avait raison de dire que le front le plus beau est celui qu'ombragent des lauriers. J'en moissonnerai, et j'en serai plus cher à la femme adorée.

Tout présageait une nuit tranquille. Thérèse, la

petite Plombeck, Luvel, le caporal, partageaient ma sécurité, et étaient plus excusables que moi : ils ne savaient pas encore comment Ruder faisait l'amour.

— Vous aurez la bonté, dit après souper l'hôte au caporal, de ne pas fermer votre porte. Il y a là, dans la chambre contiguë, une femme bien à plaindre et bien intéressante, qui a quelquefois besoin de moi la nuit.

— Et tu ne me l'as pas fait voir, dit Ruder à l'aubergiste. Allons, le bol de punch. Je veux boire à ta femme intéressante et à toutes les jolies femmes que je connais !

— Mais, commandant, le punch... et votre blessure?...

— Ma blessure ! j'en recevrai peut-être une seconde en arrivant là-bas : je les guérirai ensemble. Je boirai du punch, morbleu ! tu en boiras aussi, Jérôme. Cette boisson entretient la bonne humeur, et nous devons être pressés de jouir, nous qui ne sommes jamais sûrs du lendemain.

— Eh bien ! commandant, vous boirez seul, car ces dames, ni moi...

— Vous boirez avec moi, monsieur. Refuserez-vous de porter la santé de madame Ruder ?

J'aurais porté ce toast avec de l'eau-forte. Je me rendis donc, quoique je connusse le commandant et que je susse que le punch lui mettait ordinairement le diable au corps.

Pendant qu'on apprêtait le bol, Ruder sortit pour se coiffer de nuit, disait-il, et se mettre en robe de chambre. Son bonnet de police était sa coiffure de nuit, et sa robe de chambre un habit uniforme, dont il avait coupé les basques. Je ne voyais pas ce qu'il pouvait gagner à cette mascarade ; mais il avait des raisons de s'absenter, qui tenaient à un plan d'attaque qu'on ne communique jamais à l'ennemi.

On servit le punch, et, contre mon attente, le commandant s'en versa avec discrétion, mais à chaque instant il avait soin de remplir nos verres. Avant de boire à la femme charmante, il fallut boire à sœur Thérèse, ensuite à madame Plombeck. Le moyen de s'en défendre ? Il proposa après cela de boire à la dame tant à plaindre et si intéressante de la chambre contiguë, que personne de nous n'avait vue, et dont la santé nous était fort indifférente ; mais ce verre précédait la libation dont on allait faire hommage à la belle des belles, et il passa comme les autres. Enfin, d'après ce que nous dîmes, Luvel et moi, à madame Plombeck et à la petite Thérèse, des charmes et des qualités de madame Ruder, elles firent comme nous, et burent rasade en son honneur.

Nous commençâmes tous à jaser à tort et à travers. Je m'aperçus que madame Plombeck cherchait à engager une conversation particulière avec moi, et, pour me rendre plus attentif, elle me tenait la main, qu'elle serrait de temps en temps. La petite Thérèse tâtait souvent le pouls de Luvel sous son drap, de peur, disait-elle, qu'il ne se refroidît. Le caporal bâillait ; il n'avait rien de mieux à faire.

Je soupçonnai que le commandant avait eu l'intention de griser ces dames, et il avait réussi à demi : mais il était si laid en bonnet de nuit et en robe de chambre, que son seul aspect devait refroidir la tête la plus échauffée. D'ailleurs je me proposai de donner un double tour à notre porte et de jeter la clef dans la rue, parce que Ruder avait le poignet ferme, et qu'il eût pu commencer par me faire violence, à moi, pour arriver à nos deux petites femmes.

Il m'invita à me retirer : je ne demandais pas mieux. Je n'avais pas trouvé dans la journée un moment pour écrire à la bien-aimée, et je comptais me livrer à ce plaisir si doux pendant le sommeil du héros. Mais le punch avait produit son effet ordinaire sur une tête peu habituée aux vapeurs bachiques. Je ne suivais plus la ligne droite, et je jugeai que, si je ne voulais pas qu'on me mît au lit, je n'avais pas de temps à perdre pour m'y mettre moi-même. Je n'oubliai pas cependant les deux tours et le saut de la clef dans la rue. Je fis cela très-maladroitement sans doute, car Ruder, qui n'était pas fin, s'aperçut de ma manœuvre, et en rit dans sa moustache. Je le laissai rire, je me déshabillai tant bien que mal, je me mis au lit et m'endormis profondément.

Un carillon du diable me réveilla en sursaut, je ne sais à quelle heure. J'appelle Ruder, il ne répond point. J'allais me lever et chercher mon sabre, je dis chercher, car je ne savais plus où je l'avais mis la veille... On pousse la porte de ma chambre, on la repousse après être entré et on met le verrou. Je saute de mon lit, et je vais à celui du commandant en criant : Qui vive ? Pas de réponse encore ; mais j'entends marcher derrière moi.

Je tâche de rappeler mes idées et les petits incidents de la veille. Je me souviens des projets, très vraisemblables, que j'avais attribués à Ruder, de la porte fermée à double tour, et de la clef jetée dans la rue. On ne devait donc pouvoir entrer ni sortir. Je tâte le lit de Ruder... Personne. Est-ce lui qui a causé le vacarme qui m'a réveillé ? Mais comment serait-il sorti ? Cependant on a ouvert et fermé ma porte ; j'ai entendu marcher... Ah çà! ai-je bien réellement entendu quelqu'un ? Rêvé-je, ou y a-t-il quelque esprit follet dans la maison ?

Je vais à cette porte. La serrure y est ; mais on fait sauter le pêne ! J'y suis. C'est pour faire cette opération que le commandant a prétexté son inutile et ridicule toilette de nuit. C'est pour me brouiller la vue qu'il m'a fait boire. Vite, allons au secours de nos petites femmes, sur lesquelles le punch doit avoir agi plus fortement encore que sur moi.

Je sors, j'entre chez Luvel... pas de lumière! C'est singulier, car enfin un malade... Je l'appelle... Un silence profond. Je vais à tâtons à son lit; il est vide comme celui de Ruder. Je me heurte contre la couchette de Thérèse, et je ne l'y trouve point. Tout cela me paraît un enchantement. Je prête l'oreille; j'entends ronfler; j'avance guidé par le bruit mesuré... Un habit uniforme, un chapeau militaire, un sabre... Ce ne peut être que le caporal qui dort comme une marmotte, car enfin le commandant ne se serait pas dérangé de là-bas pour venir ici ronfler seul sur un lit de sangle.

Je regagne le carré. Je vois une lumière et je tourne de ce côté. J'entre dans une chambre ouverte; je trouve les habits de la petite Plombock sur un fauteuil, et personne, jamais personne. Je me frotte les yeux pour m'assurer que je suis bien éveillé; je me touche, pour m'assurer que je suis toujours moi, et, persuadé de mon identité et de la nécessité de retrouver nos convives, je prends la lumière pour les chercher.

Je faillis d'abord me casser le nez contre une grosse porte qui fermait le haut de l'escalier. Deux bons tours et pas de clef; mais ici point de gâche à faire sauter: le pêne entrait dans un pilier en pierre de taille. Il était certain qu'on n'était pas sorti par-là, puisque la serrure n'avait pas d'entrée en dehors, ce dont je m'assurai aisément à l'aide de ma chandelle. Où diable étaient-ils donc tous?

Je retourne chez Luvel, mon flambeau en avant, et mon autre main entre les yeux et la lumière, afin de distinguer les objets de plus loin. Je m'embarrasse les jambes dans une couverture traînée au milieu de la chambre, je ne sais par qui ni comment; je chancelle, je tombe; ma chandelle s'éteint. Ma foi, dis-je, le soleil éclaircira tout cela, moi je m'y perds, et je vais me recoucher. Je regagnai ma chambre avec assez de difficulté, parce que je n'avais pas d'habitude des lieux, et je remis les verrous pour être dispensé de participer à des mystères impénétrables.

Je me heurte d'abord contre le lit de Ruder, et je m'en éloigne aussitôt, chassé par l'odeur du tabac à fumer, et par d'autres vapeurs difficiles à distinguer, mais dont l'ensemble n'a rien de délicat. Je tâtonne encore, et je me frappe le front contre une des colonnes de ma couchette de six pieds en carré, couchette magnifique qui venait, à ce qu'assurait notre hôte, du duc Victor-Amédée, et qui n'en était pas plus commode, car je m'y étais perdu après m'être couché, et je ne savais, maintenant, si j'étais au pied ou à la tête.

Je trouve une ouverture; je m'y glisse, et me voilà entre deux draps. L'intérieur était chaud, très-chaud même, ce qui me parut assez extraordinaire après une demi-heure d'absence; mais je ne m'arrêtai pas à cette idée. Je cherchai à me rendormir, en me tournant et en me retournant, manière usitée d'appeler inutilement le sommeil. Je m'aperçus que la couverture ne portait pas toujours sur moi: qui l'élevait donc à droite et à gauche?

J'allonge un bras... Ah! ah! j'ai société ici. C'est, sans doute, la personne qui marchait derrière moi, et qui n'a pas jugé à propos de me répondre. Mais quel est celui ou celle qui se fourre dans le lit d'un autre sans son agrément? Diable! si les farfadets, les sylphides prennent des formes comme celles-là, j'adopte la foi robuste du curé aux images matérielles; mais, parbleu! je n'exorcise pas. De légers soupirs d'une part, des baisers très-vifs de l'autre, engagèrent l'action. Dormait-on, ou faisait-on semblant? je n'en sais rien; mais j'avançais, et on ne m'arrêtait pas.

J'arrive au but avec la témérité d'un étourdi qui ne redoute rien; mais, hélas! je ne me présente qu'en convalescent... Pan! une paire de soufflets et un éclat de rire partent à la fois. Les femmes rient assez ordinairement en certaines circonstances. Elles veulent dire, par là, qu'elles ne sont point affectées de l'accident, ce qu'on croirait volontiers, si elles n'avaient point d'amour-propre. Quoi qu'il en soit, étonné de cette brusque incartade, je fais un saut de côté...

— Eh! qu'y a-t-il donc là! Ah! nous sommes trois ici! » mais que tout était joli et précieux à ce bord-là!

— Finissez, monsieur Jérôme, soyez sage; je vous en conjure.

— Eh... mais... c'est la petite sœur Thérèse! C'était elle effet.

Qu'elle était intéressante, cette Thérèse! elle avait tout, jusqu'à l'innocence que tant d'autres s'efforcent de jouer. Elle me faisait des représentations si plaisamment pathétiques, et son organe argentin s'affaiblissait si sensiblement! elle défendait, avec tant de trouble, une partie de ses charmes, en laissant les autres à l'abandon! elle cédait si involontairement à l'empire de la nature...

— Rien n'arrive, dit-elle en soupirant, que d'après les vues de la Providence. Elle a permis que je résistasse à ce vilain borgne: elle veut que ce beau garçon ravisse ce que j'ai gardé jusqu'ici avec tant de peine: ainsi soit-il.

Oh! oui, la pauvre petite l'avait bien gardé... Mais... mais je ne méritais plus de soufflets, et l'aimable enfant était hors d'état d'en donner.

— La jolie casuiste! dit madame Plombock! la jolie casuiste, et qu'elle entend bien à calmer sa conscience timorée! Pour vous, monsieur Jérôme, vous êtes un impertinent.

Le moyen de ne rien dire à madame Plombock! Je m'exprimai... et vertement.

— Allons, dit elle, puisque la Providence vous a rendu la santé, c'est qu'elle veut que vous en fassiez usage. Que sa volonté soit faite.

Thérèse boudait, Thérèse pleurait, Thérèse me faisait des reproches. Je revenais causer avec elle; je l'apaisais, et je retournais à la petite Plombock, qui avait une démangeaison de parler, mais une démangeaison!... Je causai tant avec l'une et avec l'autre, que je pensai enfin qu'il faudrait me faire jucher à cheval, quand le commandant m'appellerait. Cette réflexion fit prendre à la conversation une tout autre tournure, et j'allais savoir à quelle suite d'incidents je devais une double bonne fortune que je n'avais pas cherchée, que je n'avais pas même désirée, mais que personne n'eût refusée à ma place, lorsque nous entendîmes briser la grosse porte de l'escalier à grands coups de masse.

Madame Plombock prit son parti en femme expérimentée, et délogea aussitôt. La petite Thérèse me disait en sanglotant :

— Ah! mon Dieu, si on me trouve ici, je suis déshonorée, perdue.

Et elle restait dans mon lit. Il y avait un moyen tout simple pour qu'on ne l'y trouvât point : c'était de la reconduire dans le sien. C'est ce que je fis très-lestement. Je retournai ensuite passer un pantalon, et je revins au moment où la porte tomba avec un fracas qui éveilla enfin le caporal.

Le premier qui parut était Luvel, à demi vêtu, et appuyé sur son sabre. Il était suivi de l'hôte, à peu près nu aussi, et portant une longue broche à la main. Ils venaient de chez le commandant de la place, à qui, disaient-ils, ils avaient été demander main-forte. C'était aller un peu loin dans un cas aussi urgent; mais Luvel était hors d'état de défendre sœur Thérèse; le caporal n'avait pas voulu s'éveiller, et, d'ailleurs, il n'avait pas de représentations à faire à un commandant de bataillon. J'étais le seul qui, n'étant pas réellement militaire, pouvais agir offensivement contre un homme d'un grade supérieur; mais je n'avais point paru, et Luvel n'avait su où me prendre. Il n'avait donc vu de ressource que celle de l'hôtelier, qui n'était pas bretailleur, qui avait fait mettre le cheval de madame Plombock à sa carriole, et qui, grimpé dans cet équipage avec le malade, l'avait mené porter plainte.

Le commandant de la place leur fit observer très-judicieusement que, selon les apparences, il ne restait plus qu'à dresser procès-verbal des délits, et il les renvoya par devers son adjudant. Il fallut à celui-ci le temps de s'habiller, de prendre, de garnir son écritoire de poche, et pendant que tout cela se faisait, il se passait, en effet, bien des choses.

L'adjudant était un gros réjoui, qui se fit apporter une table, une bouteille de vin; qui buvait un coup, pendant que Luvel déposait, qui écrivait les faits et gestes de Ruder lorsqu'il avait bu.

Le héros était entré la moustache haute, le jarret tendu, et, sans rien dire à personne, il était allé droit houspiller sœur Thérèse. Sœur Thérèse avait crié, avait égratigné; Luvel s'était mis à crier de son côté, et, ne pouvant mieux faire, il avait jeté à la tête du commandant, pot de confitures, pot de nuit, pot d'opiat, tous les pots possibles, pendant que le commandant parait, de la main qui lui restait, tous les coups qui menaçaient sa tête. La petite Thérèse s'était dégagée, et s'en était allé, elle ne savait où, répondit-elle à l'adjudant, et je crois que vraiment la pauvre enfant l'ignorait; mais elle savait d'où elle venait, ce qu'elle ne jugea pas à propos de faire insérer au procès-verbal. La plus ingénue est toujours dissimulée.

Au cris de Luvel et de Thérèse, au bruit des pots cassés, était accourue madame Plombock, sur laquelle Ruder s'était jeté, en jurant qu'elle payerait pour Thérèse. La petite femme, très-aguerrie, n'avait pas perdu la tête. Elle avait sauté par-dessus une table, l'avait jetée aux jambes du commandant, et, pendant qu'il s'en dépêtrait, elle lui avait affublé la tête de la première couverture qui lui était tombée sous la main. Elle l'avait fait pirouetter, l'avait renversé, et s'était enfuie, elle ne savait encore où : la moins ingénue est toujours discrète sur un certain article.

C'est pendant le combat, d'un genre assez nouveau, que Luvel s'était à peu près habillé, et qu'il avait fait de son sabre une béquille. Il avait pris la chandelle, afin de trouver l'escalier; il était descendu pour appeler à lui l'aubergiste et les garçons d'écurie, et Ruder, l'avait laissé faire; mais à peine le malade avait-il le pied sur la seconde marche, que le commandant avait fermé sur lui la grosse porte que vous connaissez, sans doute pour s'assurer que ces petites femmes ne pussent émigrer. Luvel, remonté avec les gens de l'hôtel, et voyant l'impossibilité de rentrer, s'était décidé à aller rendre plainte, et était parti ainsi qu'il l'avait déclaré ci-dessus.

Tous ces détails m'expliquaient clairement ce qui m'avait longtemps paru incompréhensible. Mais qu'était devenu Ruder? Il n'était pas sorti par la porte, et il ne s'était pas enfermé avec deux jolies femmes pour se jeter par la fenêtre. L'adjudant déclara qu'il fallait le trouver pour qu'il entendît la lecture du procès-verbal, et qu'il le signât, si tel était son bon plaisir.

— Vous verrez, s'écria tout à coup la petite Plomboek, que la dame intéressante et si à plaindre de la chambre contiguë est celle à qui sœur Thérèse et moi devons réellement notre salut. Son salut, la friponne !

— S'il a fait cela, répliqua l'hôtelier en jurant par tous les saints du paradis, je lui passe ma broche au travers du corps.

— Bas les armes ! lui dit très-impérativement l'adjudant, et sachez, faquin, que le commandant Ruder n'est pas fait pour mourir de la main d'un gargotier ni nous pour le souffrir.

— Ah ! je vois ce que c'est, reprit l'hôte, un barbier en rase un autre.

— Pas de comparaison, pas de réflexions, pas de raisons ; remets-moi ta broche, ou dans deux heures je fais murer ta porte.

— La voilà, monsieur l'officier. *A presentia Gallorum libera nos, Domine.*

L'aubergiste désarmé, l'adjudant marcha vers cette chambre, et nous le suivîmes tous, curieux de savoir par quel nouvel incident serait clos le procès-verbal. Nous trouvâmes une femme au lit, Ruder très-éveillé auprès d'elle et très-tranquille, quoiqu'il eût tout entendu... Mais Dieu ! grand Dieu ! est-ce le diable avec qui il a été couché cette fois ? Une vieille carcasse décrépite, ridée, et dont le bout du nez touche le bas du menton... Ah ! sacredié ! s'écria Ruder en se sauvant du lit, je savais bien n'avoir pas trouvé une poulette ; mais dans l'obscurité je lui donnais trente ans de moins. Allons, allons, on ne dira pas que rien fasse reculer Ruder. Ce qui est fait est fait ; mais je ne crois pas que de sa vie la princesse retrouve une pareille aubaine. Comment, reprit l'hôte, ce qui est fait est fait ! Ma pauvre mère ! une femme qui était sage comme une vierge, qui avait de l'esprit comme un ange, qui touchait du tympanon comme sainte Cécile, et qui nous charmerait encore par ses bons mots et ses complaintes, si, depuis deux ans, elle n'était tombée en enfance ! Je vous demande justice, monsieur l'adjudant, et une justice éclatante.

— Pouah ! pouah ! faisait Ruder en se rinçant la bouche avec un verre d'eau-de-vie et ne prenant pas plus de part à ce qui se disait que s'il n'eût été pour rien dans les événements de cette nuit. Il battit le briquet et se mit à fumer tranquillement une pipe.

L'hôtelier, collé à la poche de l'adjudant, insistait pour que l'amant de sa chère mère subît une punition exemplaire.

— Bah ! bah ! lui dit l'adjudant, c'est toi qui es cause de tout ce grabuge.

— C'est moi, monsieur le Français ! c'est moi ! et comment cela, s'il vous plaît ?

— Pourquoi as-tu mis du monde dans cette première chambre ?

— Eh ! monsieur l'officier, les autres pouvaient être remplies par des gens bien portants qui eussent envie de dormir. Quel mal ai-je fait de mettre ici un malade, gardé par un caporal et une sœur de la Charité qui pouvaient avoir besoin de sortir à chaque instant pour son service, et que je n'aurais pas dérangé en passant chez lui pour aller changer ma pauvre mère ?

— Comment ! dit l'adjudant, est-ce qu'elle ferait...

— Tout, monsieur l'officier, tout.

— Ah ! sacredié ! reprit Ruder, ce que je croyais l'effet de la chaleur...

— C'en était, monsieur, c'en était.

A l'instant le commandant enlève sa chemise par dessus ses épaules, et la jette au milieu de la chambre. Madame Plomboek se sauve, parce que l'usage l'ordonne ainsi ; la petite sœur se sauve parce qu'elle a de la pudeur. Le commandant se vide un pot d'eau sur la tête, reçoit l'eau dans la cuvette à la chute des reins, se la rejette sur le toupet, pour la recevoir encore. Définitivement il envoie l'eau et la cuvette au nez de l'aubergiste, et va se rouler dans les draps du caporal afin de se sécher.

— Monsieur l'adjudant, crie l'hôte, injure personnelle, jointe au devoir de venger la source d'où je suis sorti.

— Va te faire lanlaire, toi et ta source ! dit Ruder. Voyez si ce maraud finira ! De quoi te plains tu ? As-tu peur que je t'aie fait un petit frère ? Allons, butor, va nous préparer un bon déjeuner, et puisque tu es dévot, remercie Dieu qu'au lieu de la mère, ta femme ne me soit pas tombée sous la main.

— Oui, à déjeuner, dit l'adjudant en déchirant le procès-verbal, la meilleure façon de terminer cette procédure comique.

— A déjeuner, repris-je, et j'en avais besoin.

— A déjeuner, poursuivirent mes petites femmes ; elles avaient à réparer.

— A déjeuner, à déjeuner, messieurs ! et les dommages et intérêts de ma chère mère ?

— Tu les auras : va donc, animal.

— Je les aurai ! à prendre sur quoi, beau petit hussard ?

— Sur les neiges, du mont Saint-Bernard, dit Ruder.

— Non, non, repris-je, il les aura sur son mémoire, nous n'en regarderons que le total.

Je le répète : *Auri sacra fames* est la devise du genre humain. L'hôte sortit en me faisant une profonde révérence, pour aller grossir ses espèces de ce que sa source avait perdu en pureté.

CHAPITRE III

On se bat partout; partout les armées de la République sont victorieuses. Exploits de Ruder, sa mort digne d'un héros. Jérôme le pleure, ce qui ne l'empêche pas de se couvrir de gloire en le vengeant ; lieutenant à Montebello, il est blessé et promu colonel à Marengo.

Le jour commençait à peine à paraître, qu'on frappa à la porte de la rue : c'était notre guide qui soumis et timoré comme un vaincu, venait, longtemps avant l'heure prescrite, nous amener de bons chevaux et prendre nos ordres. Ruder me pressa de m'habiller, et s'habilla lui-même à la hâte. Il descendait, il montait, il redescendait; il pressait l'hôte, le chef, les marmitons; il comptait les minutes, il croyait ne pouvoir être assez tôt en présence de l'ennemi.

Il pressa tant, cria tant, jura tant, qu'il nous fit manger des viandes crues et des sauces tournées ; et après un quart d'heure de séance, il prit son sabre, son chapeau et sa valise.

— A cheval, Jérôme, à cheval donc ; une heure perdue peut nous faire manquer l'occasion de nous signaler.

J'embrassai de tout mon cœur mon ami Lavel, que j'avais trompé; mais je me croyais à l'abri de reproche, parce que je n'avais pas cherché l'occasion. Il était si aisé de la fuir ! Hélas ! la femme charmante, estimée, adorée, n'était occupée qu'à se défendre; elle me faisait peut-être hommage de chaque combat, de chaque victoire; c'est à moi seul qu'elle pensait peut-être sur sa couche solitaire, et mon image venait charmer son réveil. Mais moi... moi !...

Le commandant s'impatientait, tempêtait. La petite Thérèse sortit avec moi de la chambre commune, m'attira dans un recoin, m'embrassa en pleurant et me serra la main :

— Beau Jérôme, cher Jérôme, vous reverrai-je jamais ?

— Je l'espère, aimable enfant.

Un mot, une caresse, m'avaient fait oublier les réflexions touchantes dans lesquelles je m'absorbais un instant auparavant. Que le cœur de l'homme est bizarre, versatile, inexplicable! Madame Plombock me dit adieu en riant, et nous partîmes au galop.

Nous n'avions pas fait deux lieues, que Ruder jura qu'il était brisé, moulu, et qu'il se sentait faible au point de ne pouvoir se soutenir à cheval. Je n'étais pas plus en état que lui de soutenir la fatigue, et je lui proposai d'arrêter.

— Plutôt mourir, me répondit-il.

Nous reprîmes le pas, et nous avançâmes encore, lui maudissant la chère maman, moi m'accusant intérieurement de ma malheureuse facilité.

Ce ne fut qu'avec beaucoup de peine que nous allâmes jusqu'à Châtillon. Là j'insistai pour prendre un jour ou deux de repos. Le commandant, malgré son ardeur guerrière, était assez de cet avis. Mais la première chose que nous apprîmes en mettant pied à terre, c'est que nos troupes avait traversé le Simplon et le Saint-Gothard, passé, sous le feu ennemi, le Tésin à la nage, forcé Tubigo, pris Corbetto, et qu'enfin l'état-major était établi à Milan. Il n'y eut plus moyen d'arrêter Ruder. Représentations, prières, il n'écouta rien.

— Il y aura une affaire générale et je n'y serai pas! Corbleu ! mon bataillon donnerait sans que je fusse à sa tête, sans que j'essuyasse le premier coup de feu ! Si cela arrivait, je me brûlerais la cervelle à l'endroit même où j'en recevrais la nouvelle.

— Mais, commandant, votre santé...

— Ma santé, ma vie appartiennent à l'Etat.

— Votre impuissance d'agir...

— Je peux me montrer, voir, vaincre ou mourir. Prenons la poste, morbleu ! Il est beau, superbe, admirable de ne pouvoir rejoindre qu'en poste nos intrépides lurons. As-tu encore de l'argent, Jérôme?

— Quinze louis, environ.

— J'en ai trente, c'est plus qu'il ne faut. Allons, monsieur le maître, fais-nous chercher une chaise, un cabriolet, une charrette, ce qui se trouvera. Prépare-nous une cantine bien fournie, et en avant... Eh ! ventrebleu ! voilà notre affaire... Regarde, Jérôme... la petite Plombock qui arrive dans sa carriole. Vite des chevaux de poste là-dessus.

— Ah çà ! mais, commandant, serez-vous sage ?

— Oui, sacredieu ! je te le promets ; d'ailleurs il me serait difficile de ne pas l'être, et je n'ai de passion réelle que celle de me battre.

Serez-vous sage ? avais-je dit. Orgueilleux et faible jeune homme, était-ce à toi qu'il convenait de faire cette question ?

Je me serais senti dégradé si j'eusse résisté plus longtemps à ce noble enthousiasme, si même je ne l'eusse point partagé. J'ai toujours pensé que l'amant d'une femme quelconque doit s'efforcer d'être au moins l'égal de son mari, s'il ne veut pas que tôt ou tard elle rougisse de sa faiblesse. Pouvais-je d'ailleurs laisser partir seul Ruder blessé, lui à qui je devais la protection du général, et qui avait pour moi une affection sincère ? N'y avait-il pas une sorte de délicatesse à le dédommager, par des soins et des prévenances, d'un tort irréparable, et que je me reprochais quand la nature et l'amour me permettaient de réfléchir? Je me disposai donc à le suivre, et je l'aidai autant que je pus dans ses préparatifs.

La petite Plombock n'avait pas mieux demandé que d'avancer promptement et à nos frais, pourvu que Ruder lui promît sûreté, ce qu'il fit de la manière la plus solennelle, c'est-à-dire en jurant comme si je ne l'avais jamais entendu jurer. Le cabaretier avait été fort aise de vider son garde-manger et de nous vendre un mauvais matelas aussi cher que s'il eût été neuf. Ainsi, dans une heure de temps, notre espèce de litière fut arrangée et garnie de vivres pour quatre jours, le bidet hongre vendu, les chevaux de poste attelés, et nous voilà courant comme si le diable nous emportait.

La petite Plombock nous faisait de ses contes ordinaires; le commandant les écoutait, étendu sur son matelas, où il fumait quand il ne buvait pas; et s'il lui arrivait de déposer la pipe et le verre, il entonnait la chanson de guerre de Roland, avec l'exaltation d'un homme de vingt ans. Lorsqu'il dormait des œillades très-vives m'annonçaient des dispositions que la présence des postillons rendait inutiles, et je n'en étais pas fâché. La première nuit, des agaceries plus directes me réveillèrent quelquefois; mais Ruder avait pris, comme de raison, le milieu du matelas. Elle était sur un bord et moi sur l'autre, et j'en étais bien aise.

— Allons, me dit-elle en riant, je crois qu'un peu de repos m'est aussi nécessaire, à moi.

Et sans autre réflexion elle s'endormit, et s'éveilla dix heures après de la plus belle humeur du monde.

Partout le bruit de nouveaux exploits soutenait l'ardeur du commandant et la mienne. Là nous apprenions le passage du Pô; ici la prise de Plaisance; plus loin celle de Stadella, de Lecco, de Crémone.

— Mille bombes! disait Ruder, ne les joindrons-nous jamais?

Et il aiguillonnait les chevaux avec la pointe de son sabre, et il frappait les postillons du plat dès qu'ils cessaient de se servir de leur fouet.

Nous arrivâmes enfin à Pavie pendant la nuit du 20 au 21 prairial. Là, on nous refusa des chevaux de poste pour l'armée, parce qu'elle était à peu de distance de cette ville, et qu'on s'attendait à une action vers la pointe du jour. Ruder demanda à l'instant et obtint des chevaux et un conducteur de charrois militaires. Il proposa à la petite Plombock de la mener jusqu'à nos avant-postes; elle accepta résolument, et nous repartîmes tous les trois.

Il n'était pas jour encore, et le canon commençait à tirer de toutes parts. A mesure que nous avancions, nous distinguions le bruit de la mousqueterie. Ruder nous faisait aller aussi vite que le permettait la pesanteur de nos chevaux, et le soleil commençait à peine à paraître, que nous vîmes, du haut d'une colline, les deux armées se former en combattant. Je l'avouerai, ce spectacle imposant et terrible me fit éprouver une sensation que je ne connaissais point. Ce n'était pas de la frayeur: c'était une tristesse profonde, un affaissement d'organes, causés par l'aspect des blessés, qu'on rapportait déjà en foule, et par l'évidence du danger où Ruder allait me précipiter avec lui. Il me regarda fixement:

— Tu pâlis, Jérôme.

— J'avoue que je suis mal à mon aise; mais je ne romprai pas d'une semelle.

— Tu seras brave sans être fanfaron; voilà comme j'aime les hommes.

Nous arrêtâmes au premier poste, et il s'informa où était son bataillon. On le lui montra, faisant partie de l'avant-garde, qui soutenait seule alors tout l'effort de l'armée ennemie. Il sauta à terre avec la légèreté d'un jeune homme; sa figure s'anima d'un feu nouveau; il mit le sabre à la main; je tirai le mien et je le suivis.

— Je n'ai pas essuyé le premier feu, me dit-il; mais l'affaire sera chaude, et, corbleu! il est encore temps de se montrer.

Nos gens attaquaient Montebello, qui donna son nom à cette journée. Nous ne marchions plus, nous volions au feu. A chaque pas Ruder rencontrait des camarades qui avaient vaincu avec lui ou sous lui, et partout j'entendais crier: Vive le brave Ruder!

— Je veux ce soir, me dit-il, qu'on crie aussi: Vive le brave Jérôme! Allons, mon jeune ami, voilà l'instant.

Nous arrivâmes dans les rangs de son bataillon, où une artillerie supérieure avait jeté du désordre. Dès qu'on le reconnut, un cri général de joie célébra son retour, et les rangs se resserrèrent avec autant d'ordre qu'à une parade.

Élégants du jour, qui brillez par un calembour, par une charade, par une cravate nouée de telle ou telle manière, qui, forts du suffrage des femmelettes aussi futiles que vous, versez le ridicule sur celui qui dédaigne vos puérilités, c'est devant Montebello qu'il fallait voir Ruder, si petit dans vos salons, si grand par sa valeur et la confiance de l'armée. Il fit battre la charge et s'avança, tête baissée, suivi de tous les siens.

Je conviens que je ne vis pas très-distinctement ce qui se passa alors: j'étais agité d'un trouble extraordinaire. J'avançai machinalement au milieu des combattants, des blessés, des morts; j'entrai dans le village sans savoir comment j'y étais parvenu.

Le feu cessa; ma tête se remit et je reconnus que nous étions maîtres du poste. Je cherchai Ruder des yeux; il était près de moi; je ne l'avais pas quitté.

— Je suis content de toi, me dit-il. Tiens, prends deux doigts d'eau-de-vie, cela te donnera des forces pour recommencer, car ces b......là ne nous laisseront pas ici.

Le héros auquel j'avais eu l'honneur d'être présenté vint reconnaître s'il était possible de se retrancher dans le village.

— Bien, jeune homme, bien me dit-il; nous nous verrons après la bataille.

On commençait à peine à fermer les principales issues et à établir des postes dans quelques maisons avantageusement situées, que l'ennemi revint à la charge avec des troupes fraîches et une fureur à laquelle nos soldats fatigués ne purent résister longtemps. Nous reculâmes à notre tour; mais notre retraite fut celle de braves gens, décidés à vendre cher la victoire. Dix fois les baïonnettes se croisèrent, Ruder était partout, et partout il portait la mort. Les efforts soutenus de l'ennemi l'emportèrent enfin sur son exemple, sur sa bravoure. Ce qui restait du bataillon recula tout à coup de plus de cinq cents pas. Ruder, écumant de fureur, parvint encore à le reformer sous le feu d'une batterie qui enlevait des files entières.

On ne se battait pas avec plus d'avantage sur les autres points. Le nombre allait enfin décider de la victoire, lorsqu'une division tout entière parut dans la plaine, et changea la face du combat. Nos gens reprirent un nouveau courage, et nous marchâmes une seconde fois à l'attaque du village. Nous essuyâmes d'abord des décharges de mousqueteries si nourries et si soutenues, que je me crus à mon heure fatale. Je n'éprouvai cependant aucun sentiment de crainte ni de regret de la vie. Elle avait voulu que je fusse là, et c'en était assez. Allons, me dis-je la dernière goutte de mon sang à mon pays, et mon dernier vœu à l'amour.

Je m'étourdis sur ma position; je ne voulus plus voir le sang qui coulait à flots autour de moi, et, sans regarder si on me suivait ou non, je me précipitai, sabrant tout ce qui se trouvait devant moi. Étais-je poussé par mon courage, ou par le désir de me soustraire, par une mort prompte, à l'agonie du péril sans cesse renaissante? C'est ce dont je n'ai jamais pu me rendre compte.

J'arrive à l'entrée d'une principale rue que défendaient quatre pièces qu'on y avait mises en batterie après nous avoir chassés du village. On finissait de les charger; les canonniers avaient la mèche à la main, ils allaient mettre le feu... On me saisit le bras avec violence. C'est Ruder, qui ne me perd pas de vue, qui s'est attaché à mes pas. Il me fait faire une volte et se jette devant moi en criant : « Vis, malheureux enfant; moi j'ai rempli ma carrière! » Le canon tonne à l'instant. Il était chargé à mitraille. Le brave, l'infortuné Ruder, couvert criblé de coups, tombe mort à mes pieds.

Non, de ma vie je n'ai éprouvé de fureur égale à celle qui me transporta en ce moment. Je n'étais plus ce faible enfant qui s'exposait pour obéir à une femme adorée. Je rugissais comme le lion! comme lui, j'étais altéré de sang.

— Vengeons notre commandant, m'écriai-je.

— Vengeons-le! répètent mille voix.

On avance dans le désordre du désespoir, désordre toujours terrible. On enlève la batterie, on égorge ceux qui la défendaient, on la tourne contre l'ennemi. Il hésite, on le pousse; il se débande, on le poursuit. On le cherche dans les maisons mêmes d'où peu d'instants avant il vomissait la mort sur nous. Il demande quartier; on tue, on immole tout aux mânes de Ruder.

Les autres corps de l'armée n'avaient pas eu, heureusement, le même motif de se battre avec cette résolution qui ne laisse à l'ennemi que l'alternative de la fuite ou de la mort; mais le dernier soldat s'était montré Français. Six mille prisonniers parmi lesquels on comptait des généraux, une artillerie nombreuse abandonnée par l'ennemi, et le champ de bataille resté à nos troupes, attestèrent notre victoire.

Un silence affreux succéda au bruit des armes, des tambours, des trompettes, aux cris méprisés des mourants. Ce fut alors que, rendu à moi-même et capable de réflexion, je vis la guerre dans toute son horreur. Des générations éteintes dans leurs sources, des mères, des épouses, des amantes en pleurs, des terres sans culture, et le dernier laboureur arraché au coin qu'il cultive encore pour remplacer celui qui n'est plus. Oh! qu'il est coupable le souverain qui provoque, qui alimente une guerre injuste! Et il n'est comptable à personne du sang qu'il fait verser! Et cette main vengeresse, à laquelle il feint de croire ne s'appesantit pas sur lui! Cette main est donc une chimère qu'on oppose au faible et que brave le fort.

Ces idées générales ne m'occupèrent pas longtemps; c'était le dernier cri que jetait, du fond de mon cœur, l'humanité outragée. Je revins à ce qui m'était personnel, et mon premier sentiment fut à Ruder, Ruder tué en me sauvant la vie. J'oubliai le moyen affreux qui avait forcé la bien-aimée à se donner sans retour, et la haine que cet attentat avait

La petite Thérèse entra, introduite par Luvel.

allumée dans mon âme; pour la première fois, j'oubliai la femme adorée et mon amour; je ne pensai pas même que cette mort la laissait libre de... Je me livrai tout entier aux regrets les plus légitimes.

Je revins sur mes pas, cherchant l'infortuné commandant dans une multitude de cadavres. Je le trouvai le visage dans la fange, les habits déchirés, et semblable à Charles XII, tenant encore son arme, que je ne pus ôter de sa main. Je le soulevai avec respect, je le traînai sur un banc de pierre, je m'assis près de lui, attendant quelqu'un qui voulût m'aider à lui donner la sépulture.

Des soldats passaient et repassaient sans cesse; je les invitais à se joindre à moi, aucun ne m'écoutait. Ils paraissaient n'être sensibles qu'à la joie d'exister encore : le reste n'était rien pour eux. L'égoïsme est donc naturel à l'homme, il s'isole donc de la société lorsqu'il n'en sent pas le besoin, et il ne s'en rapproche que par son intérêt personnel !

La petite Plombock passa aussi avec sa voiture, traîné par un cheval autrichien qu'elle avait eu je ne sais comment, et auquel elle ne s'était pas donné le temps d'ôter son équipement uniforme. Elle vendait de l'eau-de-vie aux blessés qui avaient de l'argent; elle la donnait avec bonté à ceux qui n'avaient pas de quoi la payer. J'ai remarqué que les femmes galantes ont toutes le cœur excellent; soit que l'amour ne puisse épuiser leur sensibilité, et qu'elles soient forcées de la répandre sur des objets indifférents; soit qu'elles tâchent d'acquérir des qualités qui fassent pardonner leurs faiblesses.

La petite femme me reconnut, quoique je fusse couvert de sang, de poussière et de fumée. Elle s'arrêta; je lui montrai Ruder. Elle quitta son tonneau pour m'aider à le charger sur sa voiture. Deux soldats, honteux de la peine que prenait une femme délicate et jolie, ou peut-être impatients de boire s'empressèrent de la soulager. J'étais occupé à remplir ce devoir religieux, lorsque M. Derneval arriva dans un état à peu près semblable au mien.

Je courus à lui pour savoir s'il n'était pas blessé : le sort avait respecté mon bienfaiteur. Il ignorait la mort du commandant, il ne savait pas davantage que je me fusse battu pendant toute l'action. Il me marqua d'abord son mécontentement de ce je m'étais exposé sans son ordre; mais il s'adoucit lorsqu'il entendit les éloges flatteurs que donnèrent à ma conduite ceux qui nous entouraient alors. Il sourit quand il sut que le grand homme m'avait trouvé dans le feu, et m'avait marqué sa satisfaction, enfin il ne s'occupa plus qu'à faire rendre à Ruder le dernier hommage que l'affection ou la reconnaissance puisse offrir aux morts. Il fit creuser une fosse particulière, et on y déposa le brave homme enveloppé dans son manteau; on forma une élévation en terre, sur laquelle on posa une large pierre. Le général se proposait d'y faire graver une inscription : *Ici repose le premier grenadier de l'armée.* Il ne prévoyait pas que quatre jours après, une bataille plus sanglante, une victoire plus signalée, nous éloignerait de ces cantons.

C'est près de Montebello, dans un champ qui touche au presbytère, que Ruder est enterré, sans pompe, sans la plus faible indication de ses restes, lorsque le marbre et le ciseau le plus habile consacrent le souvenir de l'orgueilleuse opulence et du vice.

Le général avait des ordres à donner; il continua sa route, et je le suivis. Je tournai la tête aussi longtemps que je pus distinguer la maison presbytériale.

— Adieu, dis-je enfin les yeux en pleurs, adieu pour jamais!

— M. Derneval me regarda avec un intérêt qu'il ne put dissimuler.

— J'écrirai cela, me dit-il, à quelqu'un qui vous intéresse. Je sais qu'elle vous aime, je veux qu'elle vous estime.

Je ne ne répondis rien, mais ces mots me rappelèrent mon bonheur passé et l'avenir heureux que je pouvais espérer. J'écartai ces sentiments : m'y livrer alors m'eût paru un outrage à celui que je pleurais.

Le général descendit de cheval, et je m'assis sur un affût de canon. Je crois qu'il était contre les convenances qu'elle n'apprît la mort de son mari que par les papiers publics. Je tirai cette écritoire de poche qui avait été si souvent l'interprète des sentiments les plus doux, et qui en ce moment ne pouvait être que celui de la décence :

« Je sors d'une affaire, écrivis-je, où l'on dit que je me suis distingué. Vous n'avez plus d'époux; mais il emporte avec lui l'estime et les regrets de l'armée. »

Je donnai ma lettre ouverte au général en le priant de la joindre au premier paquet qui partirait de l'état-major. Il la lut, en parut satisfait. Nous continuâmes de marcher, et je m'aperçus, seulement alors, qu'il n'avait pas ses aides de camp. Je lui demandais de leurs nouvelles;

— Leur absence doit vous apprendre leur sort : ils sont avec Ruder.

Je laissai tomber ma tête sur ma poitrine, et je ne proférai plus un mot.

Nous arrivâmes à l'état-major. La joie bruyante qui suit les succès éclatait de toutes parts; chacun félicitait le chef suprême, et je crois que chacun s'attribuait intérieurement l'honneur de la victoire, car on racontait, d'un ton très-modeste à la vérité, ce qu'on avait fait de bien; mais on présentait l'action la plus ordinaire sous le jour le plus important. Pour moi, je me taisais, et je n'en étais pas moins vain : on m'avait donné tant d'éloges! et il m'était permis de croire à leur sincérité : je ne pouvais protéger personne.

M. Derneval me présenta un seconde fois. Il répéta avec complaisance ce qu'on lui avait dit de moi. Il paraissait fier de mes premiers succès, et il ajoutait d'un air de satisfaction que j'étais son élève. Hélas! nous avons beau faire, l'homme perce toujours! O l'égoïsme! l'égoïsme!

— Jérôme, me dit le héros, je veux que vous imitiez le brave Ruder, et que vous avanciez comme lui *à force de mérite*. Je vous accorde une lieutenance de hussards : je vois que vous aimez cet habit-là. Tâchez à la première affaire de mériter une compagnie. Moi, dit M. Derneval, je le prends pour aide de camp. La place est périlleuse; mais ma foi, mon ami, quand on a commencé comme vous, il n'est plus permis de s'arrêter.

— Il vous faut plusieurs aides de camp, général, et si j'osais...

— Osez, Jérôme, osez; un vainqueur ne doit pas être timide.

— J'ai laissé à Aoste un ami intime, le jeune Luvel, plein de qualités et de valeur, et qui n'est encore que soldat, parce qu'il n'est pas connu...

— Il me semble, dit le grand homme, avoir vu ce Luvel sur une liste de conscrits réfractaires.

— Oh! général, c'est qu'il est amoureux, et on quitte difficilement sa maîtresse.

— Difficilement, oui, dit M. Derneval, mais on la quitte; et s'il fallait un exemple, je n'irais pas le chercher loin.

Je sentis que madame Derneval avait révélé le secret confié à l'amitié.

— Général, dis-je au héros, votre suffrage est la plus glorieuse des récompenses. Donnez ma lieutenance à mon ami, et sans autre titre que celui de protégé, je suivrai M. Derneval dans les dangers; je porterai ses ordres partout, et je me croirai trop heureux de prouver mon dévouement à la patrie, et ma reconnaissance à mon bienfaiteur.

— Allons, allons, on ne résiste point à cela, deux brevets de lieutenant, puisque je ne peux m'en tirer à moins : qu'on les remplisse à l'instant.

— Et que ce M. Luvel soit mon second aide de camp, dit M. Derneval.

On me remit les deux brevets.

— Expédiez vous-même celui de votre ami ; qu'il sache que c'est à vous qu'il le doit, et dites-lui que votre recommandation lui impose le devoir de marcher sur vos traces.

J'étais content ! oh ! j'étais content ! Cependant, lorsque nous fûmes rentrés sous la tente, que je pensai à cette vengeance éclatante que j'avais tirée, disait-on, de la mort de Ruder ; quand je me rappelai les rapports exagérés des officiers du bataillon, qui assuraient que je les avais conduits à la victoire, tandis que j'ignorais s'ils me suivaient ou non, ou que je cédais à une rage purement animale, je compris qu'en guerre, comme en finances, les circonstances font souvent beaucoup, quelquefois tout, et que plus d'un homme célèbre, qui ne s'en vante point, leur doit la presque totalité de sa gloire.

— Vous ne me demandez pas, me dit le général lorsque j'allai le lendemain matin prendre ses ordres, s'il n'est pas arrivé à l'état-major des lettres pour vous.

— C'est que je crois, monsieur, que ce n'est pas le moment de les lire.

— Mon ami, le titre d'honnête homme demande la réunion de bien des qualités ; vous les aurez toutes je l'espère. Voilà un paquet que je dois vous remettre, vous l'ouvrirez quand vous le jugerez à propos.

Je rentrai sous ma tente ; je m'assis sur mon lit, et je posai le paquet devant moi. Il renfermait douze à quinze lettres au moins, et il y avait longtemps que je n'en avais reçu ! Je savais bien que je ne lirais rien que je n'eusse lu cent fois. Les amants n'ont pas toujours quelque chose de nouveau à se dire ; mais ils ont toujours à se parler, et il est si doux de se répéter ce qu'on aime tant à entendre !

Cependant est-ce sur le corps fumant de son malheureux époux que je me livrerai à cette fièvre d'amour que donne la vue seule de ces caractères ? Le brave homme ne serait-il mort que pour conserver l'amant de sa femme ? L'amant de sa femme !... Non, je ne le suis plus... Non, je ne dois plus l'être. J'outrageai Ruder vivant ; j'offrirai à sa mémoire et à la reconnaissance le sacrifice le plus douloureux que puisse imposer la délicatesse. Elle-même, sans doute, me donnera l'exemple ; elle se montrera digne du grand nom qui lui est légué. Allons, Jérôme, du courage... Du courage, malheureux enfant ! hé, celui

que tu as montré sur le champ de bataille est-il à toi ? n'appartient-il pas tout entier à l'amour, à cet amour qui te maîtrisa dès ta plus tendre enfance, et qui en ce moment encore règne sur toutes tes facultés ?

Pendant que je me parlais, que je me répondais, le paquet avait été tourné, retourné, baisé, mouillé de larmes, et le cachet s'était rompu je ne sais comment. J'étais entouré de ces lettres éparses ; je les regardais l'œil enflammé, la poitrine oppressée ; tous mes membres étaient agités d'un mouvement convulsif. J'en pris une, je l'ouvris... Pouvais-je ne pas lire les autres ?

C'était elle, toujours elle. Non, personne ne fut aimée comme toi, personne ne connut cet abandon absolu, cette abnégation de soi-même, ce délire céleste, qui, s'il durait toujours, ferait de l'homme un dieu. Un dieu ! idée consolante qu'il faut laisser au malheureux. Mais le désordre physique et moral, mais l'affaiblissement de nos organes, et par suite celui de notre intelligence ; la nécessité de dépérir avant de rendre à la matière éternelle l'imperceptible portion qu'elle nous a prêtée ; la réunion lente, mais certaine, de nos débris à cette croûte de ruines qui enveloppe ce triste globe ; sont-ce là des signes d'immortalité ?

— Jérôme... Comment, Jérôme, vous n'entendez pas le boute-selle ? Il faut que je vienne vous avertir !

— Oh ! général... général !...

— Je vous entends, jeune homme. L'héroïsme que vous affectiez était dans votre tête et non dans votre cœur. Vous n'avez pu vous défendre de lire ces lettres. Souvenez-vous, mon ami, que l'homme prudent ne s'engage à rien sans avoir consulté ses forces. On n'est jamais obligé de promettre ; on l'est toujours de tenir ce qu'on a promis. Qu'allez-vous faire de tous ces papiers ?

Je les rassemblais en effet.

Les serrer sur votre poitrine ?

J'avais ouvert ma chemise, et il pouvait voir mon petit sac, déjà si plein !

Nous allons nous battre encore. Il se peut que vous finissiez à seize ans avec la gloire d'un vieux soldat, et alors que deviendront ces lettres ? Celle qui vous confia sa réputation regrettera-t-elle de vous avoir cru incapable de la compromettre ? Brûlez tout cela, monsieur, tout sans exception.

— Oui, général, oui, j'en aurai la force ; mais qu'au moins j'en conserve la cendre. Ce gage de son amour si éloquent pour moi, sera muet pour tout l'univers.

J'allumai une bougie, sur un tertre, dont j'écartai soigneusement la poussière, je livrai aux flammes ce que je n'eusse pas échangé contre un empire, sans les représentations du général. Je recueillis ces cendres précieuses, je les enfermai dans mon sac, et je le replaçai sur mon cœur. Je montai à cheval, plus fier de ce triomphe sur moi-même que de mes prétendus exploits, et je sentis que les sacrifices les plus pénibles peuvent quelquefois ne rien coûter à l'amour, parce qu'ils portent toujours avec eux leur récompense.

L'état-major de l'armée et moi, qui avais l'honneur d'en faire nombre, couchâmes à Voghera. Toutes nos troupes défilèrent pendant la nuit, se portèrent sur Tortone, et campèrent à la vue de cette ville.

Nous marchâmes le lendemain sur Alexandrie, où l'ennemi, pressé de toutes parts, avait rassemblé ses forces. Nous débouchâmes dans la plaine de San-Juliano, où nous nous rangeâmes en bataille. L'ennemi, au lieu d'engager l'action, se borna à garnir d'artillerie et de troupes les avenues du pont de la Bormida.

Le chef suprême, suivi de son état-major, examina le soir, la plaine et le village de Marengo. Il donna des ordres fréquents aux généraux qui l'entouraient et se retira avec ce calme et cette confiance qui n'abandonnent jamais un homme né pour commander.

— Eh bien! Jérôme, me dit M. Derneval, tout annonce pour demain une affaire décisive.

— Tant mieux, général, je me suis battu à Montebello comme, j'espère me montrer digne demain de porter vos ordres et de les faire exécuter.

Il me parla de sa femme et de ses enfants, la nature ne perd jamais ses droits. L'amour aussi sait conserver les siens, et d'une voix timide je parlai de la bien-aimée: il m'écouta avec indulgence. Il expédia des ordres pour que le lendemain, à la pointe du jour, on lui envoyât trois jeunes officiers qu'il désignait, et qui devaient faire près de lui les fonctions d'aides de camp pendant cette fameuse journée. Nous soupâmes tête à tête, frugalement mais avec une gaieté que n'ont pas toujours ceux qui du sommeil peuvent passer à la mort. Nous nous couchâmes, et je m'endormis profondément. Uniquement aimé de ma maîtresse, chéri de mes supérieurs, élevé à un grade honorable pour mon âge, tout concourait à remplir mes vœux, et on dort toujours bien quand l'esprit est satisfait.

Il fallut qu'on m'éveillât pour monter à cheval: semblable, en cela du moins, à Alexandre et au grand Condé, dont j'avoue franchement que je n'ai ni les talents, ni l'éclat, ni la réputation.

La bataille commença au lever du soleil et dura pendant quatorze heures. Comme à Montebello, la valeur nous fut d'abord inutile. Pressées par le nombre, nos troupes se replièrent. L'ennemi étendit ses lignes; il dépassa nos ailes et semblait vouloir les prendre en flanc. La garnison de Tortone fit une sortie et vint nous attaquer par derrière. A quatre heures après midi presque toute notre artillerie était démontée ou prise, et il ne restait dans la plaine que six mille hommes d'infanterie, mille cavaliers de toutes armes et six pièces de canon en état de servir. Le gros de notre armée s'était retiré vers un défilé flanqué d'un côté par un bois, de l'autre par des vignes épaisses et élevées, et là, on disputait encore la victoire, que déjà l'ennemi croyait ne pouvoir lui échapper.

Nous étions du nombre de ceux qui tenaient ferme dans la plaine, et nous faisions une puissante diversion. Il fallait nous accabler pour attaquer le défilé dans les formes, et la mort volait autour de nous. Inébranlables à notre poste, nous paraissions la défier. Je voyais avec une orgueilleuse satisfaction le régiment auquel j'étais attaché se distinguer sans cesse, et exécuter avec intelligence et prestesse les ordres que je lui portais à chaque instant.

Tout à coup plusieurs régiments de grosse cavalerie autrichienne se mirent en ligne pour charger cette poignée de gens à cheval et culbuter notre infanterie après les avoir défaits. M. Derneval sentit combien il était important de repousser cette charge. Il partit au galop pour se mettre à la tête de mon régiment et le soutenir par son exemple. Il m'avait sauvé la vie au passage du mont Saint-Bernard; je brûlais de m'acquitter envers lui, et je m'attachai exclusivement à sa personne.

Cette grosse cavalerie s'ébranla, marcha sur nous au grand trot, et, se dispersant à vingt pas de nos escadrons affaiblis, elle nous chargea en fourrageurs afin de profiter de l'avantage du nombre et de nous envelopper de toutes parts. Nos gens se défendirent bravement; mais les premiers assaillants se retiraient pour faire place à des hommes frais qui revenaient combattre des soldats déjà fatigués. Ils entamèrent enfin nos rangs, et l'un deux s'avança le sabre levé, sur M. Derneval. Je me jetai entre mon bienfaiteur et son ennemi. Je reçus le coup: il fut terrible. Il me prit sur l'épaule droite, m'ouvrit le sein et glissa ensuite le long des côtes. Il ne m'ôta ni le courage ni le jugement: pendant que le cavalier relevait son sabre, je lui passai le mien au travers du corps.

Il semble que dans une telle situation on n'ait rien à donner aux affections douces; le général trouva cependant le moment de me serrer dans ses bras, et il ordonna un *à gauche au galop*. Cette manœuvre s'exécuta parfaitement, parce que l'ennemi, débandé, parut craindre quelque surprise, et se hâta de reformer ses rangs. Nous nous remîmes en bataille.

Le général n'ignorait pas que les Français avaient

prouvé à Marignan qu'ils savent, comme d'autres peuples belliqueux, se défendre et recevoir la mort à leur poste; mais il était persuadé que l'impatience qui accompagne toujours la vivacité les rend plus propres à attaquer sans réflexion qu'à disputer le terrain pied à pied. Il osa concevoir le projet de charger à son tour des troupes victorieuses. Il n'eut qu'un ordre à donner et les chevaux volèrent. L'infanterie, notre rivale d'émulation et de gloire, s'avança aussitôt et nous seconda par un feu nourri.

Le sang coulait en abondance de ma blessure. Le général m'avait ordonné plusieurs fois de me retirer avec le ton de l'amitié; il me parla enfin en supérieur qui veut être obéi.

— J'ai promis, lui dis-je, à madame Derneval, de ne vous pas quitter. Ma place est à vos côtés. Vaincre ou mourir avec vous : marchons.

J'ignore quel eût été le résultat de cette attaque; mais la division du brave Desaix s'avança dans la plaine, et, après une marche forcée de dix lieues, elle tomba sur l'ennemi au pas de charge et la baïonnette en avant.

Les Autrichiens s'étaient étendus sur toute la surface de la plaine, et déjà ils nous cernaient sur plusieurs points. Ils n'avaient pu occuper cette immensité de terrain sans affaiblir considérablement leurs lignes : elles furent enfoncées de toutes parts. Je ne vis que le commencement de leur défaite. Mes forces, épuisées par la fatigue et la perte de mon sang, m'abandonnèrent tout à fait. Je m'évanouis.

Lorsque je revins à moi je me trouvai dans une chambre assez propre. Je demandai où j'étais.

— A Marengo, me répondit-on.
— Nous sommes donc vainqueurs?
— L'ennemi demande quartier à genoux.
— Et le général Derneval? est-il parmi les blessés, parmi les morts?
— Nous ne savons pas encore de détails.
— Qui donc m'a envoyé ici?
— Un ordre supérieur.
— C'est lui, c'est lui qui l'a donné! Il vit, et j'oublie mes douleurs.
— Où est-il? Où est-il! dit une voix affaiblie que je crus reconnaître. C'était M. Derneval qu'on soutenait sous les bras. Il était blessé d'un coup de feu à la cuisse.
— Pourquoi, m'écriai-je, n'ai-je pas reçu encore celui-là?

Je me soulevai avec peine, j'étendis mes bras vers lui et je retombai sur mon oreiller.

Brave comme Saint-Hilaire et magnanime comme lui :

— Ce n'est pas mon sang, me répond-il, qui doit exciter vos regrets. Pleurons, que la France pleure l'intrépide, le sage Desaix, moissonné à la fleur de son âge, au milieu de la plus brillante carrière.

Arrêtons-nous, lecteur, pour honorer la mémoire d'un héros. Que la flatterie s'avilisse devant les grands du jour : ses éloges, prodigués à tous, doivent toujours être suspects. La reconnaissance des siècles est la digne récompense que doivent ambitionner les grands hommes : c'est la postérité qui plante sur leur tombe ces palmes qui croissent sans cesse et qui bravent le temps et l'oubli.

On logea les blessés comme on put en attendant que l'ennemi évacuât les places qu'il devait nous livrer d'après les conditions de l'armistice, qui bientôt fut suivi de la paix générale. Mon protecteur, qui aimait ses aises et qui pouvait se les procurer, se fit conduire à Milan dans une litière, et il eut la bonté de m'en faire donner une. Nous marchions à petites journées, l'un à côté de l'autre, et nous causions quand le temps nous permettait de faire découvrir nos litières. Il me parlait de sa femme, je lui parlais de qui vous savez bien. Quelquefois nous parlions tous les deux ensemble ; quelquefois un cri arraché par la douleur nous échappait en même temps. L'angoisse passée, nous nous mettions à rire et nous continuions à nous entretenir de ce qui nous intéressait tant.

Quand nous arrêtions, le général faisait écrire son secrétaire, et tous les jours il faisait partir pour Paris un bulletin qui rendait compte de son état et du mien. Il se plaisait à répéter que je m'étais conduit *incroyablement* et qu'il me devait la vie. Je faisais ajouter que j'étais loin de me croire quitte envers lui, et il me souriait avec bonté. Tout cela était fort bien, mais je ne pouvais charger un étranger d'écrire pour moi à la femme charmante. Je n'avais plus que les cendres de ses lettres ; ma blessure pouvait me retenir longtemps en Italie... Diable! diable! tout ceci était tourmentant.

Si du moins j'avais Luvel avec moi! Que fait donc ce grand garçon-là à Aoste? Il a certainement reçu mes dépêches ; il doit être en état de supporter le mouvement du cheval; ne devrait-il pas s'empresser de venir marquer sa reconnaissance au général? En vérité cette conduite est bien extraordinaire. Il ne sent donc pas qu'il me compromet, que je puis passer, dans l'esprit de M. Derneval, pour un étourdi qui s'intéresse en faveur du premier venu... Pourquoi cette humeur? pourquoi ces plaintes? parce que Luvel avait ma confiance, qu'il la méritait et que j'en eusse fait mon secrétaire. Encore une fois, voilà l'homme : lui, toujours lui, rien que lui.

Nous arrivâmes à Milan, où nous avait précédés la

nouvelle de notre victoire et de la blessure du général. Les têtes étaient encore exaltées du récit de la journée mémorable, et l'on regardait avec une sorte d'admiration ceux qui y avaient eu quelque part. Nous étions à peine descendus de nos litières, que le général reçut les félicitations et les doléances des autorités civiles et militaires, ce dont il se serait bien passé et moi aussi. Mais ce qui ne lui fut pas indifférent et ce qui faillit me faire tourner la tête, c'est que dans un paquet que le commandant de la place venait de recevoir était, entre autres choses, un brevet conçu dans les termes les plus honorables qui me nommait colonel de mon régiment. A la vérité, il n'en restait guère que soixante hommes, et de trois officiers qui avaient survécu à cette affaire, j'étais le seul qui pût remplir un grade supérieur. Mais enfin colonel à seize ans, c'est beau, cela! Et puis, quand je pourrai m'expliquer sans blesser la décence, on ne me soupçonnera pas d'avoir bassement calculé. Un colonel peut prétendre à la main de tout le monde. Elle n'aura donc rien perdu du côté de la considération; elle aura tout gagné du côté du cœur. Ah! mon Dieu! que je suis content d'être colonel!

— Écrivez au bas du bulletin, dis-je le soir au secrétaire, que je suis colonel, colonel, entendez-vous, monsieur?

Madame Derneval, pensais-je, ne manquera pas de lui communiquer ses lettres; elle s'applaudira doublement de ma fortune, parce qu'elle m'aime de toute son âme et parce que je suis son ouvrage.

Le général avait voulu que mon lit fût dressé à côté du sien. Cet arrangement me plut beaucoup, d'abord parce qu'un général et un aide de camp entre deux draps et en bonnet de nuit se ressemblent de manière que les visitants ne savent auquel s'adresser, et que, placé près de la porte, c'était moi qui recevais toujours les premières révérences. J'aurais volontiers fait écrire sur le bois de ma couchette: « Je suis colonel, et je n'ai que seize ans; je ne suis donc pas indigne de votre attention, qui se porte si promptement à l'autre lit. » L'inscription eût été un peu longue, elle eût blessé les usages et peut-être l'amour-propre du général. Je me contentai de saluer les hommes de la main et de sourire aux femmes quand elles en valaient la peine.

Je ne tardai pas à sentir le désagrément de coucher auprès d'un supérieur à côté duquel on peut tout penser, mais auprès de qui on ne peut tout entendre ni tout dire.

On annonça un officier, et, comme vous le devinez aisément, l'ordre fut donné de l'introduire. On ne met de valets à l'antichambre que pour écarter les fâcheux, et un brave homme n'est annoncé à son général que pour la forme.

C'était M. Luvel, désolé de n'être pas arrivé assez tôt pour être de la fête, désolé que je fusse blessé, désolé que le général le fût aussi. Ce cher garçon se désolait de tout, et il était tout simple qu'il se désolât de trouver son meilleur ami pourfendu des épaules à la ceinture, qu'il se désolât que le chef respectable à qui il devait son état fût étendu sur un lit de douleur. Malgré tous ces motifs de désolation, il s'annonça en homme d'esprit; et ce qui vaut mieux, en homme sensible. Son extrême pâleur le mettait au-dessus du soupçon du côté de la bravoure. Sa sensibilité devait flatter ceux qui en étaient les objets; aussi les général l'accueillit avec affabilité, et il voulut bien me dire qu'il reconnaissait mon discernement dans le choix que je lui avait fait faire.

Voilà donc M. Luvel installé à l'hôtel, chargé de recevoir ceux qui voulaient voir le général, de les admettre ou de les conduire, de faire les honneurs de la table et d'inviter ceux ou celles qui pouvaient prétendre à cette distinction. Ces fonctions étaient très-agréables à remplir. Une jolie femme empressée de voir le plus bel homme de l'armée, n'était pas fâchée de rencontrer pour intermédiaire un jeune homme bien tourné, plein de grâce dans l'esprit, qui montrait en riant les plus belles dents du monde. Et puis le bel homme était important; le joli garçon commençait à devenir très-actif, et l'aimable Italienne pouvait prendre avec l'un un avant-goût de ce qu'elle espérait en secret de l'autre.

Ce cher Luvel était devenu en deux jours d'une importance et d'une utilité dont on ne se fait pas d'idée. Le général s'applaudissait vraiment de l'avoir, et j'étais si heureux quand il adressait quelques mots flatteurs à mon ami! En allant et venant, Luvel me faisait des signes auxquels je n'entendais rien du tout et dont je n'osais lui demander l'explication; je voyais clairement que la présence du général l'empêchait de parler.

M. Derneval dormait quelquefois quand la fièvre de suppuration se modérait. Luvel saisit un de ces moments de repos.

— Elle est ici, me dit-il à l'oreille.

— Elle... qui? m'écriai-je aussitôt.

— Ah! fripon! si tu m'eusses confié ton goût pour elle...

— Mais, mon ami, je ne sais ce que tu veux dire.

— Tu as déjà oublié cette petite Thérèse, si gentille, si jeune, si ingénue que tu as, dit-elle...

— Comment, elle est ici!

— Oui, oui, elle est ici! Elle prétend qu'elle est ta femme, que tu es son mari.

— Pas de mauvaise plaisanterie, s'il vous plaît.

— Rien de plus sérieux. Elle a abandonné son couvent, elle a quitté l'habit monacal. Elle m'a déclaré que si je ne l'emmenais avec moi, elle ferait la route à pied. Je me suis défendu; elle a crié, elle m'a pincé, elle a pleuré, et pour en finir j'ai métamorphosé la jolie enfant en jockey.

— Eh! mon ami, que veux-tu que j'en fasse? Je me perdrais dans l'esprit du général, j'éloignerais de moi sans retour une femme que j'adore. Non, l'incartade d'une nuit n'aura pas de suites fatales. Elle fut l'effet du hasard; je n'ai rien promis. Thérèse est intéressante, je la plains, mais qu'elle s'en retourne, il le faut, je le veux.

— Il le faudrait, je le crois. Tu le veux, c'est bientôt dit. Depuis deux jours j'ai toutes les peines du monde à la contenir, et chaque fois que je la rencontre je suis obligé de lui faire un roman. A la seule proposition de s'en retourner à Aoste, elle jettera les hauts cris, elle viendra te relancer jusqu'ici, elle déclarera ingénument au général que tu as couché avec elle, que tu ne peux lui rendre ce que tu lui as pris. Je ne sais comment M. Derneval verra la chose, comment tu te tireras de ce mauvais pas, mais il est temps de prendre un parti. La petite a la tête montée, elle peut entrer au moment où je te parle.

— Eh! quel diable de parti veux-tu que je prenne! quel parti prendra-t-elle elle-même?

— Elle fera de l'éclat.

— Eh bien, j'avouerai tout au général, qui grondera, où peut-être ne grondera pas, parce qu'enfin ce n'est pas une faute capitale que de coucher avec une jolie fille.

— Tiens, Jérôme raisonnons. Tu auras beau dire, je ne dois pas, je ne peux pas me charger de Thérèse. Tu ne peux pas non plus l'abandonner à la misère, au libertinage.

— Oh! j'en suis incapable.

— Cherchons donc quelque biais qui concilie tous les intérêts.

— Ma foi, je n'en vois point.

— Ni moi non plus. C'est pour cela qu'il faut chercher.

— Eh quelle folie aussi de m'avoir amené cette petite Thérèse!

— Eh, mon Dieu! je t'ai déjà dit qu'elle serait venue seule et elle eût débuté par la scène que nous voulons éviter. Allons, creusons-nous le cerveau chacun de notre côté et faisons-nous part de nos idées, s'il nous en vient, car elles fuient ordinairement quand on les cherche... Eh! parbleu! j'y suis... Oui, c'est cela, à merveille. Dans l'état où tu es tu ne peux être infidèle : voilà pour ta conscience. Il est commode d'être gardé jour et nuit par une jolie petite fille que personne ne devine qui prodigue les attentions comme le sentiment, qui charme par ses propos naïfs la solitude du cher et déjà célèbre blessé : voilà pour l'agrément... Allons, allons, je m'en tiens à ce plan. S'il n'est pas sage, il est le moins extravagant de tous ceux que j'imagine.

— Mais explique-moi donc...

— Je vais te mettre au courant. Le général fit un mouvement et s'éveilla.

Luvel savait faire des contes, il en fit qui amusèrent M. Derneval et le disposèrent insensiblement à entrer dans ses vues. Il lui faisait entendre que, commandant de droit dans la place, il aurait des ordres secrets à donner; qu'il ne pourrait se dispenser d'accorder des audiences particulières; que, parmi les solliciteurs (et il devait y en avoir à Milan comme partout), il se trouverait des femmes charmantes qu'un tiers intimidé toujours; qu'il ne serait pas agréable de recevoir ces dames dans une chambre qui avait l'air d'un hôpital; que mon respect pour mon chef pouvait m'avoir déjà occasionné des coliques d'estomac; que je serais plus libre et par conséquent mieux dans la chambre voisine, et que lui, Luvel, se ferait un devoir de me remplacer, d'amuser M. Derneval s'il l'en jugeait capable et de se charger de la totalité du travail, dont il ne pouvait s'occuper ni moi non plus.

Tout cela paraissait jeté au hasard. Le discours était coupé de saillies, d'épigrammes, d'historiettes. Le général, qui répugnait d'abord à m'éloigner de lui, fit un signe d'approbation non équivoque, quand on lui représenta que sa chambre avait l'air d'un hôpital. En effet, mon petit lit, arrivé là comme par accident, des emplâtres sur la cheminée, de la charpie à mon chevet, une table de nuit, des pots de toutes espèces, que sais-je moi?... Il est constant que cet ensemble prêtait à la plaisanterie, et nous craignons plus, nous autres Français, un ridicule qu'un vice.

Le général ne mit donc pas d'obstacle à mon déménagement. Il était dans les convenances que je parusse affecté de cette séparation; mais mon commandant paraissant disposé à se rendre à l'expression de mes regrets, je me gardai bien d'ajouter un mot. Luvel fit monter quelques valets, qui me transportèrent moi et mon lit dans la chambre en question. Le général pouvait de la sienne se faire entendre et recevoir mes réponses : genre de conversation qui ne laisse pas d'être fatigant, et que je prévoyais ne devoir être en usage que dans les cas urgents. Ainsi pas de motifs actuels pour ne pas prendre des précautions contre la première explosion de mademoiselle Thérèse, qu'on disait être un peu montée... Un jeune homme prudent pense à tout. Sous le prétexte d'un vent coulis qui me donnait sur les oreilles, je fis fermer la porte de communication, et j'y fis appliquer une sourdine, faite avec un matelas d'un pied et demi d'épaisseur.

Vous vous doutez bien que mon ami Luvel était allé chercher la très-jolie et trop impatiente Thérèse. Ce moment de solitude fit naître de nouvelles réflexions. « Malheureux jeune homme, passeras-tu la vie à faire des fautes et à te repentir? La fortune perfide jette dans tes bras des objets piquants, qui s'attachent par l'attrait du plaisir, et qui te suivent jusque sur les champs de bataille. Assez énergique pour éviter les liaison sérieuses, trop faible pour rompre entièrement... Ah! pourquoi ce grand diable de cavalier, au lieu de m'ouvrir l'épaule, ne m'a-t-il pas fendu la tête? Je serais tiré d'embarras; la femme charmante m'eût pleuré; Thérèse aurait fait... elle aurait fait... ma foi, ce qu'elle aurait voulu. Et pas du tout; ma blessure va à merveille; il faut que je voie cette petite fille, que j'entende ses discours ingénus, et je ne sais, en vérité, comment la conversation... Si je me jetais par la fenêtre pour en finir?... Non, non; un colonel, beau, à ce qu'on dit, aimé de la plus aimable des femmes, qui ne supporte ses douleurs, qui n'est flatté de sa gloire que parce qu'il mettra un jour ses lauriers à ses pieds; que parce qu'ils seront un titre pour se lier irrévocablement à elle... Non, parbleu je ne veux pas mourir; jamais la vie ne me fut si chère. Voyons ce que me dira la petite Thérèse. »

Elle entra introduite par Luvel. J'ai toujours eu le coup d'œil rapide. Je vis à la seconde que son habit bleu de ciel galonné d'argent faisait valoir la blancheur de son teint. Ses couleurs rosées, des formes que trahissait son gilet, une cuisse arrondie, rien ne m'échappa. Elle tenait dans ses petites mains son chapeau rond, et roulait machinalement le gland attaché au large galon qui serrait sa forme; ses yeux étaient baissés; en approchant de mon lit, elle rougit avec le charme et l'attrait de la pudeur.

Elle se taisait.

— Ne craignez pas, ma jolie petite Thérèse; croyez que je suis votre meilleur ami.

— Mon ami! non monsieur, non ; vous ne devez pas être mon ami. Que diriez-vous si je ne vous offrais que de l'amitié?

— Je dirais que Thérèse est raisonnable.

— Mais c'est qu'elle ne l'est pas, monsieur; elle ne l'est pas du tout. La raison, qui l'a guidée jusqu'à cette nuit cruelle, a fui sans retour.

— Aimable enfant, vous écouterez son langage.

— J'en serais bien fâchée, monsieur, elle me rappellerait ce que j'ai perdu, elle me ferait pressentir les chagrins que vous me préparez peut-être, et n'est-il pas toujours temps de verser des larmes? Souffrez que je ne sois sensible en ce moment qu'au plaisir de vous revoir.

Mes bras s'étaient ouverts, elle les enlaça dans les siens; elle me couvrit de baisers. J'étais blessé; mais je n'étais pas mort, et il eût fallu l'être... Je lui rendis ses caresses,... mais c'est que véritablement Thérèse était charmante.

Je combattis cependant encore.

— Ma chère amie, vous avez fait une faute capitale en fuyant votre couvent.

— Je le sais, monsieur Jérôme, mais est-ce vous qui devez me le reprocher?

— Vous aviez un état...

— J'avais promis à sainte Thérèse et à Dieu d'être chaste, et vous m'avez fait oublier mon serment.

— Mais votre faiblesse était ignorée.

— Elle était connue de sainte Thérèse et de Dieu. Pouvais-je approcher de l'image de l'une et des autels de l'autre, les lèvres brûlantes encore de vos baisers?

— Vous m'affligez, Thérèse; vous m'affligez beaucoup.

— Vous m'avez affligée bien davantage. Vous êtes plus beau que M. Luvel, et cependant M. Luvel me plaisait plus que vous. Vous m'avez forcée à l'oublier pour vous donner mon cœur et vous consacrer le reste de ma vie. Oui, mon devoir me prescrit de m'attacher uniquement à celui que la Providence m'a donné; de le soigner en maladie comme en santé, et de lui rendre amour pour froideur.

— Combien je suis sensible, intéressante Thérèse, aux marques d'attachement que vous me prodiguez!

— Non, monsieur, vous n'y êtes pas sensible. Je pleure, et vos yeux sont secs; je parle amour, et vous parlez raison.

Elle était assise ou à peu près couchée sur mon lit. Elle me pressait les joues dans ses deux petites mains, et pendant que je répondais, un baiser me fermait un œil, me fermait l'autre, et quelquefois m'ôtait la parole. Le moyen de résister à tout cela! Ma résolution, déjà très-affaiblie, s'évanouit tout à fait. Je me livrai sans réserve à la nature et à la beauté suppliante. Le mot *amour* s'échappa plusieurs fois de mes lèvres; mot fatal, qu'une fillette naïve ne prend jamais pour l'expression du désir, et qui presque toujours n'est que cela. Ravie, enchantée, Thérèse tomba à genoux près de mon lit; elle leva vers le ciel des yeux humides de volupté, elle adressa des actions de grâce à sa patronne, se leva, et sortit en reculant. Elle me souriait comme l'amour quand il avait son innocence, et de la porte ses lèvres purpurines me soufflèrent, dans le creux de sa main, un dernier baiser qui n'arriva

Mon général, prescrivez-lui de m'épouser.

point à son adresse; mais pouvais-je être insensible à l'attention?

— Il me semble, dit Luvel, entendre appeler dans la chambre du général.

Vite il déplace la sourdine, et il ouvre la porte.

— Vous êtes donc devenus sourds? dit M. Derneval. J'allais envoyer, par l'autre porte, savoir la cause de cet accident.

— Pardonnez-moi, mon général. C'est que... c'est que je causais avec Jérôme, et la conversation était montée sur le ton le plus haut.

Mais je ne vous entendais pas plus que vous n'entendiez vous-même, ce qui est assez extraordinaire. Au reste, voilà une lettre pour Jérôme. Remettez-la lui, et laissez cette porte ouverte: j'aime à causer, et il vous sera facile de vous partager entre votre ami et moi.

— Mais, mon général, les vents coulis...

— Picard, mettez un paravent dans la chambre de Jérôme.

Il n'y avait plus de défaites à donner. Heureusement Thérèse était sortie.

Luvel me remit la lettre. Je les reconnus, ces caractères dont l'aspect seul portait le trouble, le délire, le bonheur dans mes sens. Elle répondait à la lettre que je lui avais écrite après la mort glorieuse de son mari. La sienne était telle que les circonstances l'exigeaient; froide et polie en apparence; mais je savais interpréter.

« Je sais, monsieur, ce que vous avez fait pour honorer les restes de mon époux. Vous deviez ces soins à un officier digne à bien des égards de servir de modèle à la jeunesse de l'armée, et j'aime à croire que votre affection pour moi est entrée pour quelque chose dans les peines que vous vous êtes données. Recevez-en mes sincères remerciements.

» J'ai appris, avec la plus douce satisfaction, votre élévation au grade de lieutenant. Cette faveur distinguée vous impose l'obligation d'en mériter d'autres, et justifier mes espérances c'est vous acquitter envers moi.

» J'ai l'honneur de vous saluer. »

— Luvel, mon ami, elle ne savait pas, lorsqu'elle m'a écrit, que j'ai été blessé et que je suis colonel. Elle le sait maintenant. Oh! combien elle va me plaindre! combien elle va jouir!... Et les expressions de sa lettre, les as-tu pesées? en connais-tu la valeur? Elle croit que mon affection pour elle est entrée pour beaucoup dans les soins que j'ai pris des restes de ce pauvre Ruder. Elle ajoute que justifier ses espérances c'est m'acquitter envers elle... Mon affection pour elle, ses espérances... Sens-tu ce que cela veut dire? Tu ne t'en doutes peut-être pas? Eh bien, c'est de l'amour, mon ami, c'est de l'amour caché sous les formes des bienséances. C'est à moi de le chercher, et avec quel délicieux plaisir je découvre cette étincelle cachée sous la cendre! Que je la baise, cette lettre! que je la baise mille fois!

— Jérôme?

— Que je l'enferme dans mon petit sac, en attendant que d'autres lettres viennent multiplier et prolonger mes jouissances.

— Jérôme?

— Que toutes les femmes de la terre s'éloignent de moi; qu'elles cessent de prétendre à un cœur qui est tout à la bien-aimée, sur qui elle régnera toujours sans partage.

— Jérôme, monsieur Jérôme?

— Pardon, mille pardons, mon général, me voilà à vos ordres.

— Je vois que M. Luvel a votre confiance, et j'aime à croire qu'il la mérite; mais jamais vous ne m'avez fait de confidences, à moi...

— Oh! mon général, il y a longtemps que vous m'avez deviné.

— Je pourrais, monsieur, n'être pas seul ici, et vous exposez, sans réflexion, une femme honnête à rougir un jour devant mes valets. Apprenez, monsieur, à renfermer votre bonheur; vous ne le sentirez que plus vivement.

La leçon était forte, et son utilité ne m'échappa point. Elle était adoucie par ce ton d'aménité qui fait tout passer. Je ne méritais pas, en effet, que le général me traitât avec sévérité; j'avais été imprudent, mais je n'avais pas eu l'intention d'être indiscret. Une force irrésistible avait agi sur moi sans le concours de la pensée. Les mots qui m'étaient échappés n'étaient que l'éruption d'un volcan longtemps en fermentation, et dont les feux se répandent enfin avec violence et consument ce qu'ils rencontrent.

Je vis entrer dans ma chambre un homme à cheveux plats et gras, au visage blême, au regard oblique. Il commença dès la porte des révérences, qui se terminèrent à quatre pas de mon lit par la plus humble des inclinations. Il était suivi de deux drôles en guenilles, dont l'un avait le nez chargé de bourgeons, et l'autre la pâleur d'un buveur d'eau-de-vie; celui-là se faisait sentir de l'escalier. Si on n'avait été persuadé dans ce pays-là que nous ne plaidions qu'à coups de canon, nous autres militaires, j'aurais cru voir entrer un malheureux huissier suivi de ses recors. Thérèse fermait la marche. Elle me souriait avec sa douceur ordinaire, en me montrant l'homme aux cheveux gras.

La porte du général était ouverte; je tremblais que la petite parlât, et je n'étais pas disposé d'ailleurs à l'écouter favorablement. Je lui fis signe de se taire, mais un signe si impératif, que le sourire disparut de ses lèvres. Elle reprit cet air suppliant qui lui allait si bien, et contre lequel j'avais eu si peu de forces quelques instants auparavant.

— Qui êtes-vous, monsieur, et que me voulez-vous! dis-je à l'homme aux cheveux gras avec un ton qui annonçait que je n'étais pas disposé à prolonger la conversation.

— Monsieur, je veux vous marier.

— Oh! il est fort, celui-là.

— Monsieur, je marie à juste prix les jeunes gens qui ne sont pas maîtres de leurs actions, et les douairières qui craignent les sarcasmes du public. Ces deux messieurs m'assistent comme témoins.

— Je ne veux pas me marier.

— Pardonnez-moi, monsieur, vous le voulez; mademoiselle ne saurait m'en avoir imposé.

Ici le général tira sa sonnette avec violence, et je tremblais de tous mes membres.

— Mon cher ami, dit Thérèse avec naïveté et onction, il n'y a que le mariage qui puisse légitimer notre intimité. Je me suis informée, on ne m'a indiqué cet homme qui...

Elle avait bien choisi le moment, mademoiselle Thérèse!

— Mon ami, dis-je à Luvel, jette-moi ces malheureux à la porte, et emmène cette enfant.

— Jérôme, mon cher Jérôme, vous voulez donc me faire mourir.

— Non, ma chère amie; mais je ne veux pas me marier.

— Cruel jeune homme, et vous me le dites de sang-froid, vous qui tout à l'heure me juriez amour, fidélité...

— Je vous trompais; je me trompais moi-même.

— Ah! Jérôme! Jérôme!

— Elle tomba sur le parquet et fondit en larmes. Je tenais encore la lettre de la femme charmante et si ces caractères divins ne m'eussent communiqué une force nouvelle, je sortais de mon lit, j'allais moi-même tomber aux pieds de l'infortunée Thérèse, et je me laissais marier.

— Observez, monsieur, me dit le marieur à juste prix, que j'ai reçu les aveux de mademoiselle.

— J'en suis bien aise, mon ami.

— Que je sais qu'il y a eu séduction.

— Vous mentez.

— Qu'elle est perdue sans ressource si vous ne l'épousez pas.

— C'est-là ce qui m'afflige.

— Épousez donc.

— Je n'en ferai rien.

— Un procès en séduction vous mènera loin.

— Au nom de Dieu, Luvel, défais-moi de cet homme.

— Je me mêle aussi de conseiller les filles séduites.

J'étais furieux, et je parlais à demi-voix, comme si les autres ne se faisaient pas entendre du reste de M. Derneval. Luvel ne faisait autre chose que d'aller du marieur à Thérèse et de Thérèse au marieur, il leur mettait alternativement la main sur la bouche, et, convaincu qu'il ne gagnerait rien à ce manège, il allait enfin les pousser tous dehors, lorsque le général parut, tiré par quatre laquais dans son lit à roulettes. Il s'établit au milieu de ma chambre.

Jamais coupable n'éprouva devant son juge la confusion et le saisissement qui s'emparèrent alors de moi. J'étais incapable de voir, de penser, de parler. Le général était prévenu contre moi; son air sévère l'indiquait assez, et cependant je ne trouvai pas un mot pour ma défense, moi, qui éprouvais le besoin le plus pressant de me justifier.

— Comment, dit le général au marieur, avez-vous osé venir chez moi porter un jeune homme sans expérience à contracter un mariage clandestin? Comment, sans trembler, l'avez-vous menacé d'une procédure que je puis à l'instant même diriger contre vous? Ignorez-vous ce que votre conduite a de répréhensible, et quelle peine vous subiriez si je vous livrais aux tribunaux!

— Ah! je vois ce que c'est: monsieur est le père du jeune homme. Eh bien! monsieur, vous consentirez...

— Oui, je suis son père, mais je suis aussi l'officier général commandant en chef dans cette ville.

A ces mots, le marieur tomba à genoux avec messieurs ses témoins.

— Qu'on donne un louis à ces misérables, dit M. Derneval et qu'ils sortent à l'instant.

— Que diable aviez-vous besoin, dit cet homme en se retirant, de me faire faire cette équipée? On doit savoir ce qu'on fait, prendre de justes mesures, et on ne se jette pas à la tête d'un père. Au reste celui-ci est raisonnable; il me donne sept fois, pour ne me mêler de rien, ce que j'exige de ceux à qui je fais faire une sottise.

La petite, plus morte que vive, ne répondit rien, bien que les interpellations s'adressassent à elle.

— Voyons, maintenant, dit le général, la demoiselle qui a une vocation si décidée pour le mariage.

La pauvre enfant s'approcha transie de peur.

— Elle est jolie et paraît décente. Rassurez-vous, ma fille, et dites-moi sur quoi sont fondées vos prétentions à la main de monsieur et ce que signifie ce travestissement.

Encouragée par ce ton de bonté, elle se remit, prit la parole et raconta ingénument tout, absolument tout ce qui s'était passé à Aoste. Ses expressions, aussi précises que naïves, peignaient jusqu'aux moindres détails. Il est donc vrai que l'innocence ne rougit jamais. Sa manière de raconter ramena souvent le sourire sur les lèvres du général, et cela me fit un bien, mais un bien!...

— Je vois, reprit-il, que le hasard a tout fait dans cette aventure, votre volonté respective n'y est entrée pour rien; jusqu'à présent je n'ai pas de reproches à faire à Jérôme. Je conçois qu'il est difficile à son âge de fuir deux jolies femmes qui tombent tout à coup dans un lit, et contre lesquelles on ne s'est pas préparé.

Ces paroles me remirent tout à fait. Il continua:

— Voici cependant une enfant qui n'a succombé à un danger qu'en voulant en éviter un autre. Elle s'est reproché cette faute involontaire, au point de se croire indigne de l'état qu'elle avait embrassé. Elle a tout quitté, elle est venue vous joindre, Jérôme, et, si j'ai bien entendu, vous l'avez accueillie, vous lui avez promis amour et fidélité. C'est là, monsieur, que vous commencez à devenir coupable. Il est contre l'honneur de tromper une femme quelconque et celle qui n'est pas véritablement aimée eût pu triompher de sa passion si on ne l'eût flattée d'en inspirer une semblable. Bientôt négligée, trahie, abandonnée elle est livrée aux remords ou elle les perd à force de mériter d'en avoir. Dans tous les cas, il est certain que l'amour ne peut procurer à une fille sage autant de bonheur qu'il lui en fait perdre. Jérôme ne rendra donc pas celle-ci victime d'un goût léger et passager. La voilà sans asile, sans ressource. Voyons, monsieur, que comptez-vous faire pour elle?

— Je me conformerai, mon général, à ce que prescrira votre sagesse.

— Mon général, prescrivez-lui de m'épouser.

— Mon enfant, il serait cruel de vous laisser nourrir un espoir qui ne peut se réaliser ; Jérôme n'a que seize ans, il n'est pas d'âge à se marier encore.

— Pardonnez-moi, mon général, puisqu'il est d'âge à plaire.

— Il est colonel, il a un rang dans le monde, qui lui interdit toute alliance, qui...

— Il n'était rien, mon général, quand je me suis donnée à lui, et je n'ai pas balancé.

— Eh bien! puisqu'il faut déchirer ce petit cœur-là pour le ramener à la raison, apprenez que, depuis son enfance, Jérôme nourrit une passion insurmontable, dont l'absence et une jolie femme peuvent le distraire un moment, mais qui reprend aussitôt son empire. Mariée à ce jeune homme, votre sensibilité vous rendrait la plus malheureuse des femmes, et votre intérêt, autant que celui de monsieur, m'oblige à vous séparer. Cédez, mon enfant, à la force des circonstances. Avez-vous des parents?

Le général eût parlé deux heures encore, que la pauvre petite n'eût pu lui répondre. Elle était dans un état à fendre le cœur le plus dur. Je l'aurais épousée, moi, oh! oui, je l'aurais épousée, sauf à m'en repentir après.

— Par où, Picard? par où, Lafleur? par où, Tourangeau? s'écrièrent plusieurs personnes ensemble qui montaient avec fracas et une vivacité inexprimables.

Les portes s'ouvrent comme si elles se brisaient... C'est elle, grand Dieu! c'est la femme adorée, c'est madame Derneval! A la première nouvelle de nos blessures, elles étaient montées en voiture, elles avaient couru jour et nuit, elles avaient crevé vingt chevaux.

La bien-aimée ne vit ni le général, ni ses gens, ni Thérèse; elle ne cherchait, elle n'aperçut que moi. Son grand deuil, l'étiquette qu'il prescrit, tout disparut devant l'amour. Tremblante pour son amant, embellie par le sentiment qui l'agitait, elle se précipita vers son lit et me pressa sur son cœur. Sa présence inespérée, cette scène qui n'était pas terminée, qui allait l'affliger, et peut-être m'ôter son amour, tout était réuni pour me causer une révolution terrible : je m'évanouis dans ses bras.

Lorsque j'eus repris mes sens, elle était près de moi, debout, sa tête penchée vers la mienne. Elle tenait un flacon d'une main, elle appuyait l'autre sur mon cœur. Je n'osais me livrer au plaisir de contempler la plus parfaite des femmes. Je craignais, j'évitais ses regards.

— Mon ami, quand apprendras-tu à me connaître? T'ai-je jamais aimé pour moi? Si j'étais susceptible de cet écart, tu ne serais pas blessé, mais tu ne serais pas l'officier le plus intéressant comme le plus beau de l'armée, et tu aurais continué à traîner près de moi une vie inutile et obscure. Crois-tu que celle qui a eu le courage d'exposer les jours de son amant n'ait pas la force d'oublier une faiblesse? Ton aventure avec Clotilde m'a fait pressentir qu'à ton âge tu m'échapperais quelquefois. Je suis convaincue que la femme la plus aimable a souvent à pardonner ; et pour conserver ton amour, il faut que le mien soit indulgent comme l'amitié. Si même, mon ami, je voulais dans cette occasion te juger avec rigueur, pourrais-je te reprocher la surprise que t'ont faite tes sens? Le général m'a tout dit ; cette enfant elle-même ne t'accuse pas. Elle souffre comme souffriront celles qui ne t'auront connu que pour te regretter. Je sais que je suis sans cesse présente à ta pensée, que je suis l'objet de tes vœux les plus tendres, et trop heureuse celle qui n'a que des concurrentes et jamais de rivales. Reprends courage, mon ami, accepte mes soins, guéris promptement pour rendre la vie à ta bien-aimée. Elle s'empressera d'embellir la tienne et de partager un bonheur que la paix va rendre durable.

Pouvais-je répondre autrement que par des adorations? Qui les méritait comme elle? J'aurais voulu pouvoir lui élever des autels. Je le lui disais avec cette véhémence qu'inspirent un amour sans bornes et la plus légitime reconnaissance.

— C'est là, mon ami, qu'est mon autel, je n'en veux pas d'autre, et il y a longtemps que tu en as un ici.

Elle avait remis sa main sur mon cœur ; elle porta la mienne sur le sien.

— Mon ami, tu ne me parles pas de Thérèse. Tu crains de me déplaire. Crains plutôt de te montrer ingrat, injuste, insensible envers cette enfant.

— Votre bonté embrasse tout, elle va même au-devant de ma pensée.

— Rien de ce qui t'a été cher ne peut m'être indifférent.

— Cher? oh! cher! L'expression est forte, madame.

— Elle est déplacée, puisqu'elle te blesse, et je t'en demande pardon. Ne disputons pas sur les mots. Voici ce que je sais de Thérèse. Son père est un riche particulier de Pavie. Le désir de doubler la fortune d'un fils unique l'a porté à sacrifier cette jeune personne. Thérèse, sans goût pour le cloître, mais intimidée par l'autorité paternelle, s'est décidée pour l'ordre où l'on conserve une apparence de liberté, et où l'on accueille et console l'indigence. Son père s'est d'abord opposé à un choix qui ne remplissait qu'une partie de ses vues, parce que ces religieuses ne font que des vœux simples. Mais la petite a déployé une énergie qui l'a réduit à l'alternative de céder ou de déclarer ses véritables motifs, et d'encourir le blâme public. Elle est donc entrée chez les filles de la Charité d'Aoste il y a environ six mois. Elle t'a vu. Ta destinée est de plaire à toutes les femmes qui te verront !... Et de n'en aimer qu'une, de l'aimer sans partage.

— Le général me rend cette justice.

— Oh ! répète, mon ami, répète : j'ai tant de besoin de te croire ! Je ne saurais dissimuler plus longtemps. La philosophie que j'opposais tout à l'heure à tes infidélités n'était que dans ma bouche : c'était le dernier effort de ma vanité blessée... Non, tu ne sais pas combien je t'aime, tu ne le sauras jamais, puisqu'il n'est pas de mots pour le dire.

Elle se tut ; mais qu'il est éloquent le silence d'un cœur qui brûle ! Ce n'était pas Thérèse qui me pressait dans ses bras, ce n'étaient plus ses baisers qui répondaient aux miens, c'était le bonheur même, c'était quelque chose de plus qui entourait un lit de douleur d'une auréole céleste.

— Assez, assez, adorable enfant, ton sang s'échauffe...

— Ta présence seule le dessèche, le dévore ; juge de l'effet de tes caresses.

— Arrête, mon ami, arrête ; tu veux donc mourir et me donner la mort ? Non, je ne serai pas seule avec toi, je ne veux être que ta garde. Tu sais combien elle sera soigneuse, attentive, prévenante ; mais plus de baisers, je t'en prie : ils nous mènent toujours trop loin.

Elle avait reculé son fauteuil, elle avait sonné ; elle avait caché sous ces crêpes noirs une figure enivrante, et à travers le tissu jaloux son œil dardait des feux qui arrivaient jusqu'à moi.

— Revenons à Thérèse, mon ami ; il me semble que c'est d'elle que nous parlions. Tu conçois qu'il a fallu la force de raisonnement du général et le langage affectueux de son aimable épouse pour que la petite consentît à se laisser conduire dans un couvent, où on la place en qualité de pensionnaire. On taira ce qui doit être caché ; et on la recommandera de manière qu'elle jouisse d'un sort agréable, jusqu'à ce qu'on ait des nouvelles de son père.

Une femme de chambre entra. Ce n'était plus Clotilde, ce n'était pas même sa compagne. Je pensais qu'il est des choses qu'une femme sensible pardonne à son amant, mais qu'elle ne pardonne qu'à lui, et que la bien-aimée n'avait plus de secret pour madame Derneval. Elle ordonna à mademoiselle Lucie de rester, elle continua :

— M. Derneval a fait écrire, il attribue la fuite de Thérèse à la terreur que devaient lui inspirer un siége, un assaut, un pillage. Il ajoute que dans les pays conquis les Français ne souffrent point de clôture forcée. Il enjoint au père de reprendre sa fille, de la traiter avec douceur ou de lui faire une pension proportionnée à sa fortune. Voilà, monsieur, où en sont les choses.

— Monsieur, monsieur ! répétai-je entre mes dents... Oh ! c'est que mademoiselle Lucie est là.

Fidèle à sa résolution, elle ne me quitta pas un instant. Mais elle avait toujours Lucie ou une autre auprès d'elle. Madame Derneval venait plusieurs fois dans la journée me donner des marques du plus doux intérêt. Elle me nommait son sauveur, son ami le plus vrai, moi qui lui devais tout ! Il est donc des cœurs assez généreux pour oublier le bien qu'ils ont fait et trouver leur bonheur dans la reconnaissance ! La sienne ne connaissait pas de bornes. Elle se plaisait à préparer ce qui était nécessaire pour le pansement ; elle me présentait mes potions, elle m'embrassait en entrant, en sortant et tout cela, disait-elle en riant, était autant de larcins qu'elle faisait à madame Ruder. Le disait-elle pour que la bien-aimée pût m'embrasser à son tour et que ses caresses ne parussent à Lucie que des plaisanteries sans conséquence ?

Jamais blessé ne fut traité comme moi, jamais enfant gâté ne fut aussi impatient. Je me tourmentais, je murmurais intérieurement contre la réserve à laquelle on me soumettait. Je maudissais Lucie, madame Derneval, j'aurais maudit la bien-aimée elle-même si je l'avais pu. Enfin, le troisième jour, je déclarai très résolument à mon chirurgien que je voulais faire ma cour au général et que j'allais me lever.

Il aurait voulu que je gardasse le lit quelques jours encore. La femme charmante, madame Derneval, M. Luvel lui-même, tout le monde s'était rangé du parti du docteur ; mais aux marques de dépit que je laissai échapper, à la violence de mon agitation, on jugea moins dangereux de me satisfaire que de m'exposer à quelque révolution. Je fus donc habillé par la main des Grâces, car cette Lucie était encore, je ne sais pourquoi, très-jolie, et la bien-aimée et madame Derneval disputaient avec elle d'empressement et de légèreté dans les doigts. C'était à qui me procurerait plus d'aisance. A qui ferait valoir davantage cette petite figure qu'un reste de pâleur rendait, disait-on, plus touchante. Oh ! qu'il est doux d'être aimé ainsi ! qu'il serait flatteur de le mériter ! Je n'osais me livrer à cette dernière idée, et elle se reproduisait malgré moi. Oh ! le chien d'amour-propre.

Il était cinq heures, et l'on faisait cercle chez le général. Vous sentez que ce qu'il y avait de mieux dans la ville s'était empressé de venir rendre ses hommages à madame : elle était trop bien pour que les hommes ne fussent pas tentés de revenir. M. Dernoval avait une de ces physionomies que les femmes sont bien aises de revoir, et dans ces cas-là les uns et les autres n'ont besoin que d'un prétexte. Il y en avait un ici qui s'offrait de lui-même: le désir de dissiper l'illustre blessé. Aussi avait-il tous les jours de cinq heures à huit une réunion nombreuse et choisie. Il était clair qu'à travers tous ces gens-là je trouverais, je joindrais la bien-aimée et que je pourrais au moins lui parler de mon amour. On n'est jamais plus isolé que dans une assemblée nombreuse, où chacun a ses intérêts, ses affections, ses plaisirs particuliers. Bien certainement mademoiselle Lucie ne viendrait pas troubler des tête-à-tête d'un moment, mais souvent répétés. Je n'avais pas d'autre but, car je sentais bien que pour achever de guérir il fallait être raisonnable.

Tout entière au cher blessé, la femme charmante n'avait point encore paru dans la brillante société, et c'est un événement que l'entrée d'une femme charmante. Le moment où nous parûmes fut pour moi celui d'un triomphe nouveau. Les hommes se levèrent avec un murmure d'admiration qui me fit rougir de plaisir et peut-être d'orgueil. Elle me soutenait sous le bras; elle me le serra d'une façon qui voulait dire : Ce qu'ils admirent tant est à toi, à toi pour la vie. L'orgueil s'évanouit, il ne resta que le plaisir ; c'est que celui-ci est l'enfant de la nature et que sa bienfaisante mère nous ramène toujours aux sentiments vrais.

L'accueil qu'elle reçut des femmes fut un peu différent : elles restèrent froides, immobiles, et quelques-unes se pincèrent les lèvres, ce qui veut dire encore en Italie comme en France : Il est infiniment désagréable de rencontrer de ces femmes-là, elles vous éclipsent à la minute; les hommes ne reviennent à vous que bien convaincus de l'impossibilité de réussir, il est dur de n'être plus qu'un pis aller, etc., etc.

Pendant que j'offrais au général le tribut de mon affection respectueuse, ces dames se remirent, et la gaieté folâtre succéda subitement à de petites moues, peut-être un peu trop marquées; mais le premier mouvement des femmes est toujours pour la vanité, le second est à la dissimulation.

Elles devaient enfin m'examiner à mon tour, je méritais aussi quelque attention. Elles s'approchèrent de moi avec un empressement, un intérêt qu'elles ne se donnèrent même pas la peine de vouloir cacher. Eh ! quoi de plus simple? Il est reçu qu'une femme de vingt-cinq ans peut jouer la petite maman avec un jeune homme de seize, et, pour peu qu'il soit dégourdi, ce jeu la mène loin.

— Le joli enfant! disait l'une.

— Que sa toilette de convalescent lui sied bien! disait l'autre.

— Comment ce vilain cavalier a-t-il pu lever son sabre sur lui ? ajoutait celle-ci.

— Oh! ces Hongrois ne savent pas vivre! reprenait celle-là.

Un fauteuil à roulettes arrivait d'un côté, on apportait des coussins de l'autre. C'est à qui m'arrangerait les bras, les jambes ; on me ployait comme un mannequin.

Comme tout prend fin, ces dames finirent par me laisser tranquille, mais alors les hommes m'obsédèrent, parce que la bien-aimée s'était assise auprès de moi. Elle leur fit observer poliment que j'avais besoin d'air. Il est un genre de politesse qui bannit l'espoir, et nous restons peu, nous autres hommes, auprès d'une femme dont nous n'espérons rien. Ces messieurs s'éloignèrent insensiblement, et s'efforcèrent de faire oublier à ces dames la solitude humiliante où ils les avaient laissées un moment. Un seul resta, et me gênait autant que mille. Je ne pouvais l'éconduire, et j'en avais grande envie, car il parlait avec facilité et avec grâce ; son esprit était orné. Il adressait à la femme charmante de ces choses flatteuses qui plaisent toujours quand elles n'ont rien d'affecté. Une figure aimable, une croix qui annonçait un rang dans le monde, et son importunité, c'était plus qu'il n'en fallait pour se faire détester s'il n'eût eu quarante ans, et quand je l'écoutais, je trouvais qu'on peut plaire encore à cet âge, et plaire beaucoup. Je ne pus adresser que quelques mots particuliers à la bien-aimée pendant cette éternelle soirée, ce fut lorsque ce beau monsieur se leva pour aller demander au général qui était cette femme séduisante qui paraissait avoir tant d'attachement pour moi. Le général lui répondit à voix basse, mais probablement de la manière la plus avantageuse, car M. le chevalier revint plus empressé, plus respectueux; il reprit sa place et ne la quitta plus.

Oh! combien je regrettai alors ma chambre solitaire, où je n'avais de témoin que Lucie, devant qui, à la rigueur, je pouvais ne me contraindre que jusqu'à un certain point, car les femmes de chambre ne voient rien dans l'appartement! Elles ont bien des réminiscences à l'antichambre; mais que m'importait définitivement qu'on y dît que j'étais amoureux? l'objet de mon amour me justifiait de reste; que j'étais aimé? parbleu, j'en valais bien la peine.

Luvel était à tout. En faisant sa cour à une assez jolie femme, il s'aperçut de mon trouble, de mon mécontement; il vint se mêler à la conversation et la généralisa, ce que je n'avais pu faire jusqu'alors, tant je me sentais gauche et embarrassé. La jolie femme qu'il venait de quitter le suivit, non pas pour le suivre, comme vous pensez bien, mais parce qu'il n'était pas généreux, disait-elle, que personne n'aidât cette dame à répondre à trois hommes intéressants.

Notre petit cercle s'agrandissait, et M. le chevalier parut bientôt aussi importuné que je l'avais trouvé importun lui-même. Je fus enchanté de la contrariété qu'il éprouvait, car il est impossible de ne pas haïr un peu ses rivaux, même ceux qu'on ne craint pas. N'ayant rien de mieux à faire, je portai, sur les différentes figures qui composaient l'assemblée, des yeux que je détournais malgré moi de celle que je ne voyais jamais assez. C'est une belle chose que la précaution! Et nous l'employons avec une adresse, nous autres pauvres amants! Malgré les privations que je m'imposais, je m'aperçus aisément que notre secret n'en était plus un pour la jolie brune de Luvel : les femmes ont une pénétration! La découverte de celle-ci la mit de la plus belle humeur; elle ne craignait plus d'avoir rencontré une rivale, et, certes, il eût fallu céder à celle-ci. Je crois que M. le chevalier se douta aussi de quelque chose, car il devint pensif, rêveur, et prit tout à coup le rôle d'observateur. Eh bien! qu'il observe, M. le chevalier; qu'il désespère, et qu'il ne revienne plus!

Huit heures sonnèrent, et tout le monde se retira : c'était l'heure des chirurgiens, auxquels succédait le repas léger qui convient à des malades. Je repris ma place à la table du général; la beauté en fit les honneurs, et la sensibilité y présida. M. et madame Derneval étaient aussi heureux qu'on peut l'être après plusieurs années de l'union la mieux assortie; nous l'étions, la bien-aimée et moi, comme des amants qui n'ont encore qu'effleuré la coupe du plaisir; Luvel l'était par l'espoir de se dédommager des peines de l'absence : pour lui, l'amour n'avait que des chaînes de fleurs.

— Monsieur Luvel, dit le général lorsque les domestiques furent retirés, il y a plusieurs jours que vous voyez chez moi les mêmes personnes, et je vous crois très-habile dans l'art de saisir les ridicules...

— Mon général, je ne suis pas moins prompt à reconnaître les belles qualités : mon dévouement pour vous en est la preuve.

— Ce n'est pas un compliment que je vous demande, monsieur, mais quelques tableaux.

Je saisis cette ouverture avec empressement.

— Commence, lui dis-je, par ce chevalier, qui paraît cloué dans son fauteuil, et qui ne le quitte que pour aller faire des questions indiscrètes.

— Oh! reprit le général, je me charge de celui-là, parce que je le connais à fond. J'ai voyagé un an avec lui dans le nord de l'Europe, et vous voyez, monsieur le colonel, que cette intimité autorisait de sa part ces questions qui vous ont paru déplacées. Vous vous battez en vieux soldat, mon ami; mais vous jugez encore de tout comme on doit le faire à votre âge. Revenons. Le commandeur de Nosari, d'une ancienne famille du Piémont, est entré à Malte en sortant du berceau. Il a servi dès que l'âge le lui a permis, moins par ambition que par devoir. Il s'est toujours distingué; mais il n'est pas dans son caractère de solliciter : aussi n'est-il encore que colonel. Il a le cœur droit et les mœurs douces. Son esprit, plus étendu que brillant, ressemble à une lumière égale, qui éclaire sans éblouir, et se porte sur tous les objets. Des hommes médiocres peuvent vivre longtemps avec lui sans soupçonner sa supériorité : il n'appartient qu'à des gens de mérite de la reconnaître. Tel est, mon ami, l'homme qui ne vous déplaît que parce qu'il vous donne de l'inquiétude. Avec plus d'usage, vous auriez reconnu la grand'croix de son ordre, et vous sauriez que les dignitaires de Malte font des vœux qui leur interdisent le mariage. Mais le commandeur n'a pas renoncé au commerce des femmes aimables; madame mérite d'avoir des amis, et l'amitié du commandeur peut la flatter s'il la lui offre, parce qu'elle sera sincère et qu'il ne la prodigue jamais. Souvenez-vous, mon ami, de n'être jaloux qu'après vous être convaincu que vous avez des raisons solides de l'être, et alors vous serez atteint d'un mal de plus et vous n'aurez remédié à rien.

— Comment, m'écriai-je, dépend-il de moi d'être ou de n'être pas jaloux, et la jalousie n'est-elle pas un attribut nécessaire de l'amour?

— Eh! non, Jérôme, me répondit Luvel. La jalousie n'est qu'un préjugé, fortifié par l'habitude. Si elle était naturelle aux amants, ils seraient partout également jaloux, et il a des peuples qui ne le sont pas du tout; il en est même qui donnent dans l'excès opposé, et ce qui serait un opprobre pour toi est un honneur pour un Lapon. La jalousie est peu un sentiment naturel, qu'elle se soumet facilement aux usages de la société. Tel homme, par exemple, qui serait jaloux d'un rival jusqu'à la frénésie, ne se permet pas de l'être d'un mari, et en général les jaloux sont intérieurement si persuadés de leur injustice, qu'il y en a peu qui ne se cachent de l'être. On croit que jalousie marque beaucoup d'amour; mais l'expérience prouve que l'amour le plus violent est ordinairement le moins soupçonneux. La jalousie ne prouve communément qu'un amour faible, un sot orgueil, le sentiment forcé de son peu de mérite, et quelquefois un mauvais cœur...

— Oh! ceci est bien fort, monsieur Luvel, et un mauvais cœur...

— Oui, mon ami, un mauvais cœur, je le répète et je le prouve. Un amant dégoûté cherche un prétexte pour rompre. Eh bien! s'il s'aperçoit qu'on peut se consoler de sa perte avec un autre, sa vanité est blessée de ne pas laisser une femme dans les regrets. La jalousie ou plutôt l'envie le ramène pour être tyran sans être heureux. Voilà les hommes! leur amour ne vit que d'amour-propre; il n'y a que des jaloux d'orgueil.

— Allons, allons, Luvel, je vois bien que tu n'as jamais aimé.

— D'abord, mon ami, entendons-nous sur le mot. Aimer, c'est de l'amitié; désirer la jouissance d'un objet, c'est de l'amour; désirer cet objet exclusivement à tout autre, c'est passion. Le premier sentiment est toujours un bien; le deuxième n'est qu'un appétit du plaisir; le troisième, étant le plus vif, ajoute au plaisir, mais prépare des peines. Que ma bonne fortune me garde de celui-là!

— Oh! je te réponds qu'à cet égard tu n'as rien à craindre. Je vais même jusqu'à te croire capable de pardonner une infidélité.

— Pourquoi non? L'infidélité est un grand mot, souvent mal appliqué. En amitié, c'est un crime; mais si une femme aimable avait du goût pour moi, je ne prétendrais pas être l'unique objet de ses attentions. Une telle prétention serait une tyrannie insupportable pour elle et une folie cruelle pour moi-même. Jouissons toujours d'un bien comme s'il ne devait jamais finir, et sachons le perdre comme n'y ayant aucun droit.

La bien-aimée reçut cette doctrine avec le silence le plus froid et un mouvement de tête qui marquait une improbation formelle. madame Derneval ne fut pas aussi maîtresse d'elle-même :

— Il est aisé, monsieur, lui dit-elle, de juger les femmes que vous avez connues et celles à qui vous vous attacherez : elles doivent avoir le cœur froid, les sens assez calmes et la tête déréglée. Ce n'est pas la raison qui détermine leur choix, ce n'est pas l'amour, ce n'est pas même le plaisir. C'est la folie qui leur échauffe l'imagination pour un homme qui devient successivement l'objet, le complice et la victime d'un caprice. Un amant leur plaît sans autre raison que de s'être présenté le premier, et il est bientôt quitté pour un autre, qui n'a d'autre mérite que d'être venu après. Quand la tête de ces femmes se prend, elles font toutes les avances, comme si ce n'était rien. La fantaisie est-elle passée, elles s'en défendent, comme si c'était quelque chose. Il n'y a point alors de manœuvres plates et usées qu'elles n'emploient. Elles commencent par insinuer qu'un homme avec qui l'on croit qu'elles ont vécu s'en est donné l'air : ce serait le dernier qu'elles choisiraient; elles ne conçoivent pas qu'on puisse l'avoir. Elles passent par degrés aux propos les plus outrageants, si toutefois elles peuvent outrager. Elles supposent qu'on ne croira jamais qu'elles osassent parler ainsi d'un homme dont elles auraient quelque chose à craindre. Elles ne savent pas qu'elles sont les seules à imaginer qu'elles aient encore quelque chose à perdre. Quand on entend ces déclamations, on sait d'abord à quoi s'en tenir; on l'apprendrait par là si on l'ignorait. Cet excès de hardiesse ne leur est cependant pas inutile; il ne dissuade pas, mais il impose, et oblige à dissimuler en leur présence le mépris qu'on a pour elles.

La sortie était vive, et Luvel avait trop d'esprit pour ne pas la sentir.

— Je n'ai pas prétendu, mesdames, qu'il n'y eût point d'exception aux principes que j'ai avancés, et si j'avais besoin de trouver des exemples de la tendresse et de la fidélité conjugales d'une part, d'un amour délicat et sans bornes de l'autre, je n'irais pas les chercher loin. C'est sans doute un malheur d'être athée en amour; mais je ne suis qu'à plaindre, car enfin on n'est pas maître de ses opinions.

— Pas mal, pas mal, dit le général : voilà qui raccommode bien des choses. J'avoue même que j'ai trouvé des idées très-justes dans ce que monsieur a dit de la jalousie : je ne le croyais pas si profond. Je voudrais savoir maintenant comment un athée en amour niera, avec quelque vraisemblance, l'existence d'un sentiment dont il vient de citer un exemple. Voyons, monsieur Luvel, expliquez-moi cette contradiction, qui n'est sans doute qu'apparente.

— Oh! mon général, je n'oserai jamais... Ces dames...

— Ces dames ne ressemblent pas aux dévots, qui détestent tout ce qui n'est pas de leur religion. La leur est tolérante, et je vous réponds qu'elles ne se brouilleront pas même avec vous.

— Si, en effet, ces dames le permettent...

— Nous faisons plus, monsieur, nous vous invitons, dit madame Derneval.

— Cette invitation est un ordre, madame. Je commence.

— Monsieur, j'écoute; mais tenez-vous bien.

— Les passions qui agitent les hommes se développent presque toutes avant que le cœur ait eu la première idée de l'amour. La colère, l'envie, l'orgueil, l'avarice, l'ambition se manifestent dès l'enfance. Les objets en sont petits; mais ce sont ceux de cet âge. Ces passions ne paraissent violentes que lorsque l'importance de leurs objets les rend véritablement remarquables. Il vient un âge où ce qu'on appelle amour se fait vivement sentir. Mais est-il, en effet, autre chose qu'une portion du goût général que les hommes ont pour le plaisir? Cette passion prétendue se détruit par son usage; les passions réelles se fortifient sans cesse. La première est bornée à un

La femme charmante m'aidait à me mettre au lit.

temps quelconque ; les autres s'étendent sur tout le cours de la vie. L'amour, enfin, n'est qu'un besoin des sens et le plus court des plaisirs. Je vais développer ces idées.

— Elles sont absurdes, mon ami.

— Pas tant, pas tant, monsieur Jérôme. De ce que la sensation du plaisir qu'on nomme amour est très-vive, il ne s'ensuit pas que ce soit une passion. On la suppose où elle n'est pas, on croit même de bonne foi l'éprouver, on se détrompe par l'expérience. On a vu des gens, épris en apparence de la plus violente passion, prêts à sacrifier leur vie pour une femme, qui auraient fait, peut-être comme on fait dans l'ivresse, des extravagances dont on rougit lors qu'elle est dissipée; on a vu des gens sacrifier cette même femme à l'ambition, à l'avarice, à la vanité, et même à la mode. Citez-moi un ambitieux, un avare et un orgueilleux qui se soit corrigé. Pourquoi cette différence. C'est que les passions réelles vivent de leur propre substance. L'amour, au contraire, non-seulement s'use par son usage, ainsi que je le disais tout à l'heure, mais, pendant sa courte durée, il a besoin d'un peu de contradiction, et alors il s'associe l'amour-propre, qui le contient pendant quelque temps.

— Monsieur, reprit la bien-aimée, il est des amants capables de tout sacrifier à leur passion.

— Madame, qu'est-ce que cela prouve ? il n'est pas de goût sérieux ou frivole qui n'ait aussi ses fanatiques. La musique, la chasse, la danse peuvent devenir le goût exclusif de quelqu'un et fermer son cœur à toutes les passions. Mettez-vous pour cela au rang des passions la danse, la chasse et la musique ? Les grands et rares sacrifices que l'on connaisse ont presque tous été faits par des femmes : presque tous les bons procédés leur appartiennent en amour et même en amitié, surtout quand elle a succédé à l'amour.

— Ah monsieur veut se rétablir dans notre esprit.

— Non, madame, je veux simplement remonter à la cause de la différente manière d'aimer des deux sexes, et ce que j'ai à dire à ce sujet ne vous plaira peut-être point. Mais qu'il me soit permis de présenter dans toute son étendue un système que vous n'adopterez pas, mais qui n'est point aussi chimérique que vous paraissez le croire. Je reprends. On dit, et les femmes aiment à entendre dire qu'elles ont l'âme plus sensible, plus sincère, plus courageuse en amour que les hommes. Cela vient uniquement de leur éducation, si l'on peut donner ce nom au soin qu'on prend d'amollir leur cœur et de leur laisser la tête vide. Les femmes ne sont guère exposées qu'aux impressions de l'amour, parce que les hommes ne cherchent pas à leur inspirer d'autres sentiments. Ne tenant point à elles par les affaires, ils ne peuvent former avec le sexe d'autres liaisons que celles des plaisirs. Aussi la plupart de ces héroïnes de tendresse passent leur vie à être flattées, gâtées, séduites, abandonnées, livrées enfin à elles-mêmes, et n'ayant pour ressource qu'une dévotion de pratique, d'ennui et d'intrigue. Cette dévotion, les occupe alors exclusivement, et n'est pas plus une passion que l'amour auquel elle a succédé. L'éducation des hommes, toute imparfaite qu'elle est, a du moins l'avantage de les occuper, de remplir leurs têtes d'idées bonnes ou mauvaises, qui les détournent longtemps de celle de s'attacher. Les affaires, les emplois, les occupations quelconques viennent ensuite et ne laissent à l'amour qu'une place subordonnée à des intérêts plus puissants, à de véritables passions. Ce qu'alors les hommes nomment amour est l'usage de certain plaisir qu'ils saisissent d'abord avec ardeur, qu'ils varient par dégoût et par inconstance, et auquel ils sont enfin forcés de renoncer quand ce plaisir cesse de leur convenir, ou quand ils n'y conviennent plus. Observez, mesdames, que, si cet attrait du plaisir, qui séduit les deux sexes, était vraiment une passion, les effets en seraient précisément les mêmes, comme il est de fait que les avares courent d'une manière invariable après l'or, et les ambitieux après les grandes places. Tout bien examiné, il me semble que l'amour n'est que l'affaire de ceux qui n'en ont point.

— As-tu jamais fait, Luvel, de ces raisonnements-là à ton amante de Paris? Lui as-tu laissé entrevoir que la dévotion serait un jour son unique ressource?

— Non, mon ami. Mon intérêt personnel, plus fort que l'amour, parce qu'il est passion, ne me permet pas de donner des armes contre moi. Que j'épouse ou non, je me conduirai en galant homme; voilà tout ce qu'une femme raisonnable peut exiger.

— Et si ces bons procédés s'étendent jusqu'à la fin de ta vie?

— Ils prouveront l'absence absolue de la passion, car il n'y a plus d'amour où les procédés commencent. Mais je te vois venir. Tu veux m'opposer ces liaisons qu'une longue suite d'années a rendues respectables, parce qu'on suppose que le temps ne les a point affaiblies. Sais-tu à quoi se réduit cet argument? Je vais te le dire. Les liaisons dont tu parles sont celles que l'amour a pu fait naître, mais que l'amitié a consacrées. En général, elles ne cessent d'être orageuses que lorsque l'amour est éteint. Ce sont des amants qui tantôt ivres de plaisir, tantôt tourmentés par des caprices, des jalousies d'humeur, ou de fausses délicatesses, passent quelquefois en un même jour, des caresses au dépit et à l'aigreur; s'offensent, se pardonnent et se tyrannisent mutuellement. Après avoir usé les plaisirs et les peines de l'amour, ces amants se trouvent heureusement dignes d'être amis, et c'est de ce moment seul qu'ils vivent heureux. Un état si rare et si délicieux serait le charme d'un âge avancé, et empêcherait de regretter la jeunesse. La réflexion, qui détruit ou affaiblit les autres plaisirs, parce qu'ils consistent dans une espèce d'ivresse, augmente et consolide celui-ci: notre bonheur est doublé quand la raison nous en démontre la réalité. A l'égard d'un autre genre de vieilles liaisons, que le public a la bonté de respecter sur parole, que verrait-on si l'on pouvait voir de près? Des gens qui continuent de vivre ensemble parce qu'ils ont longtemps vécu ainsi. La force de l'habitude, l'incapacité de vivre seul, la difficulté de former de nouvelles liaisons, l'embarras d'un rôle quelconque à remplir dans la société, retiennent beaucoup de ces amants sans amour, et donnent à l'ennui même un air de constance. Ils ont cessé de se plaire; et se sont devenus nécessaires; ils ne peuvent se quitter, quelquefois même il ne l'oseraient: ils soutiennent un rôle pénible par pur respect humain. On s'est pris avec l'engouement de l'amour, on annoncé hautement son bonheur, on a contracté un engagement devant le public, on l'a ratifié dans des occasions d'éclat. Le charme se dissipe avec le temps, l'illusion cesse. On s'était regardé réciproquement comme parfaits, ne se trouve plus même estimables. On se repent, on n'ose l'avouer, on s'obstine à vivre ensemble en se détestant, et l'on tremble de rompre un engagement dont on a fait gloire. Les vieilles liaisons exigent, pour être heureuses, plus de qualités qu'on ne l'imagine. L'amour tient lieu de tout aux amants, son objet lui suffit, mais l'objet s'use, l'amour s'éteint, et il n'est pas d'esprits assez féconds pour remplacer l'illusion et servir de ressource contre la langueur d'un tête-à-tête continuel. S'il existait de l'esprit de cette espèce, il faudrait que les deux amants le possédassent au même degré, car la stérilité de l'un étoufferait la fécondité de l'autre. Il n'y a que l'esprit qui serve d'aliment à l'esprit : il ne produit pas longtemps seul. On cherche, on croit avoir trouvé, et l'on cite des exemples de constance dans les hommes d'un âge avancé : cette constance n'est qu'extérieure. Un vieillard s'excite au désir par la crainte seule de ne plus paraître jeune ; il ne jouit qu'avec inquiétude, parce qu'il tremble de laisser échapper ce qu'il n'est pas sûr de retrouver. Dans la jeunesse, on ne sent que les désirs. Ils s'éteignent par la jouissance ; mais ils renaissent à l'instant. La jeunesse désire avec force, jouit avec confiance, se dégoûte promptement et quitte sans crainte, parce qu'elle remplace avec facilité. Voilà le secret de la légèreté d'un âge et de la constance d'un autre. Je me résume. J'ai démontré, je crois, que les hommes naissent avec toutes les passions, hors celle de l'amour ; que cette prétendue passion, n'occupe l'homme qu'un temps limité, tandis que les passions réelles s'affermissent par l'âge ; que l'amour, comme la dévotion, n'est communément chez les femmes que l'effet du désœuvrement ; que ce qu'on appelle passions constantes n'existe que par des causes indépendantes de l'amour, et je conclus de tout cela que nous avons tous, plus ou moins, le goût du plaisir ; que l'amour n'est pas une passion, que même il n'existe pas, et que le mot amour n'exprime que le désir ou l'espèce d'ivresse qui suit la première jouissance.

— Et moi, dit madame Derneval, sans entreprendre de réfuter vos arguments, je conclus tout le contraire.

— Cela doit être, madame, et je conviens qu'il n'est pas de temps plus mal employé que celui qu'on passe en disputes métaphysiques. On a beaucoup parlé, et chacun conserve sa première opinion. Mais permettez-moi, madame, de finir par une question, et promettez-moi d'y répondre avec sincérité.

— Je vous le promets, monsieur.

— Vous aimez beaucoup notre général, le fait est constant. Mais l'aimez-vous précisément comme vous l'aimiez pendant les six premiers mois de votre mariage ? Une demi-heure d'absence vous paraît-elle insupportable ? Le retour de l'objet aimé fait-il encore battre votre cœur ? Un de ses regards allume-t-il ce feu brûlant que décèle une aimable rougeur ? Passez-vous, à parler de votre amour, des heures entières qui s'écoulent comme des secondes ? Retrouvez-vous, en présence l'un de l'autre, ce silence qui occupe si délicieusement des cœurs repliés sur eux-mêmes ? Vous écrivez-vous, quand vous êtes séparés, avec ce style inégal, mais rapide, que donne l'ivresse du désir ? Avez-vous seulement pensé à comparer vos premières lettres à celles que vous avez écrites, il y a un an, il y six mois, il y a huit jours ?

— Monsieur, je ne répondrai point à cela.

— Prenez garde, madame, ne pas répondre, c'est me donner gain de cause.

— Ale, ale, ma chère amie, dit le général.

— Mais, monsieur, il semblerait, à vous entendre, que je pourrais, dans dix ans, ne plus aimer mon mari du tout.

— L'aimer d'amour, madame, la chose est impossible ; mais vous conserverez pour lui un sentiment doux, moins tumultueux, par cela même plus facile à satisfaire, et heureux les époux qui comme vous se préparent sans s'en douter à remplacer l'amour par des vertus.

— Monsieur Luvel, vous êtes affligeant.

— Je vous assure, madame, repris-je avec vivacité et sans réflexion, qu'il ne m'afflige pas du tout. J'aurais répondu affirmativement à toutes les questions qu'il vous a faites.

— Aujourd'hui, mon ami, je n'en doute pas ; nous verrons plus tard.

— Oh ! par grâce, monsieur Luvel, reprit la bien-aimée, laissez-nous notre erreur, elle fait le charme de notre vie.

— Il est sûr, continua le général, que ce M. Luvel ressemble à un dénicheur de saints. Amusons-nous un peu aux dépens du prochain ; ce passe-temps est assez drôle, quand on n'y met pas l'acrimonie de Geoffroi. Voyons, que pensez-vous de ces deux jeunes gens, si fêtés de ces belles dames, que d'un coup d'œil elles enlèvent à leur voisine, qui, avec un sourire, les leur ravit à son tour ?

— Mon général, je ne doute pas que bientôt on ne voie la fatuité périr comme périssent les grands empires, par l'excès de leur étendue. Il n'est point de travers qui ne puisse être considéré, il n'en est point qui ne finisse par tomber dans le mépris. Les gens dont vous me parlez sont ce qu'on appelle *gens à la mode*, depuis qu'il n'y a plus de *petits-maîtres*.

— Il a raison, mon aide de camp ; il a raison, mesdames. On appelait *petits-maîtres* des jeunes gens d'une haute naissance, d'un rang élevé, d'une figure aimable, d'une imagination brillante, d'une valeur éprouvée, remplis d'ailleurs de grâces et de défauts. Distingués par des actions d'éclat, dangereux par leur conduite, ils jouaient un rôle dans l'État ; ils avaient du crédit auprès du maître, ils méritaient des éloges, avaient besoin d'indulgence et possédaient l'art de tout obtenir. Tels furent les d'Epernon, les Caylus, les Maugiron les Bussy d'Amboise.

— Et tels ne sont plus leurs successeurs, mon général.

N'ayant de commun avec les premiers que le ridicule, le titre de petit-maître ne se donne plus que par dérision à {do pauvres sujets qui cherchent, sans les atteindre, les travers distingués de leurs prédécesseurs. En voilà assez, je crois, sur les jeunes gens dont vous me parlez.

— Il a encore raison, mesdames; il a encore raison. La galanterie est morte avec la chevalerie, et le dernier des Français aimables dans la personne du duc de Nivernois.

— Mon général, la folie humaine, en amour comme en modes, n'a qu'un cercle à parcourir. Quand elle est revenue au point d'où elle était partie, il faut qu'elle recommence. Et qui sait si l'on ne verra pas bientôt la chevalerie renaître, comme on a vu se reproduire la fraise de Gabrielle d'Estrées?

— Je vous avoue, monsieur Luvel, que j'en serais fort aise. On se moque des siècles reculés, pour se dispenser de convenir combien on est au-dessous de ces gens-là. Ils faisaient tout avec noblesse, et je m'aperçois à regret que le vice lui-même peut dégénérer. Par exemple, celui qu'on appelait jadis un *homme à bonnes fortunes* ne pouvait l'être que par les grâces de la figure et de l'esprit. Avant que d'oser se présenter sur ce pied-là, il était persuadé de son mérite par les prévenances dont il était l'objet. Trop recherché pour être constant, il était entraîné par la quantité de femmes aimables qui venaient, pour ainsi dire, s'offrir. L'inconstance était souvent moins l'effet de son caractère, que celui de sa situation. Il était léger, sans être perfide : eh bien ! c'est tout le contraire aujourd'hui. Il semble que la plupart de ceux qui veulent être *hommes à la mode, hommes du bon ton, hommes du bon genre,* aient une vocation opposée au rôle qu'ils prétendent jouer. C'est une profession qu'on prend, qu'on étudie, qu'on exerce, comme on prend le parti du barreau, du service, ou comme on se faisait homme d'église quand le métier valait quelque chose, sans s'interroger sur ses moyens, sur ses talents, sur ses qualités. Ce qu'il y a de très-étonnant, c'est que, tout cela est tout à fait indifférent pour le succès. Pour réussir dans cette carrière, il suffit de s'y présenter. On y voit briller des jeunes gens à qui l'on conseillerait volontiers d'acquérir quelques qualités qui pussent faire oublier leur peu d'agrément. On commence à jouer ce personnage-là sans figure, on le soutient sans esprit, on le pousse jusqu'à la vieillesse : on ne croit pas qu'il puisse y avoir prescription en ce genre. Tout cela n'est pas du tout à l'honneur des femmes, je le sais; aussi me garderai-je bien de dire ce que j'en pense devant toute autre que madame Derneval ou son amie.

— Monsieur Luvel, et cette dame qui donne quatorze ans à sa fille, qui en a dix-huit, pour qu'on ne la soupçonne pas d'en avoir quarante; qui a toujours quelque chose à me dire à l'oreille; qui paraît me parler d'affaires, et qui ne me fait que des contes pour rire; qui enfin veut persuader à tout le monde que ce rire est une marque de protection, ou, pour parler plus modestement, de bienveillance?

— Oh! mon général, cette dame est ce qu'on appelait il y a quelques années une intriganse, et je ne sais si l'on a donné à ces femmes-là un titre plus expressif; mais celles d'aujourd'hui ressemblent aux intrigantes que j'ai connues dès que j'ai pu apprécier les choses, et celles-là ressemblaient probablement aux intrigantes de la cour de Pharamond, s'il y en avait, ce dont je doute un peu. Elles sont en assez grand nombre, sans cependant former un corps. Si elles se connaissent toutes, ce n'est que pour s'éviter, de peur de se trouver en concurrence. Il est de toutes les classes, et toutes ont le même tour d'esprit, souvent les mêmes vues, mais des intérêts opposés. Elles prennent chacune un département, comme si, par une convention tacite, elles s'étaient partagé les affaires. Cependant elles n'en rejettent aucune. Elles connaissent des préférences, et jamais de bornes. La dévotion et l'amour s'allient parfaitement avec l'intrigue. Ce qui serait pour d'autres jouissance ou habitude n'est qu'un ressort pour les intrigantes. Elles n'adoptent rien comme principe, elles emploient tout comme moyen. On les méprise, on les craint, on les ménage, on les recherche. Il s'en faut bien cependant que leur crédit réponde à l'opinion qu'on en a, ni même aux apparences. On leur fait honneur de bien des choses où elles n'ont aucune part, quoiqu'elles ne négligent rien pour le faire croire : c'est la fatuité de leur état. Elles cachent soigneusement le peu d'égards, et même le mépris qu'ont pour elles ceux dont elles s'appuient hautement. Que de gens en place dont le nom seul est utile ou nuit à leur insu! On commence le métier d'intrigante par ambition, par avarice, par inquiétude; on le continue par nécessité, pour conserver la seule existence qu'on ait au monde. Une intrigante, tant qu'elle est à la mode, est l'objet des dédains et des égards. Elle tombe dans un avilissement décidé du moment où elle reste oisive, parce que cette oisiveté dévoile son impuissance. On est souvent étonné du peu d'esprit de la plupart des femmes qui se mêlent d'intriguer, et ce ne sont pas celles qui réussissent le moins. Il est encore certain que l'intrigante la plus habile ne l'est jamais assez pour en éviter la réputation. Cette réputation nuit quelquefois à leurs projets; mais elle leur sert aussi comme une enseigne à un bureau d'adresses.

— Monsieur Luvel, et ce joli lieutenant de dragons, si assidu près de moi, si empressé avec madame Derneval, hem ! qu'en pensez-vous ?

— Mon général, celui-là est un jeune officier français dans toute l'étendue du mot. En France, on exerce cette profession avec honneur, rarement avec application, et presque jamais comme un objet d'étude. La plupart de ceux qui s'y livrent avec le plus d'ardeur ne soupçonnent pas avoir besoin d'autre chose que de courage, et croient qu'avoir vieilli c'est avoir de l'expérience. Les officiers en sous-ordre roulent de garnison en garnison, et l'oisiveté fait leur existence. Ils connaissent le régiment où ils servent, et ne se doutent pas qu'il y ait un art de la guerre. Ceux que les circonstances placent dans un ordre plus élevé n'en ont pas plus d'idée, et remplacent l'oisiveté par les plaisirs. Ainsi la valeur naturelle à la nation lui serait souvent inutile, et quelquefois funeste, s'il ne s'élevait des génies heureux, nés avec des talents, et sachant acquérir l'art d'employer utilement tant de bras et de courage.

— Je vois, monsieur Luvel, qu'un très-petit nombre de personnes que je reçois échapperaient à votre coup d'œil rapide, et je suis forcé de convenir de la justesse de votre jugement. Cependant on ne peut vivre seul, et il faut passer bien des choses aux autres, puisqu'il est à peu près impossible de composer partout ce qu'on appelle si improprement une bonne société. Pour mériter vraiment ce titre, il faudrait, ce me semble, qu'une société fût peu nombreuse, choisie, et variée sans être mêlée ; que les caractères offrissent des différences sans opposition ; que les esprits eussent une tournure singulière et naturelle, sans affectation ni bizarrerie. Il faudrait de la raison sans pédantisme, et de la liberté sans extravagance ; que rien ne fût exclu de la conversation ; que le discours, sans être ni froidement compassé ni follement décousu, traitât tous les sujets qui peuvent se présenter à des personnes d'états différents, toutes instruites ou aimables, mais surtout estimables dans leur état.

— Mon général, si un hasard heureux réunissait une telle société, il serait inutile de prendre des précautions pour qu'elle subsistât : elle resterait unie par un attachement que la mauvaise compagnie ne viendrait point altérer. On croit communément qu'il faut des soins pour l'éloigner : pas du tout. La mauvaise compagnie se fait justice elle-même ; elle s'éloigne de la bonne, parce qu'elle s'y ennuie autant qu'elle y est déplacée. Et si cela n'était ainsi, quelle ressource aurait-on contre certains importuns à qui leur rang ouvre toutes les portes ? Leur propre ennui est une sauvegarde contre leur importunité.

— Hé, monsieur Luvel, que nous sommes étourdis ! En passant en revue certains personnages remarquables, nous avons oublié un original qui s'estime beaucoup, mais dont tout le monde se moque, excepté probablement ceux qui mangent sa soupe. Que dites-vous de cet homme qui vous aborde le ventre en avant et le jarret tendu autant qu'il peut le tendre ; qui écoute avec dignité ce que vous lui répondez dans son cornet ; qui salue à peine ses supérieurs, jamais ses égaux, et qui tutoie tous les autres ; qui oublie qu'il a fait le métier de saint Eloi, et ne se doute point qu'on découvre sa crasse originelle sous son style et son orthographe de cabaret ?

— Hé, c'est M. Miloni, qui se persuade que son ventre et un peu d'argent, bien ou mal acquis, sont des qualités essentielles. M. Miloni est un sot.

— Monsieur l'athée, dit madame Derneval, je crois que c'est assez disserter pour ce soir. Permettez que nous nous occupions un peu de nos chers blessés.

— J'espère, madame, que mon athéisme n'influera ni sur votre estime ni sur votre bienveillance. Les athées sont toujours de fort honnêtes gens, parce qu'ils sont livrés à des réflexions, à des recherches, qui prouvent l'absence des passions, et que les gens passionnés seuls troublent l'ordre public.

— Cela se peut, monsieur ; mais certainement il n'en est pas de même des athées en amour. Le système de ceux-ci pourrait fort bien n'être qu'une suite du besoin de l'inconstance ou de quelque chose de pis.

— Ma chère amie, reprit le général, je vous demande grâce pour ce pauvre Luvel. N'attachons pas à ses discours plus d'importance qu'on n'en doit mettre à des jeux d'esprit.

— Oui, oui, disais-je pendant que la femme charmante m'aidait à me mettre au lit, que madame Derneval lui fasse grâce si elle veut ; moi, je ne lui pardonnerai jamais. Un homme qui veut me persuader que je ne sens pas ce que je sens, que je ne puis pas éprouver demain un sentiment qui depuis dix ans ne fait que s'accroître ! Il n'a donc pas d'yeux, car faut-il d'autre garant d'une passion éternelle que cette figure céleste, et ce cœur si sensible et si bon, d'où jaillissent des torrents de feu qui viennent se fondre dans le mien ?... Oui, oui, nous formons un tout de deux corps qu'anime une seule âme. O monsieur Luvel, je ferai justice de vous, et je vous dénoncerai à toutes les femmes. Puissent-elles vous trouver une physionomie sans expression, ne pas sentir votre esprit, ne jamais vous croire sincère, et toujours rejeter votre hommage !

Quelle humeur peut résister au baiser le plus doux ! La mienne s'évanouit au premier que je reçus. Celui-là m'en fit désirer un second, qui me fut accordé.

J'en voulais un troisième, un quatrième ; je voulais ne pas finir ; mais Lucie était là.

Je suivis de l'œil la toilette de la bien-aimée : il y a toujours quelque chose à gagner pour l'amour. Il glane où il ne peut moissonner, et si le plaisir n'est qu'une situation, il laisse entrevoir le bonheur, qui est un état pour l'âme.

Elle s'était éveillée la première, et me regardait si tendrement.

— Vénus seule, lui dis-je, peut avoir regard-là.

— Auprès de Mars désarmé, n'est-ce pas, mon ami ?

— Oh ! je ne suis pas Mars ; mais si le sentiment embellit à ce point la beauté, il doit avoir la puissance d'effacer la laideur. Ma tendre amie, je n'irai point aujourd'hui chez le général.

— Pourquoi cela, cher enfant.

— C'est qu'on ne peut s'y parler.

— Il fallait donc ne pas y aller hier.

— Je croyais tout gagner en me débarrassant de Lucie.

— Oh ! je m'en suis doutée, monsieur.

— Eh bien, madame, elle est beaucoup moins incommode que le commandeur de Nosari.

— Mon ami, ne crains pas le commandeur ; ne crains personne. Tu as eu mon premier amour ; tu épuiseras mon cœur ; il ne lui restera rien à offrir à personne.

— Eh bien, ne sortons plus d'ici : vous éloignerez Lucie sous différents prétextes. Je vous promets d'être sage, et nous parlerons sans cesse de notre amour. Peut-on se fatiguer d'entendre ce qu'on croit toujours dire pour la première fois ?

— Mais, mon ami, quelle défaite donner au général ? Tu pouvais différer ta première visite ; tu l'as faite ; tu ne peux, sans une impolitesse marquée, ne pas continuer, et tu serais fâché d'avoir des torts envers ton protecteur. Tu iras, cher enfant ; tu me feras encore ce sacrifice. Le temps approche où ils te seront tous comptés.

Que pouvais-je répondre ? et où m'eût-elle pas fait aller ? Vous sentez que mademoiselle Lucie n'était pas en tiers dans cette conversation : elle était allée chercher un déjeuner délicat, que la bien-aimée elle-même servit à côté de mon lit, et qu'elle partagea avec moi. Je trouvais délicieux tout ce qu'avaient touché ses mains, et elle ne touchait que ce qui m'était permis de prendre. Le vin que je buvais dans son verre avait un parfum enivrant ; mais elle ne versait exactement que ce que je pouvais boire. Messieurs les médecins qui prescrivez la diète, donnez à vos malades des gardes comme la mienne, s'il y en a, et jamais ils ne seront tentés d'enfreindre vos ordonnances.

Lucie favorisait ces petites manœuvres ; elle allait souvent regarder par la fenêtre ce qui se passait dans la rue, et je lui en savais bien bon gré.

Nous étions à peine entrés chez le général, qu'on annonça M. Rinaldi. Voilà un nom qui promet, pensai-je ; ce sera encore quelque commandeur ? Il y en a pourtant bien assez d'un. Au contraire, nous vîmes paraître un homme gros et court, au teint fleuri et au triple menton. Ajoutez à cela un habit écarlate complet galonné en or, un couteau de chasse au côté, une canne à bec-de-corbin, et une perruque à marrons, et vous aurez le portrait de M. Rinaldi.

Il s'approcha du général, lui prit la main, ce qui parut ne pas plaire ; il la baisa respectueusement, ce qui concilia tout.

— Je suis, dit-il, le père d'une enfant dont j'ai sans doute perdu l'affection, et c'est ma faute. J'ai été puni d'une injuste préférence : la petite vérole m'a enlevé mon fils unique, et je conçois maintenant que la vaccine peut être bonne à quelque chose. Depuis la mort de mon fils, je n'ai cessé de maigrir et de chercher ma fille ; mais votre lettre, général, m'a rendu à la santé et à la joie.

— En si peu de temps ! reprit Luvel, monsieur engraisse ou maigrit donc à volonté ?

— Ah ? monsieur, si ma fille refuse de me rendre son amitié, dans deux jours vous ne me reconnaîtrez plus.

— Qu'on est heureux, monsieur, d'avoir un tel empire sur soi ! on est propre à tous les rôles, et ce talent-là même à tout.

— Monsieur, poursuivit le général, mademoiselle votre fille est encore dans l'âge où l'on ne connaît que les sentiments doux. Vous avez eu de grands torts avec elle ; mais je suis persuadé qu'elle mettra son bonheur à les oublier.

— Comme monsieur mettra le sien à conserver son embonpoint.

Le général regarda le plaisant d'un air !.. Il n'osa ouvrir la bouche de deux heures. Il ne suffit pas d'être gai auprès des grands, il faut juger le moment où ils trouvent bon qu'on les fasse rire, et le général n'était pas homme à s'amuser des ridicules d'un père qui paraissait revenir aux sentiments de la nature.

— Madame Derneval, reprit mon protecteur, a placé elle-même mademoiselle votre fille dans un couvent distingué ; elle vous donnera une femme de chambre et une voiture qui vous y conduiront ; le reste vous regarde. Allez, monsieur, et croyez que je me félicite d'avoir pu vous être utile.

J'avais été embarrassé très-embarrassé, jusqu'au

moment où M. Rinaldi reçut cette espèce de congé. Je craignais qu'il ne voulût présenter sa fille, offrir à madame Derneval leurs remerciements communs. Il comprit, à ce qu'il me parut, qu'une seconde visite serait déplacée, car il tourna à sa manière un compliment d'adieux, coupé par des révérences plus ou moins profondes, selon le degré de considération qu'il croyait devoir accorder à chacun. Il s'inclina jusqu'à terre devant la bien-aimée. C'est que rien n'attire comme la beauté, et que rien n'égale un empire que nous reconnaissons tous sans calcul et même sans réflexion.

Je comptais bien ne plus revoir M. Rinaldi, et je m'en félicitais; mais il est des êtres si singuliers! On ne sait sur quoi compter avec eux.

Il rentra deux heures après donnant la main à la petite Thérèse. Elle était mise avec un goût remarquable : madame Derneval n'oubliait rien. A travers les voiles de la coquetterie, perçait certain petit air mystique qui la rendait plus piquante. Elle m'eût paru ravissante, si celle devant qui tout s'éclipsait n'eût été là.

Ce père avait bien besoin de me faire revoir cette jolie petite créature! Peut-être aussi avait-elle voulu essayer encore ce que peut l'art uni à la jeunesse et aux grâces? Quoi qu'il en soit je prévoyais une scène et mon premier mouvement fut d'aller me renfermer dans ma chambre. Je réfléchis que j'aurais l'air d'un sot, si je prenais la fuite, que peut-être la petite viendrait me chercher jusque chez moi, où elle aurait tant de moyens d'exciter ma sensibilité, tandis que la présence du général la contiendrait probablement jusqu'à certain point. D'ailleurs, la bien-aimée ignorait-elle le passé? N'étais-je pas sûr de moi pour l'avenir? Je restai.

— Oh çà, beau garçon, expliquons-nous un peu, dit M. Rinaldi en me frappant sur l'épaule. Vous avez, dit-on, l'heureuse habitude de vaincre de toutes les manières. Vous rougissez! Allons, allons, remettez-vous. Tout s'arrange avec de l'argent, et j'en ai beaucoup. D'ailleurs c'est encore moi qui suis cause de l'accident de Thérèse, et c'est à moi à le réparer. Elle m'a rendu franchement, facilement sa tendresse. Je lui ai demandé comment je reconnaîtrais une conduite aussi louable. Elle s'est expliquée en rougissant, tenez, comme vous rougissiez tout à l'heure. Je n'ai plus rien à lui refuser, et je m'exécute; écoutez-moi. Vous n'avez rien, et je possède un million. Vous êtes beau garçon, brave garçon; ma fille est jolie, elle vous aime; vous vous convenez, je vous marie. Je lui donne en dot un bien de cinq cent mille francs, en attendant le reste, que je vous ferai cependant attendre le plus longtemps que je pourrai. Touchez-là, mon gendre, voilà une affaire finie.

— Je suis sensible, monsieur, à l'honneur que vous me faites...

— Et vous acceptez?

— Non, monsieur, je remercie.

— Vous refusez ma fille avec cinq cent mille francs? Ma foi, mon cher, tant pis pour vous; cela ne se trouve pas tous les jours.

Thérèse joignait ses petites mains pendant que son père me parlait. Ses yeux se portaient tantôt sur moi, tantôt sur la bien-aimée. J'étais sur les épines, et je ne pouvais m'empêcher de regarder cette aimable enfant, c'était une figure de l'Albano qu'avait animée l'amour.

— Mon général, dit-elle, vous pouvez tout sur M. Jérôme; secourez-nous, je vous en conjure.

Le général paraissait tout à fait d'avis que j'acceptasse; mais il savait combien ses représentations à cet égard seraient inutiles, et il fit une de ces réponses polies qui ne signifient rien du tout.

— Madame, dit vivement la pauvre petite à la femme charmante, je ne peux m'y méprendre, c'est vous qui êtes l'objet de cette passion insurmontable dont m'a parlé le général. On ne peut vous préférer personne, je le vois; mais il m'aimera s'il s'éloigne de vous, j'ose le croire, et c'est ma dernière ressource. Soyez généreuse, madame, ayez pitié de moi. L'effort est-il si pénible? Vous ne le connaissez qu'à demi; il ne vous a pas épousée, vous.

La bien-aimée était dans une de ces situations où l'on sait parfaitement ce qu'on veut faire; mais où l'on ne trouve pas un mot de ce qu'on doit répondre. Elle se cachait le visage d'une main; la petite avait saisi l'autre, et la couvrait de baisers et de larmes. La femme charmante lui ouvrit les bras, et elles s'embrassèrent comme deux femmes qui ne peuvent se haïr; mais qui sont incapables de se sacrifier l'une à l'autre. La petite était toujours suppliante; la bien-aimée résistait.

Laissez-moi, laissez-moi, lui dit-elle en s'éloignant, je vous plains; mais ce que vous demandez est au-dessus des forces humaines.

Elle disparut en portant son mouchoir à ses yeux. Je voulus la suivre : la pauvre petite me prit à mon tour. Sa passion naïve s'exprima avec une énergie, un charme presque irrésistible. J'eus pourtant la dureté, ou la vertu, de me défendre encore.

— Allons, allons, dit M. Rinaldi en séparant sa fille de moi, c'est trop nous abaisser. Si l'on ne mariait, après tout, que les filles à qui il n'est pas arrivé d'accident, combien il en est qui resteraient là! Un million d'ailleurs couvre bien des taches. Retournons à Pavie, et gardons-nous de maigrir : je me suis aperçu que cela ne vaut rien, et ne remédie à rien.

Il fallut qu'il usât presque de violence pour faire retirer cette aimable enfant. Elle m'adressa un dernier regard si douloureux !... Je l'entendais sangloter dans la pièce voisine... J'étais dans un état, oh ! dans un état !...

La journée fut longue, comme vous le pensez bien : le temps n'a pas d'ailes pour les cœurs affligés. Le commandeur de Nosari vint. Il avait trop de pénétration pour ne pas s'apercevoir qu'il s'était passé quelque chose d'extraordinaire. Il essaya de nous distraire à force d'amabilité ; mais les plaies de l'âme ne se ferment qu'avec le temps. Le commandeur, fatigué ou piqué de l'inutilité de ses efforts, se retira de très-bonne heure : on avait fait dire aux autres qu'on n'était pas visible.

On range le caméléon parmi les animaux fabuleux. Eh ! que sommes-nous donc, nous qui changeons sans cesse de goûts, d'habitudes, d'opinions, de caractères et même de physionomies ? Que me reste-t-il maintenant de ces formes séduisantes auxquelles je dois de si doux souvenirs ? Le général et moi, si affaiblis, si changés, si méconnaissables pendant un certain temps, reprimes enfin cet embonpoint, cette fraîcheur naturels à des caméléons de notre âge, et notre retour à la santé fut célébré par une fête dont M. de Nosari voulut bien faire les honneurs.

C'est la première fois qu'il m'ait rendu vraiment service ; et pendant qu'il parcourait les bosquets illuminés, qu'il dirigeait le feu d'artifice, qu'il surveillait l'arrangement d'un superbe ambigu, qu'il donnait des ordres pour le bal qui devait terminer la nuit, je causais, moi, sur un banc de gazon, dans un appartement abandonné, au fond d'une grotte écartée... Je causais... Ne faisais-je que cela ? Oh ! bien peu de chose de plus en vérité. Elle conservait encore le flegme, la dignité d'un médecin ; elle m'opposait mon état... Mon état ! il était radieux. Elle feignait de n'y pas croire, elle refusait obstinément de s'en assurer.

Cette nuit s'écoula comme celles où on prend du bruit pour du plaisir et de l'argent prodigué pour de la magnificence. Le soleil reparut, effaçant jusqu'au souvenir des folies humaines. Les feux, sans cesse jaillissants de son sein, semblaient dire à ceux qui avaient voulu remplacer sa lumière : Mortels, que vous êtes petits !

Oh ! quelle délicieuse surprise pour un être élevé dans les souterrains, qui n'en serait sorti que la nuit pour voir des fusées volantes, et qui serait produit tout à coup à la lumière du soleil ! Nous sommes insensibles à ce spectacle : nous l'avons tant vu ! Ainsi une belle femme si longtemps désirée, une grande fortune si longtemps convoitée, une place importante si longtemps briguée, perdent leurs charmes par la jouissance. Plus elle est vive, plus elle ressemble à un feu d'artifice : plus vite elle s'éteint.

J'ai quelquefois donné des fêtes. Elles étaient d'un tout autre genre. J'ai marié des filles jolies et sages à des jeunes gens honnêtes et laborieux. Ils n'ont pas connu les plaisirs bruyants d'une nuit tumultueuse : ils s'éveillaient pour renaître au bonheur. Leur premier mot était *amour*, le second *reconnaissance*.

Le général nous dit en se levant qu'il se proposait de partir le lendemain pour Paris.

— Madame Ruder, ajouta-t-il, n'en sera pas fâchée. Elle a remis son commerce en des mains sûres ; mais rien n'est tel que l'œil du maître : le bon la Fontaine l'a dit. Au reste, si l'on avait abusé de sa confiance, elle a d'ailleurs de quoi vivre commodément. Prenez ceci, belle dame.

— C'était un brevet de pension à laquelle le grade de son mari ne lui permettait pas de prétendre : on la traitait comme le preux François Ier eût traité la veuve de Bayard.

Je n'avais jusqu'alors éprouvé pour le général qu'une affection sincère, tempérée par le respect le plus fondé. Je ne fus pas maître de moi ; je lui sautai au cou, et je le serrai dans mes bras aussi longtemps et aussi fort que si j'eusse embrassé Luvel. Étonné de ce que j'avais fait, je reculai de six pas ; j'aurais reculé de six toises si la cheminée ne m'eût arrêté.

— Pardon, lui dis-je, mille pardons, général ; pour penser à l'étiquette il faut se posséder, et le sentiment fait tout oublier, hors le bienfait.

— Payez toujours ainsi, Jérôme ; votre manière est la bonne pour ceux qui n'obligent point par vanité.

Madame Derneval félicitait, embrassait la bien-aimée. La femme charmante ne disait rien ; mais ses yeux, ses étreintes !... La réponse du général lui avait fait aussi oublier les distances : nos bienfaiteurs n'étaient pas descendus ; ils nous avaient permis de monter jusqu'à eux.

On donna un magnifique et dernier dîner à l'hôtel ; le commandeur était du nombre de ceux qui devaient l'embellir. Il s'était placé à la droite de la bien-aimée ; mais j'étais à sa gauche, et si je ne pus rien dire de particulier, du moins fut-il forcé de donner à la conversation une tournure générale. M. Derneval avait raison : je n'ai pas connu d'homme fait pour plaire comme celui-là quand il en voulait prendre la peine. Il fit le charme du dîner, et je ne trouvai pas mauvais que la femme charmante éprouvât du plaisir à l'entendre. Mais au dessert il déclara qu'il partait avec nous, et cela me déplut excessivement.

Dissertation sur les femmes et l'amour...

— Je viens de quitter le service, dit-il au général; ainsi je ne tiens à rien. J'ai un revenu considérable; je puis le dépenser à Paris comme à Milan. Je vous aime, je vous estime, et j'irai vivre avec vous. Je vous avoue franchement que madame Ruder entre pour quelque chose dans mon projet : si on vieillit auprès d'elle, ce doit être du moins sans qu'on s'en aperçoive. Permettez-moi d'espérer, madame, que vous m'accorderez votre amitié quand vous me connaîtrez mieux.

Je n'ai jamais cru à une amitié désintéressée entre une femme charmante et un homme aimable. Je ne sais quelle mine je fis; mais elle devait rendre d'une manière bien significative ce qui se passait en moi, car le général me regarda de façon à me faire baisser les yeux. Je sentis bien que j'avais manqué aux bienséances, mais que me faisaient des usages comparés aux intérêts de mon cœur? Après tout, pensai-je, si ma mine a déplu au commandeur, il n'a qu'à le dire; nous avons chacun une épée, et je ne serais pas fâché de me défaire de cet ami-là.

La bien-aimée ne lui fit pas demine, et cela me choqua encore; elle donna, à ce qu'elle répondit, une tournure douce, attirante, qui, selon moi, se réduisait à ceci : Monsieur, je vous remercie de vos offres, et je les accepte avec un sensible plaisir. Elle n'avait pas dit mot qui eût un rapport direct à cela, mais il me plaisait d'entendre ainsi.

Ma tête se monta. Un an plus tôt j'aurais éclaté en public, mais je devenais tout à fait Français : je craignais le ridicule. Je me préparai à une de ces scènes conjugales où l'épouse innocente est toujours victime de l'injustice du mari. Oh! les vilains hommes! les vilains hommes!

— Je vois, madame...
— Madame! Lucie n'est plus avec nous, mon ami.
— Je vois, madame, avec le chagrin le plus profond, les progrès du commandeur près de vous.
— Ah! monsieur continue d'avoir de l'humeur.
— J'en ai, madame, et beaucoup. Votre réponse à M. de Nosari...
— N'était que polie.
— Affectueuse.
— Je me suis même attachée à la faire froide.
— C'est qu'elle ne l'était pas, madame; elle ne l'était pas du tout.
— Voulez-vous, monsieur, que je vous rappelle les mots.
— Eh! madame, c'est bien des mots qu'il s'agit! Aurez-vous aussi la bonne foi de rappeler ce regard qui portait la satisfaction dans son cœur et le désespoir dans le mien?
— Jérôme, je n'ai jamais eu de tort envers vous, et je me suis promis de n'en jamais avoir. Il n'est pas d'amour sans confiance, et si vous m'aimez autant que j'ai lieu de le croire, notre explication doit finir là.
— Non, madame, non ; je ne suis pas de ces hommes qui s'arrangent du partage d'un cœur.
— Votre intention, monsieur, est-elle de m'outrager ?
— Mon intention, madame, est de vous dire tout ce que je pense. Vous intéressez trop le commandeur pour qu'il ne me déplaise pas infiniment, et je me flatte que vous cesserez de le voir.
Ah! Jérôme! Jérôme! Si jeune encore, vouloir être tyran !
— Je le sais, madame, c'est ainsi qu'on nomme ceux qui soutiennent leurs droits.
— Des droits, monsieur! des droits! Quels sont les vôtres, s'il vous plaît, que ceux que je puis restreindre ou supprimer à mon gré?
— A votre gré, madame! Ah! cet effort est en votre puissance! Il est donc démontré que vous ne m'aimez plus?
— Je ne t'aime plus, ingrat! je ne t'aime plus! Eh bien, tu n'as pas reconnu dans tout ce que j'ai fait pour toi cet amour brûlant, désintéressé, invariable, qui fit, jusqu'à ce moment, le bonheur de ma vie; si, pour te convaincre de sa réalité, il faut que je sois une femme bizarre, extravagante, injuste, que je rompe ouvertement avec l'ami de ton bienfaiteur, avec un homme que son âge et ses qualités devaient mettre au-dessous du soupçon, je suis prête à le faire ; j'aurai même la générosité de me charger, seule, du blâme qui doit suivre une démarche de cette nature.

Elle se leva et se mit devant un secrétaire.
— Dictez, monsieur, je vais écrire.
Ce dévouement absolu, cette soumission au caprice le plus inexplicable m'inspirèrent un retour sur moi-même, un mouvement de honte qui ne me permirent plus d'ouvrir la bouche. J'étais debout devant elle, atterré, constristé de la sottise que je venais de faire, mais trop orgueilleux encore pour en implorer le pardon. Sa poitrine était oppressée, ses yeux étaient gros de larmes qu'elle s'efforçait de retenir. Je savais cependant qu'il ne fallait qu'un mot pour ramener le calme dans son âme et le sourire sur ses lèvres : j'eus la cruauté de ne pas le dire.
— Vous n'êtes point, répéta-t-elle avec le ton d'une tristesse profonde, de ces hommes qui s'arrangent du partage d'un cœur! Voilà de ces traits qui déchirent et que doit attendre une femme qui oublie son devoir. On ne doit reconnaître de cause de sa faiblesse que l'attrait du plaisir. Et où est, en effet, le terme où elle s'arrêtera? Son complice lui-même, qui a cessé de l'estimer au moment où ont cessé ses espérances, n'a que trop de raisons de croire que ce qu'elle a fait pour lui elle le fera pour ceux qui chercheront à lui plaire, et bientôt le mépris et l'abandon deviennent la juste punition de sa faute.
Je ne pus en écouter davantage. Je tombai à ses pieds, et le front courbé dans la poussière :
— Grâce, grâce ! m'écriai-je. Je suis un insensé, je suis un monstre, puisque j'ai pu vous offenser. Mais vous mépriser, vous abandonner, vous pourriez le croire ! vous avez pu me le dire ! point d'amour vrai sans estime, et le mien est tellement lié à mon être, qu'il ne peut quitter sans emporter ma vie.
Je me levai, je pris la plume, j'écrivis :

« Monsieur,

« Un mouvement de jalousie m'a fait outrager une femme que j'aime avec idolâtrie, et qui mérite mon plus profond respect. Je lui ai demandé un pardon qu'elle m'accordera peut-être, et je ne rougis point de vous faire des excuses, à vous, monsieur, envers qui je me suis comporté de la manière la plus répréhensible pendant ce malheureux dîner. Croyez... »

Elle était restée assise, et j'avais commencé à écrire debout. Elle lisait ce que j'écrivais, et à mesure que je me soulageais par l'aveu de mes fautes, des larmes douces coulaient de ses yeux. Je posai la plume pour les recueillir, pour les essuyer.
— Ah! laisse-les couler, dit-elle : celles-ci sont les larmes du plaisir.
Elle s'approchait de moi, elle m'attirait doucement, j'étais sur ses genoux... et ma lettre... elle la déchira.

— C'en est assez, l'amour est satisfait, et tu n'as pas eu envers le commandeur de torts qui nécessitent une réparation de cette nature. Cher enfant, plus de ces scènes-là, je t'en supplie: tu ne sais pas quel mal tu m'as fait.

Je ne savais ce que je devais admirer davantage de ses charmes ou de sa bonté; je ne sais ce que je lui répondis; mais ce feu divin, comprimé un moment, s'échappa de nos cœurs avec une violence... L'Amour avait remplacé Lucie et ce témoin-là n'est jamais indiscret.

— Ah! dit-elle en revenant de la plus délicieuse ivresse, elles existent donc, ces douceurs si vantées d'un raccommodement! mais elles coûtent trop cher. Mon ami, ne nous raccommodons plus.

— Non, femme céleste; que rien n'altère désormais les charmes de notre union. Rendons-la solide autant que respectable. Forçons les méchants eux-mêmes à convenir que vous avez mis le comble à vos bienfaits: je vous demande votre main; accordez-la-moi.

— J'attendais cette proposition; tu me la devais, mon ami...

— A qui la fait-on, qu'à celle qu'on estime et qu'on veut aimer toute sa vie?

— Depuis longtemps je suis préparée à te répondre. J'ai pris une détermination réfléchie, invariable. Je jure, par l'amour et l'honneur, de ne point m'en écarter. Mon ami, je suis assez bien, je le sais, pour ne pas mettre d'amour-propre à en convenir franchement; je n'ai encore que vingt-quatre ans, mais tu n'en as pas dix-sept. La beauté passe vite; les passions s'éteignent lentement. Il ne me restera plus rien de ce qui te séduit maintenant, que tu seras jeune encore pour l'amour. Quelle serait ma douleur si, m'étant flattée d'être aimée aussi constamment que j'aimerais moi-même, je te voyais remplacer le sentiment par des procédés d'autant plus cruels qu'ils interdisent la plainte, dont ils sont le motif le plus amer? Je connais cette sorte de respect dont certains maris font métier, et dont ils ont l'audace et la lâcheté de se faire honneur. Une femme pour qui son mari a des égards n'est aujourd'hui qu'une infortunée trop décente pour se plaindre et assez forte pour dévorer ses chagrins. Que gagnerait-elle, d'ailleurs, à réclamer l'équité naturelle, si différente de la justice des hommes, puisque le mari le plus injuste et le plus authentiquement méprisable trouve souvent de la protection dans les lois et toujours des approbateurs parmi ses semblables? Il faut qu'il ait bien scandaleusement tort, avant que le monde l'accuse. Tu as un excellent cœur, mon ami; mais la vivacité de tes passions me fait trembler.

— Elles n'ont qu'un objet, ma bonne amie; jamais elles n'en auront d'autre, et leur vivacité même doit vous rassurer. Je n'aurai jamais le moindre trait de ressemblance avec le tableau que vous venez de m'opposer: c'est celui d'un homme abominable.

— Tu le crois chargé, cher enfant, et je ne fais que généraliser mes idées: que dirais-tu si je les particularisais? Tu cesseras de m'aimer un jour. Cette prévoyance, pour être cruelle, n'en est pas moins fondée sur l'expérience. D'abord tu craindras de m'affliger; tu me cacheras tes démarches, et la contrainte que tu t'imposeras te fera bientôt passer de l'indifférence au dégoût. Alors, si j'étais ta femme, naîtraient les chagrins domestiques, l'ennui dans l'intérieur, les tracasseries réciproques; l'aigreur d'une part, et peut-être la haine de l'autre. Je veux, à l'époque fatale, qu'il m'en coûte ou non, pouvoir te rendre ta liberté. Je veux que tu portes partout un cœur que personne ne fixera; que tu uses, pour ainsi dire, le plaisir, et c'est alors que le vide de ton âme te fera sentir le besoin de l'amitié. Tu reviendras à moi, à moi toujours disposée à écouter tes plaintes, à partager tes peines, à doubler tes jouissances par l'intérêt qu'elles m'inspireront. Ce moment sera celui de mon triomphe, parce que mon empire, indépendant des passions, sera établi sur l'estime, la confiance, et ne s'affaiblira jamais. Voici donc quelle est ma résolution; je la prononce avec le calme de la raison: ainsi il serait inutile d'entreprendre de me la faire changer. Ce que l'amante la plus tendre peut prodiguer de prévenances, d'attentions, d'égards, de faveurs, t'appartiendra sans partage; mais jamais tu ne seras mon époux.

Je l'écoutais avec un étonnement qui tenait de la stupéfaction. Je ne concevais point qu'elle refusât l'offre la plus flatteuse que puisse faire un homme aimé. Si le commandeur n'eût été engagé irrévocablement dans son ordre, j'aurais pensé que les motifs qu'elle m'opposait, et qui ne me paraissaient que spécieux, tendaient à m'éloigner d'elle insensiblement. Je rejetai cette idée, et j'entrepris de la convaincre par le plus fort des raisonnements.

— Pouvez-vous vous abuser, ma bonne, ma tendre amie, sur le plan de vie que vous me proposez? Ignorez-vous de quel blâme on charge une femme libre qui a un amant avoué, auquel elle ne refuse que de légitimer son amour?

— Tu ne me diras rien là-dessus que je ne me sois déjà dit. Je n'ai plus qu'un sacrifice à te faire, celui de ma réputation; je te le fais, cher enfant.

Je répliquai, j'insistai, je la pressai.

— Ma chambre touche à la tienne, la porte en est ouverte. Sois dès ce moment mon ami, si tu ne veux plus être que cela.

Je courus, je volai, et le jour me trouva dans ses bras.

CHAPITRE IV.

Retour à Paris. Pauvre madame Ruder! un tour de valse, une fausse entorse et madame de Vernon enlève le sémillant colonel; elle en abuse durant trente-six heures. Ce sera la dernière folie de Jérôme qui devient diplomate, secrétaire d'ambassade, et sera promptement ministre plénipotentiaire. Enfin, heureux de toute façon, il épouse sérieusement... le lecteur verra qui.

Nous descendîmes chez le général. Les voitures étaient à la porte. Monsieur, madame Derneval et le commandeur montèrent dans la première. Il y restait une place. Elle l'aurait prise que je n'eusse pas murmuré: la scène de la veille était encore si près de moi! Luvel sauta dans la berline. Quel plaisir il me fit!

Je me retournai, je la cherchai. Elle était montée dans une chaise de poste à deux places. Le secrétaire du général tenait la portière; il allait mettre le pied à l'étrier. Mille pardons, monsieur! lui dis-je, en passant entre lui et la chaise. Il m'entendit à merveille, et prit un cabriolet de moitié avec l'intendant. Je me plaçai auprès d'elle, bien persuadé que l'on considérerait cet arrangement comme un effet du hasard. Les amants seuls s'imaginent que l'on croit à ces hasards-là.

Nous courûmes jour et nuit. Nous arrivâmes à Paris, très-fatigués, mais si heureux! Je la conduisis à sa rue de Buci, et le cabinet qu'on avait préparé pour moi, et la chaise de poste, et le boudoir de madame Derneval, tout cela était la même chose. Il est un âge où l'on se délasse par l'excès même du bonheur.

Son commerce s'était accru au delà de ses espérances. Une fille de quarante ans, dont la probité n'était comparable qu'à sa laideur, et peut-être elle l'avait choisie exprès, avait conduit ses affaires pendant son absence. Sa pension ajoutait considérablement à son bien-être. Elle garda cette fille, afin que je pusse voir le monde: c'est qu'elle comptait le voir avec moi.

— Un peu de bruit, me disait-elle, repose l'amour un moment, et il peut être avantageux de se laisser quelquefois aller au tourbillon. Toutes les femmes aimables voudront te plaire; je m'efforcerai de le mériter. Tu me quitteras avec peine, tu me chercheras dans la foule, tu me retrouveras avec transport, et ton cœur sera longtemps neuf auprès d'une amante qui saura rajeunir sans cesse le plus délicieux des plaisirs.

La plus grande partie du jour était consacrée au devoir et à l'amitié respectueuse. Je la passais entre M. et madame Derneval. Le soir, Luvel et moi nous sortions. Il courait chez celle pour qui, d'après son système, il ne pouvait avoir qu'un goût léger. Il l'avait trouvée grandie, embellie, et elle lui tournait la tête, quoiqu'il n'en voulût pas convenir. Moi je courais à ma rue de Buci.

— Ah! te voilà!
— J'ai bien tardé.
— Oui, jamais assez tôt.
— Et jamais assez longtemps.

Nous nous cachions dans un fiacre; nous allions entendre ou Molière, ou Corneille, ou Grétry.

Si le spectacle n'est pas toujours l'école des mœurs, il est certainement la meilleure école du monde. Nous sortions enchantés du *Misanthrope*, d'*Œdipe à Colone*, de *Sylvain* ou du *Cid*. Nous soupions. La laide fille se mettait en tiers, et cette contrainte passagère donnait un nouveau charme à la nuit. Elles étaient toutes les mêmes, ces nuits de bonheur, et cependant celle de la veille ne ressemblait pas à celle du lendemain.

Cette félicité, pure, inaltérable, durait depuis deux ans. Le commandeur de Nosari lui-même semblait la respecter. Il se conduisait en homme qui attend, qui prépare l'amitié. Toujours une extrême réserve était jointe à la plus piquante amabilité. Il voyait tous les jours la bien-aimée chez le général. Elle ne manquait pas d'aller rendre ses devoirs, c'était le prétexte; j'y étais, c'était le motif, et si les nuits sont courtes quand on les passe ensemble, il est assez naturel de gagner quelque chose sur la longueur des journées. Si le commandeur venait à la rue de Buci, c'était lorsque j'y retournais, c'était avec moi. Ses visites étaient courtes; il parlait peu, et tout se réduisait à ceci: La fièvre n'est pas un état naturel. Elle passera; l'amitié aura son tour. Ses espérances ne m'alarmaient plus. Il était cependant le même qu'au jour de cette scène extravagante; mais j'étais sûr d'avoir la fièvre le reste de ma vie: je le croyais du moins. Un événement bien imprévu, bien extraodinaire, m'ouvrit enfin les yeux, et me prouva que le système de Luvel bien qu'exagéré, n'était pas du tout sans vraisemblance.

Il vint un jour en grande cérémonie chez le général. Assez embarrassé, d'après les principes qu'il avait avancés, il fit en rougissant, et de la manière la plus gauche, l'annonce de son futur mariage. Madame Derneval et la bien-aimée rirent de manière à le déconcerter tout à fait. « De plus grands hommes que moi, leur dit-il, mesdames, ont été en contradiction avec eux-mêmes. Je ne sais s'ils ont fini comme moi par ne savoir ce qu'ils disaient, ni même ce qu'ils faisaient; mais je vous avoue que j'ai abjuré mon athéisme au pied de mon Émilie, et je me flatte que vous me ferez tous l'honneur d'être de ma noce. Voilà ce que je cherche depuis un quart d'heure, et ce que j'ai eu tant de peine à trouver : les gens d'esprit ne sont pas toujours en veine. »

Il était bien singulier que Luvel regardât son système comme une chimère quarante-huit heures avant qu'il dût me paraître raisonnable autant que je l'avais trouvé insensé.

Nous y fûmes, à cette noce. Madame Ruder avait emprunté de l'art tout ce qu'il peut ajouter à la plus belle nature; j'étais paré de ses mains, et elle n'avait rien oublié. Le général lui donnait la main ; le commandeur conduisait madame Derneval ; Emilie, radieuse de joie et de désir, ouvrait la marche avec son père. Dix femmes et autant d'hommes cherchaient des yeux ceux ou celles qui pouvaient leur convenir. Je présentai mon bras à une femme jeune comme Hébé, jolie comme elle, et dont l'œil était espiègle comme celui de la folie. Nous descendîmes, et nous prîmes les voitures au hasard. Nous nous trouvâmes, madame de Vernon et moi, avec un oncle sourd et une mère qui n'était pas sortie de chez elle depuis dix ans pour cause de rhumatismes. Nous avions laissé le fond aux grands parents et à chaque mouvement du carrosse, la maman d'Émilie poussait un cri. On se permet de tout dire quand on n'est pas entendu; d'ailleurs, madame de Vernon saisissait à merveille, et elle n'avait besoin que de s'expliquer à demi. Je ne fus pas dix minutes à être convaincu que ma jolie compagne était positivement ce qu'annonçaient ses yeux. Elle unissait le caractère le plus inconcevable, la déraison la plus complète à l'esprit du plus rusé lutin. Il me sembla qu'une teinte de cette gaieté folâtre ne messiérait pas à madame Ruder, et je m'aperçus, pour la première fois, de la monotonie d'un sentiment raisonnable et raisonné.

On dîna, et, sans y penser, je me trouvai à côté de madame de Vernon. On dansa, et elle me prenait quand je ne l'invitais point. On allait servir l'ambigu; le jour allait reparaître, et je n'avais pas pensé à danser avec madame Ruder. Je m'empressai de réparer cet oubli impardonnable, et je lui proposai une valse. « Non, me dit-elle à l'oreille ; les grelots de la folie ne vont ni à mon âge ni à mes habitudes. Tu es bien, amuse-toi. » Le général vint s'asseoir auprès d'elle. Il n'avait point, sans doute, l'intention de me favoriser; mais je fus fort aise de l'à-propos, et je valsai avec madame de Vernon.

Nous n'avions pas fini, qu'on vint dire qu'on avait servi. Madame de Vernon se donna une entorse, ou en eut l'air. Elle jeta un petit cri si doux, elle se laissa aller dans mes bras avec tant de grâce, que je ne savais plus où j'en étais. Je la conduisis, je la portai dans une salle voisine. Ses petits cris ne finissaient pas. Je ne pouvais la délacer, par une raison très-simple : c'est qu'elle n'avait pas de corset, mais je détachai les épingles d'un fichu déjà fort indiscret, et j'essayai le *magnétisme*. Son effet est sûr entre jeunes gens de sexes différents.

— Remenez-moi à l'hôtel, me dit-elle. Vous me soulagez beaucoup; mais votre manière de traiter exige du mystère, et vous vous comportez comme un enfant ou comme un fou.

— Quoi donc, M. de Vernon trouverait-il mauvais...

— M. de Vernon, dit-elle en se levant et m'entraînant avec la rapidité d'Atalante, M. de Vernon est la meilleure pâte de mari qui existe ; mais ce n'est pas devant lui que vous devez *magnétiser* sa femme.

Elle me poussa dans son carrosse, elle y sauta après moi. Elle monta ses escaliers quatre à quatre, et elle renvoya ses femmes. Apparemment, pensai-je, que le mystère est pour M. de Vernon tout seul.

— A propos, me dit-elle, voulez-vous un consommé ?

— Je n'ai besoin de rien.

— Comme il vous plaira, beau colonel.

Elle tourna la clef, et ma foi...

J'avais été, pour ainsi dire, enlevé, je n'avais pas eu le temps de réfléchir; mais le moment du réveil ! C'est celui où la conscience, que rien ne distrait encore, nous présente le miroir et le tient avec un bras de fer. Je pensai que, depuis deux ans, cette nuit était la première que j'eusse passée loin d'elle, je me rappelai mon défaut de procédés pendant la journée précédente ; je sentis la nécessité et la honte de retourner à elle : j'étais sincère en ce moment. Mais qu'il est impuissant le souvenir d'une femme dont on cesse d'être amoureux ! Madame de Vernon réveilla avec elle le désir, la gaieté, le plaisir et la démence. Elle se leva enfin, et m'aida à m'habiller. Elle s'arrêtait à chaque instant devant ce qu'il lui plaisait d'appeler mes charmes, et elle riait de tout son cœur du tribut forcé, disait-elle, qu'elle offrait à chacun d'eux.

Elle nous fit servir à déjeuner aussi tranquillement que si elle eût été en tête à tête avec son mari. Cette conduite était nouvelle pour moi. Je concevais si peu ce que je voyais, que je passais de la surprise à la stupéfaction. Je déjeunai fort bien cependant, et pour cause. Je voulus ensuite me retirer ; elle me notifia, en faisant une petite moue si drôle, et en me tapotant les joues, qu'elle entendait prendre l'air.

Elle sonna: Les chevaux, dit-elle. Elle me prit la main, me fit descendre aussi lestement qu'elle m'avait fait monter, et ordonna de toucher aux Champs-Elysées.

Là, il lui passa par la tête de manger un melon. Elle voulut ensuite aller dîner au bois de Boulogne; elle revint prendre des glaces aux Tuileries; elle finit par me conduire à l'Opéra. Elle y avait une loge grillée, où, du moins, on était plus commodément que dans les tavernes que nous avions parcourues.

Elle me ramena chez elle étourdi des événements de la journée. Elle me déshabilla, beaucoup plus lestement qu'elle ne m'avait habillé, et elle me dit le lendemain matin:

— Mon cher colonel, tout s'use. Vous n'êtes plus en argent comptant: allez à vos affaires. Je vous attends demain soir.

Dès que j'eus perdu de vue cette espèce d'Armide, je me réveillai comme Renaud. Je m'étais aperçu, pendant nos courses de la veille, que les hommes la saluaient assez cavalièrement, et que les femmes détournaient les yeux. Je me sentis humilié de l'inconvenance du rôle que j'avais joué, et, pour la troisième fois, le remords vint bourreler ce cœur trop faible. Allons, me dis-je, allons trouver celle qui pardonne tout, et avouons-lui ce que... ce que... ce qu'il ne m'est pas possible de lui cacher.

J'entrai en tremblant dans la rue de Buci; je tremblai bien davantage en entrant dans le magasin. Je crus m'apercevoir qu'elle avait pleuré, et je ne sus quel maintien prendre.

— Venez, me dit-elle d'un air aisé qui ne s'accordait pas avec mes observations.

Je la suivis; elle me mena dans sa chambre.

— Pourquoi cet embarras, cette rougeur, mon ami? Ils ne sont pas causés par le regret de ce qui s'est passé: ce goût est trop nouveau pour qu'il vous permette d'écouter la raison. Vous êtes donc agité par la crainte de m'affliger à cet égard. Soyez tranquille à cet égard. Depuis six mois vous n'avez plus d'amour, et je me suis lentement, péniblement préparée à ce qui m'arrive aujourd'hui.

J'entrepris de la rassurer par ces expressions de de feu qui jaillissaient autrefois de mon cœur: je ne trouvais que de ces lieux communs, qui ne prouvent que de la politesse. J'essayai le moyen plus puissant, des caresses.

— Arrêtez, me dit-elle. Je m'estime assez pour ne pas vouloir de partage. Vous n'êtes plus mon amant: ne m'avilissez point. Je ne crois pas vous désobliger en vous refusant des faveurs que vous ne désirez plus, et, en supposant qu'elles ne vous soient pas absolument indifférentes, je vous offre un dédommagement à ce que vous perdez. Embrasse, Jérôme, ton amie sincère, affectueuse, compatissante, qui gémit de tes travers, et qui t'en corrigera, sans peine, du moment où tu seras certain que ses conseils sont désintéressés. Va chez le général; colore ton absence. Ne lui dis rien de ce qui s'est passé entre toi et cette femme, qui ne te fixera point. Taire une vérité fâcheuse à qui ne la demande pas, est quelquefois prudence.

— Me sera-t-il au moins permis, madame...

— Madame, dis-tu! Mon ami, l'amitié a ses expressions comme l'amour: elles sont moins brûlantes, mais peut-être aussi douces.

— Ma bonne amie, me sera-t-il permis de vous voir toujours?

— Eh! que deviendrais-je moi-même si je ne te voyais plus?

— Tu m'as détrompée des illusions de l'amour; mais tu m'as rendue à ce sentiment simple, pur, que m'inspirait Jérôme enfant. Ce sentiment, qui suffisait à mon bonheur, qui avait la puissance de me faire oublier ce que le vice a d'abject pour une femme délicate, ce sentiment suffira encore à mon cœur. Ne me néglige pas trop: voilà tout ce que j'exige en échange de l'affection que j'aurai pour toi jusqu'à la mort.

J'aurais donné, en ce moment, la moitié des jours qui m'étaient réservés pour pouvoir l'adorer l'autre. Mais l'amour n'allume pas deux fois son flambeau devant le même autel.

Je jetai les yeux dans mon cabinet entr'ouvert. Mon lit n'y était plus; cette chaise longue était enlevée; ces gravures voluptueuses étaient disparues. Une bibliothèque, un métier à broder, une guitare...

— C'en est donc fait, lui dis-je avec un serrement de cœur affreux, je suis banni de ce toit si longtemps hospitalier.

— Mon ami, les nuits appartiennent à l'amour: les journées suffisent à l'amitié. Va, va chez le général.

Je m'y présentai avec l'assurance naturelle à un jeune homme persuadé qu'on ignore son inconduite. Il se leva dès qu'il me vit et me tira à part.

— D'où venez-vous, monsieur? Si vous pouvez être deux jours sans me voir, savez-vous si, pendant cet intervalle, vos services ne me sont pas nécessaires?

— Je viens, mon général, je viens...

— Eh! je ne le sais que trop, aveugle enfant; vous sortez des bras d'une folle. Monsieur, on n'est pas maître, j'en conviens, d'aimer ou de n'aimer plus. On l'est toujours de ménager les bienséances, et celui-là les viole sans pudeur, qui rend une femme belle, aimante, respectable malgré sa faiblesse, qui la rend témoin du triomphe d'une rivale indigne de dé toute espèce de comparaison. Je vous ai pardonné votre aventure avec mademoiselle Rinaldi, parce que personne ne peut se garantir d'une surprise des sens. Mais je n'excuse pas un oubli de quarante-huit heures, parce que vous avez eu cent fois, pendant ces deux jours, des occasions de réfléchir. Vous n'êtes plus mon aide de camp. Il ne me reste plus rien à vous dire, et vous êtes le maître de vous retirer.

— Et vous aussi, mon général ! Ah! je le vois, madame Ruder a parlé, et l'intérêt qu'elle inspire à tous ceux qui la connaissent...

— Vous accusez votre bienfaitrice, ingrat jeune homme ! Croyez-vous que celui qui vous doit la vie, qui a préparé, qui a fait couronner vos succès, n'ait pas un cœur aussi ? Les yeux de la reconnaissance et de l'amitié sont-ils moins pénétrants que ceux de l'amour ?

Je tombai à ses pieds, je les baisai avec humilité.

— Elle m'a éloigné, vous me chassez, je suis sans asile. Qui donc garantira des écueils de son âge un jeune homme trop facile, si ses amis les plus respectables le rejettent ? Quel droit auront-ils alors de lui reprocher des fautes qui seront leur ouvrage ? Abandonne-t-on un insensé sur le bord d'un précipice ? Oh! par grâce, sauvez-moi.

— Je ne suis pas insensible, monsieur, me dit le général en me relevant, aux dispositions où je vous vois, et je désire, sans m'en flatter, que vos véritables amis n'aient, à l'avenir, que des éloges à vous donner. Ma maison sera, désormais, la vôtre; mais souvenez-vous qu'en vous recevant chez moi je deviens, en quelque sorte, garant de votre conduite. La première preuve que j'exige de votre retour, est votre rupture avec madame de Vernon, et le moyen le plus sûr de ne pas la rencontrer est de vous attacher à son mari. Il occupe une grande place, il a des qualités, beaucoup de crédit, et cette espèce de liaison est toujours utile à un jeune homme à qui il reste une longue carrière à parcourir. Allez, demain, voir M. de Vernon: vous n'avez qu'à vous nommer pour être accueilli partout.

Il m'embrassa affectueusement, et nous rentrâmes.

Je voulais être sage, je me le promettais, et je me le prouvai à moi-même en commençant ma journée du lendemain par une visite à la rue de Buci. Je m'attendais à une troisième mercuriale, et je la reçus. Elle me fit sentir de nouveau le danger de s'attacher à certaines femmes ; mais elle avait un ton qui allait à l'âme, et des expressions si ménagées !... Oh! que la sagesse est douce; qu'elle est puissante, quand elle passe par une belle bouche !

J'attendis auprès d'elle l'heure convenable pour me présenter chez M. de Vernon. Je me fis annoncer, et je fus reçu avec bienveillance et des égards qui me flattèrent infiniment. Je m'empressai de les justifier, en prouvant, par ma conversation, que je n'en étais pas indigne. M. de Vernon avait des connaissances. Il parut surpris que je susse autre chose que me battre, et il se plut à m'entretenir de matières qu'il n'était pas présumable que j'eusse approfondies à mon âge. Très-probablement je répondis avec autant de justesse que de modestie, car il m'invita à m'attacher à la diplomatie, et il me reconduisit en m'engageant à le voir souvent.

J'allais sortir, lorsque madame de Vernon entra. Quoi qu'il arrive, pensai-je, on ne me reprochera pas d'avoir cherché l'occasion. On ne m'a pas prescrit de brusquer une jolie, une très-jolie femme. Tout ce que peut faire un jeune converti en pareille circonstance, c'est d'être sur ces gardes et de voir venir. Je saluai respectueusement. La politesse est d'un usage si général qu'elle ne signifie rien, qu'elle n'engage à rien.

Jamais madame n'entrait chez monsieur que dans des occasions de la dernière importance. Ce jour-là, elle avait besoin de cent louis, et elle les demanda, comme elle faisait tout, en riant, en sautant, en déraisonnant.

— Madame, lui dit M. de Vernon, nous avons chacun notre bien, et le vôtre est plus que suffisant pour vous soutenir d'une manière convenable. Vous prêter de l'argent c'est autoriser des prodigalités au moins inutiles. Trouvez bon que je vous refuse.

Elle lui tourna le dos en levant les épaules, me prit par la main et m'entraîna chez elle. Si le général avait été là, que m'eût-il conseillé ? Il ne m'eût pas ordonné de lui dire :

— Madame, je renonce à vous, je ne veux plus de vous, laissez-moi tranquille.

Aussi ne dis-je pas un mot de cela : je me laissai conduire.

Je m'attendais à des agaceries, et même des avances, qui ne manquent pas de mettre en défaut la sagesse la plus austère.

— Mon cher ami, me dit-elle, prenez cet écrin et trouvez-moi cent louis à l'instant, à la minute.

— Vous ne pensez pas, madame, au genre de proposition que vous me faites.

— Je ne pense jamais, monsieur ; cela fatigue, et la résistance m'aigrit. Cent louis, vite, dépêchez-vous. Je les ai perdus hier avec un homme qui me déplaît et il faut que je paye.

— Madame, il est un moyen qui me répugne beaucoup moins que celui que vous me pressez d'employer. Donnez-moi l'adresse de cet homme ; je vais le payer.

— Comment, mon cher ami, vous avez cent louis? Un jeune colonel avoir cent louis! mais c'est admirable. Voilà l'adresse, allez payer ; moi, je vais dîner en ville : vous me prendrez ce soir aux Italiens.

Elle avait à peine fini que je ne la voyais plus ; je n'avais pas eu le temps de prendre mon chapeau que sa voiture l'emportait avec la vitesse du vent. Parbleu pensai-je voilà une singulière petite femme. Le plaisir auprès d'elle doit être toujours nouveau, car elle n'est jamais la même, et sans les remontrances du général... Irai-je aux Italiens? Oh! non, non... Cependant on ne sait pas tout... A la bonne heure ; mais j'ai promis... Allons d'abord payer, nous verrons ensuite.

Je rentrai pour prendre l'argent. La somme en question faisait plus de moitié de mes petites économies, et un jeune homme assez raisonnable pour économiser tient un peu à ce qu'il a. Je me rappelais d'ailleurs certaine phrase relative à l'homme qui ne plaît pas, et que, par cette raison, il faut payer. C'est-à-dire qu'elle ne me payera point, moi qui ai le bonheur de lui plaire. Diable, diable! cent louis pour deux nuits, c'est trancher du grand seigneur, et je suis encore loin de l'être. Je me frottais l'oreille, j'ouvrais mon tiroir, je le refermais. J'aurais donné autrefois, j'eusse donné encore à madame Ruder tout ce que je possédais : j'eusse versé mon sang pour elle sans balancer. Amour, amitié, reconnaissance, elle avait tout mérité, elle avait tout obtenu. Elle m'avait prodigué ce qui paraît à l'homme sensible tellement au-dessus des richesses de convention qu'il dédaigne de s'en occuper. Ici mon incertitude était une preuve incontestable de la légèreté de mon goût pour madame de Vernon, et je crois, en vérité, que j'aurais définitivement fermé le tiroir sans le chien d'amour-propre, démon des gens du monde.

Il me souffla qu'il était très-flatteur pour moi qu'une femme du rang de madame de Vernon eût recours à ma bourse ; que la vivacité de son caractère ne lui permettait pas de tenir la chose secrète, et que cela me ferait le plus grand honneur. Je pris donc mon argent, et j'allai chez le créancier de ma jolie espiègle.

Je ne m'étonnai point en le voyant de l'éloignement qu'il inspirait. C'était un homme de quarante ans, dont l'ameublement et la mise annonçaient l'aisance ; mais dont l'air rébarbatif s'accordait avec son ton et ses manières. Il me reçut assez cavalièrement, ce qui me choqua. Il serra son argent en plaisantant d'une manière très-crue sur ma mission et sur l'intimité qui seule avait pu y donner lieu.

Révolté de l'insolence de cet homme, je le traitai avec la dernière dureté. Il mit le verrou et me montra du doigt une collection d'épées de toutes les formes, depuis Clovis, je crois, jusqu'à nos jours. J'en pris une, lui une autre, et il me passa la sienne à travers le poignet et le haut du bras.

— J'aurais pu vous tuer, me dit-il ; j'ai seulement voulu vous apprendre qu'un homme de votre âge ne doit pas se charger de payer les dettes d'une écervelée. J'ai commencé comme vous, et je me suis réduit à la nécessité de vivre du superflu de ces femmes-là. Si j'avais trouvé à vingt ans quelqu'un qui se fût chargé de me donner une pareille leçon je me fusse probablement corrigé. Votre figure m'a plu, et je me suis conduit paternellement. Je vais appeler votre cocher.

Il m'aida à descendre, me remit dans mon fiacre, me souhaitant le bonjour, et ferma la portière. La franchise de cet escroc me parut originale, et dans toute autre circonstance je m'en serais amusé ; mais je perdais beaucoup de sang, et je n'avais pas de temps à perdre pour me faire panser. J'eus d'abord envie de me faire mener rue de Buci. Non, non, pensai-je, ménageons la sensibilité de la plus estimable des femmes. Le général grondera ; eh bien! qu'il gronde, s'il le peut, un enfant qu'il aime, qui n'a rien à se reprocher, et vient de recevoir deux coups d'épée.

Le sang dont mes habits étaient couverts donnait à mon extérieur quelque chose de plus qu'inquiétant. M. et madame Derneval pâlirent en me voyant, et ils ne trouvèrent d'expressions que celles du plus vif intérêt et d'une douleur profonde. Quand ils se furent assurés que mes blessures n'étaient pas dangereuses, ils essayèrent de prendre un autre ton. Ils s'aperçurent bientôt qu'il n'était plus temps de me tromper sur leurs véritables sentiments ; ils se bornèrent à s'informer des détails, et je m'empressai de les satisfaire. J'avais tout à gagner à cette explication, et je ne leur cachai que le nom et la demeure de mon spadassin.

— Le coquin qui vous a blessé, me dit le général, a conservé quelques principes, et je ne doute pas que sa leçon ne fasse plus d'impression que les miennes. Cependant, malgré les obligations que vous lui aurez, il est bon que je connaisse celui qui fait métier de ruiner des femmes, et qui châtie si paternellement les jeunes gens.

Je prévoyais que le général lui ferait un mauvais parti. Il s'était battu en galant homme, et je refusai de le faire connaître. M. Derneval sentait intérieurement la délicatesse de mon procédé, et il n'insista que faiblement ; mais il se rendit aussitôt près des

Je l'ai fait de mémoire : jugez si j'ai pensé à vous.

premières autorités, il sollicita et obtint des recherches qui firent transpirer mon aventure. Madame de Vernon acheva de la rendre publique.

Ennuyée de m'attendre aux Italiens, elle était revenue chez elle. Piquée de ne m'y pas trouver, elle m'avait envoyé une femme de chambre avec sa voiture. Mademoiselle Lucie, selon l'usage, raconta à sa camarade ce qu'elle savait, et, peut-être ce qu'elle ne savait pas. Madame de Vernon, désespérée de mon accident, cria, pleura, courut, pendant deux jours, déposer sa douleur dans le sein de toutes ses bonnes amies, et, à la fin de la semaine, elle ne pensait plus à moi.

Revenons. Il n'était pas possible de cacher mon état à madame Ruder. Il était à craindre qu'elle fût instruite par la voie publique, qui aggrave toujours les choses, et madame Dorneval prit la peine d'aller chez elle pour l'assurer que je ne courais aucun danger. C'est ainsi, quelquefois, qu'on nous prépare à apprendre la mort de ceux qui nous sont chers, et madame Ruder s'abandonna à ce que son imagination frappée lui représenta de sinistre. Elle accourut et ne se remit qu'en me voyant debout et me promenant dans ma chambre. Elle s'établit de nouveau ma garde et ma garde unique. En vain je m'y opposai ; en vain je lui représentai l'inutilité des fatigues qu'elle allait supporter.

— J'ai pris soin de mon amant blessé, dit-elle ; je ne ferai pas moins pour mon ami.

M. de Nosari venait souvent embellir notre petite société. Il me marquait une affection sincère depuis le jour où j'avais cessé d'être amant. L'ami le plus désintéressé n'aime pas à rencontrer l'Amour ; ce fripon-là vole toujours quelque chose.

Qu'elle est auguste, qu'elle est consolante la véritable amitié! L'exemple de madame Ruder et du commandeur me convainquit qu'elle peut suffire, seule, au bonheur, et si je n'étais pas d'âge à m'y livrer exclusivement, je sentais combien elle est au-dessus des passions tumultueuses : c'était déjà un grand pas de fait.

Sans paraître en avoir le projet, sans que je m'en doutasse, ils ne pensaient qu'à me rendre à la raison, et à développer les qualités d'un cœur que la dissipation avait comprimées un moment. Le baume restaurateur était caché sous l'appas d'une gaieté décente et d'une sagesse que semblaient inspirer les Grâces.

Le troisième jour, M. de Vernon fit une visite au général, à la suite de laquelle il entra chez moi. Après les compliments d'usage, il marqua le désir de me parler en particulier. L'éclat qu'avait fait madame de Vernon m'annonçait une scène orageuse, et, selon ma coutume, je me préparai à tout.

J'attendais qu'il parlât.

— Cette réserve-là, me dit-il, ne vous est pas ordinaire : vous craignez donc de vous expliquer. Vous avez tort. Vous pouvez me parler de certaines choses, dont un autre, peut-être, ne se soucierait pas de s'entretenir.

— Il est vrai, monsieur, que vous m'avez marqué assez de bienveillance pour que je fusse persuadé que vous prendriez quelque intérêt à mon accident.

— Ce n'est pas cela, mon ami, ce n'est pas cela; votre accident n'est ici que secondaire, et vous prenez le change.

Je voulais le lui faire prendre à lui-même.

Il continua.

— Personne ne prend plus d'intérêt que moi à ce qui vous regarde : mais, monsieur, il faut savoir n'estimer les choses que ce qu'elles valent, et, pour cela, il faut les connaître : je vais vous mettre au courant.

— Permettez, monsieur : qu'entendez-vous d'abord par ce qui me regarde, puisqu'il n'est pas question de mes blessures?

— Eh, parbleu, monsieur, n'êtes-vous pas l'amant de ma femme? Et qui doit être piqué d'une conduite qui vous a valu deux coups d'épée? Serait-ce moi?

— Mais, monsieur, j'avais assez peu d'usage pour le croire, et je vous avoue que vous me soulagez beaucoup.

— Il y a longtemps, monsieur, que madame de Vernon et moi n'avons rien de commun que le nom. Vous êtes, après plusieurs autres, en possession de mes droits : ayez la bonté de vous charger aussi du ridicule de votre maîtresse. Je suis persuadé qu'au fond vous pensez, ainsi que moi, que cela vous regarde. J'aurais même très-mauvaise opinion de votre probité, si, après votre intention manifestée de vous attacher à moi, vous aviez eu celle de m'outrager en séduisant ma femme. Je vous déclare donc que ses extravagances les plus outrées sont indifférentes pour moi, ridicules pour vous, déshonorantes pour elle, en supposant qu'elle puisse encore être déshonorée.

— Je n'examinerai pas, monsieur, jusqu'à quel point vos principes sont fondés; j'observerai seulement que vous êtes, peut-être, le seul mari capable de se prononcer avec autant de courage.

— Si les autres maris ne s'expliquent pas aussi clairement c'est qu'ils ne supposent pas seulement qu'on doute de leur façon de penser. Vous seriez encore dans la même erreur à mon égard, si je n'avais cru devoir à votre âge une explication qui peut vous être longtemps utile. L'activité de votre vie ne vous a pas permis encore de rien remarquer : je vais vous étonner davantage. Je prétends vous convaincre que les choses sont précisément ce qu'elles doivent être, d'après notre dépravation. Les lois sont faites pour régler nos actions, et les préjugés décident de nos opinions. Ces préjugés naissent des usages, et ceux du grand monde diffèrent totalement de ceux de la bourgeoisie. Un simple particulier, par exemple, est-il trompé par sa femme, le voilà déshonoré, parce que s'étant marié à son gré, il est convaincu d'un mauvais choix. Les gens d'un certain ton, au contraire, ne voient dans le mariage qu'une espèce de traité établi sur les convenances de la naissance et de la fortune. Voilà pourquoi nous ne connaissons point, parmi nous, cette qualification burlesque que donnent les bourgeois à un mari trompé. Remarquez même que, parmi ces gens-là il n'y a que la première infidélité de la femme qui donne du ridicule au mari. Que les amants se succèdent, et que les faits éclatent, l'époux est bientôt détrompé, il prend son parti, et jouit de nos priviléges. C'est par une conséquence de cette façon de voir qu'un bourgeois qui s'est séparé de sa femme se couvre de honte en la reprenant, parce qu'il s'en déclare le complaisant et l'esclave. Peu de gens de distinction quittent leurs femmes, parce que leur manière de vivre est un divorce continuel. C'est un commerce froid, où l'aigreur ne se mêle jamais, et la position où l'on s'est mis permet toujours de se rapprocher sans que l'époux en rougisse : c'est alors un tour qu'il joue aux amants. L'épouse a beau faire, il faut qu'elle cède. La plus décidée subit toujours la loi du mari, à moins qu'il n'en soit amoureux. Si je voulais, je vous enlèverais ma femme ; mais je la méprise trop pour former un tel projet : elle me serait à charge, et je la trouve ennuyeuse. On lui croit de l'esprit ; elle en a fort peu : je la connais mieux que vous. Quand vous la verrez de sang-froid, vous sentirez que tout son mérite tient à son originalité, et au tour singulier qu'elle donne à ses méchancetés. Si la décence redevenait à la mode, on la prendrait pour une imbécile ; et bien des femmes perdraient tout, si nous nous avisions d'avoir des mœurs.

— Vous conviendrez au moins, monsieur, que madame de Vernon a des grâces, une figure piquante.

— Voilà l'éloge banal qu'on prodigue aux femmes en qui il n'y a rien à louer. Au surplus, je vous demande pardon de vous avoir parlé si librement de votre maîtresse. Je veux que vous ne soyez pas sa dupe ; mais mon dessein n'est pas de vous en dégoûter. J'aime beaucoup mieux qu'elle vous ait qu'un autre, parce que vous la retirerez peut-être de l'opprobre où elle est. Une femme se réhabilite quelquefois par un bon choix, et si cela arrivait, vous me rendriez ma maison plus agréable en éloignant une foule d'étourdis, vifs sans idées, empressés sans objet, extravagants sans imagination, et ennuyeux avec fracas. Je n'ose pas me flatter d'une telle réforme chez moi ; mais, que je vous la doive ou non, je n'en serai pas moins votre ami.

Je ne sais ce qui m'étonna le plus, de la confiance que me marquait M. de Vernon ou du tour qu'il donnait à une explication peut-être sans exemple. Sa franchise me gagna le cœur, et je lui promis solennellement de renoncer à sa femme. Il plaisanta de mon serment et me dit que si je mettais de la délicatesse dans ma conduite, je perdrais bien des occasions précieuses ; à moins que la raison ne devînt à la mode.

— Je ne crois pas, monsieur, que la mode étende jamais son empire jusque-là.

— Je ne le crois pas non plus. Cependant son empire en France est sans bornes, et il peut s'établir une mode de réforme. L'excès de la dépravation, l'avilissement des mœurs peuvent amener enfin le dégoût du désordre. On réclamera la vertu pour l'intérêt même du plaisir. Il doit arriver un changement, et il est impossible que ce soit en mal. Rien, par exemple, n'est aussi décrié que l'amour conjugal. Ce préjugé est trop fort pour durer bien longtemps, et voici de quelle façon la révolution peut se faire : Un homme d'un rang distingué, plein d'agrément, d'esprit et de grâces, joignant à tout cela une pointe de fatuité... J'exige, comme vous le voyez, beaucoup de qualités : c'est qu'il en faut à un chef de secte. Il est possible que cet homme soit amoureux de sa femme. Il combattra d'abord son inclination, et, s'il ne peut la vaincre il s'efforcera du moins de la cacher au public. Mais il y a des gens clairvoyants sur les défauts d'autrui. Malgré ses efforts, on pénétrera son secret ; il s'en apercevra, et se mettra au-dessus des railleurs en prenant son parti de bonne grâce ; il jouera même l'intrépidité. C'est quelquefois un moyen d'acquérir du courage ; c'en est même un commencement. Enfin son amour-propre sera flatté de fonder un nouveau genre de singularité, et il se déclarera. Les femmes le combleront d'éloges de peur qu'il ne se rétracte, et avant que les hommes soient convaincus que c'est un parti sérieux, son état sera confirmé. Qu'arrivera-t-il ? Quelques jeunes gens, piqués de n'avoir pas imaginé un ridicule neuf, se hâteront de l'adopter pour ravir à l'inventeur la gloire d'être unique ; ils joueront auprès de leurs femmes une passion qu'ils n'éprouveront pas, et plusieurs y seront pris. Un mauvais principe produira de bons effets ; ils deviendront vraiment amoureux après avoir affecté de l'être. D'autres, qui aimeront réellement, seront bien aises d'avoir des autorités qui les dispensent de se contraindre. On n'entendra parler que d'époux unis. Alors le bon ton s'en mêlera. Il peut arriver telle circonstance qui mette la vertu à la mode.

La prédiction de M. de Vernon me paraissait très-hasardée ; cependant j'ai vu des exemples qui feraient croire que son accomplissement n'est pas impossible.

— Puisque vous ne remplacez plus le mari de ma femme, reprit-il, il n'est pas juste que vous vous chargiez des dépenses du ménage : voilà les cent louis que vous lui avez prêtés. Elle ignorera toujours que cette dette est acquittée, parce qu'elle l'a oubliée très-certainement, et que vous ne l'avertirez point que je sauve de son honneur ce que je peux lui en conserver. Pour vous, monsieur, le séjour de Paris ne vous convient pas. L'activité tient essentiellement à la jeunesse. Il faut qu'un jeune homme fasse toujours quelque chose, et, quand il ne s'occupe pas d'une manière utile, il n'échappe au désœuvrement qu'en faisant des sottises. Je vous ferai nommer secrétaire d'ambassade dans une cour du Nord. Vous êtes très-jeune ; mais je répondrai de vous, parce que vous avez des qualités, et que je crois que votre nomination à une place de confiance est un garant suffisant que vous vous en rendrez digne. Si la guerre se rallume, vous serez le maître de rentrer dans votre première carrière et de rejoindre vos étendards.

Il méritait ma reconnaissance, et j'allais l'en assurer.

— Vous ne me devez rien, me dit-il ; cette idée est du général, et je n'ai que le très-petit mérite de l'avoir adoptée : adressez-lui vos remercîments.

Il sortit.

J'étais forcé de convenir, intérieurement, que j'avais tenu la conduite la plus régulière tant que j'avais été attaché à madame Ruder. Uniquement occupé du soin de lui plaire, je ne faisais rien que de bon, parce que le bien seul lui était agréable. Je ne m'étonne plus, aujourd'hui, d'avoir usé si vite mon amour: j'avais vécu pour elle en deux ans, comme on vit en quinze pour une autre. Ces réflexions me faisaient sentir l'impossibilité de la remplacer jamais, et la nécessité d'éviter les liaisons dangereuses. Je résolus de me livrer exclusivement à mon nouvel état.

Je passai chez le général, ignorant encore tout ce que je devais à des protecteurs, à des amis qui ne s'occupaient que de moi. Après avoir raisonné de ce projet, avoir calculé les obstacles et les probabilités du succès, ils étaient unanimement revenus à craindre que mon extrême jeunesse ne fût une difficulté insurmontable. Si une femme aimante sait tout prévoir, elle trouve aussi des moyens de tout surmonter.

Elle s'était adressée au commandeur, l'avait prié, l'avait pressé: il suffisait que le sacrifice lui fût agréable. M. de Nosari avait dit aussitôt au général qu'il pouvait assurer le ministre qu'il partirait avec moi, et que, sans caractère public, sans autre désir que celui de m'être utile, il dirigerait mes travaux. Quelle femme que celle qui, à la fleur de son âge, et dans tout l'éclat de sa beauté, peut renoncer à l'amour, et éloigner le seul homme qui pût lui faire oublier ce qu'elle avait perdu! Quel homme que celui à qui les années et l'habitude rendent l'amitié nécessaire, et qui prouve la sincérité, la solidité de la sienne, en partant sans hésiter! Que je me sentais petit auprès d'eux! mais aussi combien leur générosité excitait mon émulation! combien j'étais flatté de l'idée de les égaler un jour!

Je guéris, et on disposa tout pour mon départ. Le moment de la séparation fut douloureux. Je quittais les objets de mes plus chères affections, et, selon les apparences, je les quittais pour longtemps. M. de Nosari, aussi affecté que moi, trouva cependant des forces pour me consoler. Il me montrait, dans l'éloignement, le jour où je reverrais mes amis, où je reparaîtrais devant eux investi de l'estime publique, et pouvant prétendre aux plus grandes places. Il me peignait la jouissance douce de ceux que je forcerais à s'applaudir de ce qu'ils avaient fait pour moi. Il captivait mon attention en me parlant de l'importance de mon emploi. Il me donnait la théorie de cet état, si difficile et si peu connu de la plupart de ceux qui l'exercent. Nouveau Télémaque, j'avais aussi trouvé un Mentor.

Il me présenta à l'ambassadeur, qui leva les épaules en me voyant. M. de Nosari, piqué, lui dit qu'il pouvait m'interroger. L'ambassadeur ne me fit que de ces questions vagues qui décèlent l'ignorance. Je m'enhardis; je répondis d'après les principes généraux que m'avait donnés le commandeur. L'ambassadeur était étonné, M. de Nosari jouissait, et je me croyais le premier publiciste du monde.

Je m'adonnai au travail avec une ardeur infatigable. Je ne sortais de mes bureaux que pour lire, avec le chevalier, les meilleurs auteurs en droit public. Ses réflexions claires, précises, aplanissaient toutes les difficultés; la manière dont il parlait de moi à l'ambassadeur me conciliait sa bienveillance, et bientôt une capacité réelle força son entière confiance. Souvent il me renvoyait des affaires portées à son audience; quelquefois il me chargeait de travailler directement avec le ministre du prince près de qui nous résidions. Son intention, disait-il, était de me former plus promptement: mais je m'apercevais qu'il me chargeait des affaires délicates, et qu'il se réservait celles qui n'exigeaient que de l'esprit et de l'agrément.

M. de Nosari craignit probablement que l'excès même de mon zèle contribuât à l'éteindre bientôt: il exigea que je prisse de la dissipation nécessaire à tous les âges, et surtout à la jeunesse. Fait pour être accueilli partout, il me présenta à la cour et dans les maisons les plus distinguées, comme un sujet de la plus belle espérance. Je jugeai facilement que, pendant que je travaillais dans mes bureaux, il avait pris la peine de reconnaître les sociétés qui pouvaient me convenir, car je trouvai partout le plaisir subordonné à la décence.

D'abord on ne me recevait que par considération pour lui: j'avais bientôt la satisfaction de voir qu'on m'accueillait pour moi-même.

Trois soirées de la semaine étaient uniquement consacrées à la correspondance. Nous adressions des factums à nos amis de la bonne ville. Jamais de brouillons: le cœur est ennemi de l'apprêt. Nos paquets partaient chargés quelquefois de ratures; mais l'amitié est indulgente.

Les lettres que m'adressaient, aussi toutes les semaines, madame Ruder et le général me laissaient pressentir le compte avantageux que M. de Nosari leur rendait de ma conduite; et leurs éloges ne m'inspiraient point de vanité: ils n'étaient pour moi qu'un encouragement au bien. J'avais des taches à effacer; je ne me le dissimulais plus.

Deux années s'écoulèrent ainsi. Point d'étourderies, point de faiblesses, pas la moindre petite intrigue. Je sentis souvent, j'en conviens, les tentations les plus prononcées; mais les femmes légères me rappelaient madame de Vernon; celles qui joignaient à la beauté des qualités estimables me rappelaient ces mots du général : « Il est contre l'honneur de chercher à inspirer une passion dont on n'est pas pénétré soi-même, » et j'avais épuisé les délices de l'amour : je le croyais du moins.

La sagesse tourne toujours au profit de la santé. Mon tempérament se fortifia ; ma tête mûrit et se meubla : je n'étais plus le même homme.

C'est à cette époque que je sentis réellement ce que je devais à ceux qui m'avaient pour ainsi dire conduit par la main à l'honnêteté, aux distinctions et à la fortune. J'avais pour ces respectables amis une vénération qui n'était comparable qu'à l'attachement qu'ils m'inspiraient.

— Je crois, me dit un soir le commandeur, que les bonnes habitudes se sont fortifiées de manière à ne pas laisser craindre de rechute. Je ne vois donc pas d'inconvénient à ce que vous profitiez d'un congé de trois mois qu'on vient de m'adresser.

— Un congé ! m'écriai-je, un congé !

— Le voilà, mon ami.

— Je vais donc la revoir, l'embrasser encore ! Je reverrai M. Derneval, son estimable épouse, et mon pauvre Luvel ! Je retrouverai ma bonne Marguerite, ma vieille nourrice, négligée, oubliée dans le tumulte de la dissipation ! Que de jouissances à la fois ! Quand partons-nous, monsieur le commandeur?

— Quand il vous plaira, mon ami.

— Partons tout de suite, à l'instant, à la minute.

— Ah ! la tête se monte ! Un homme en place qui oublie qu'il doit prendre congé de son ambassadeur, du roi qui a daigné lui marquer quelque bonté et de ceux dont la maison lui a été constamment ouverte !

— Vous avez raison, commandeur ; je viens encore parler en étourdi.

— Mais vous agirez en homme sage, et voilà l'essentiel. Savez-vous, mon ami, que si ma joie n'éclate pas avec la vivacité de la vôtre, je n'en suis pas moins sensible que vous au plaisir d'aller voir nos bons amis de là-bas ? La journée de demain sera employée à remplir les devoirs indispensables ; après-demain les chevaux de poste.

J'avais chargé mon valet de chambre, qui courait devant nous, de payer les postillons, et de les payer en grand seigneur. Nous ne courions pas, nous volions. Je ne faisais autre chose que compter les villes que nous laissions derrière nous et celles qui restaient à traverser. Je peignais jusqu'à satiété la réception qui nous attendait. Je voyais madame Ruder sautant les escaliers et tombant dans nos bras ; le général nous ouvrait les siens de la porte de l'antichambre, et madame Derneval, debout dans son salon, me souriait d'un air qui voulait dire : Un secrétaire d'ambassade peut embrasser l'épouse d'un général. Ma foi, tout arriva comme je l'avais prévu, à l'exception pourtant du cher oncle, le grand vicaire, sur lequel je ne comptais pas, et que je trouvais en simarre violette, la croix au cou et l'anneau du pêcheur au doigt : le vrai mérite perce tôt ou tard, et ceux mêmes qu'il offusque sont forcés de lui rendre hommage.

Le lendemain matin je m'empressai d'aller offrir un nouveau tribut à l'amitié. Il n'y avait plus de rue de Buci ; la boutique était occupée par des gens qui m'étaient inconnus. Je les interrogeai ; ils m'apprirent seulement qu'elle avait fait, de la vente de son fonds et de ses rentrées, un capital considérable, et elle ne m'en avait rien dit ! Je crus ne pouvoir, sans indiscrétion, lui parler le premier de ses nouveaux arrangements. Je me bornai à demander son adresse à madame Derneval : elle occupait un joli logement à deux pas de l'hôtel.

Après le dîner le général me fit passer dans son cabinet.

— Mon cher ami, vous jouissez d'une considération dont la plupart des jeunes gens ont à peine une idée. Vous parviendrez aux premières places ; mais les épreuves peuvent être longues, et il est un moyen de les abréger : c'est de prendre cet aplomb qui inspire la confiance. Rien ne le donne comme le mariage et la fortune. L'homme indépendant des circonstances est recherché ; celui qui a besoin de son état se fatigue souvent en vaines sollicitations. Je conviens que vous pourriez différer de quelques années, mais vous ne seriez pas sûr alors de trouver les avantages que nous vous avons ménagés. N'inférez pas de ce que je vous dis que notre intention soit de vous faire contracter un engagement de pure convenance. Nous voulons, au contraire, vous donner une épouse très-jeune, très-jolie, très-aimante et très-riche. Vous êtes sans passion, ainsi je ne présume pas que vous rejetiez mes offres. D'ailleurs vous verrez la jeune personne. Je ne vous la nomme pas, afin de vous laisser tout à fait libre, et si votre goût ne vous détermine pas en sa faveur, vous me saurez au moins gré d'une proposition qui prouve mon désir de vous voir heureux de toutes les manières.

— Je reconnais, mon général, cette bienveillance qui ne se dément pas un instant, et...

— De la bienveillance, de la bienveillance ! Ce n'est pas là l'expression qui convient entre nous. J'ai pour vous la tendresse d'un père, et tout ce qui tient au respect doit nous être étranger, parce que le respect tue le sentiment, et que je veux que vous m'aimiez autant que je vous aime.

— Oh ! à cet égard, mon général, il y a longtemps que j'ai prévenu vos ordres, mais me marier, moi ! J'étais si loin de cette pensée, que je vous avoue que j'ai besoin de quelque temps pour me la rendre familière.

— Prenez le temps que vous voudrez, mon ami ; moi, je me flatte qu'il vous en faudra peu et que vos vues s'accorderont avec les nôtres. Allons retrouver la société.

Elle était nombreuse, et surtout bien choisie. Je jetai les yeux de tous côtés, persuadé qu'un regard, une mine, un geste, trahirait le secret des coalisés. Convaincu d'ailleurs que celle qu'on me destinait me convenait de toutes les manières, j'étais décidé à m'y attacher par goût comme par déférence pour mes bienfaiteurs. En effet, rien d'aussi facile que d'aimer une femme très-jeune, très-jolie, très-aimante et très-riche. Cette dernière qualité n'est pas absolument déterminante ; mais une femme n'en vaut pas moins pour être riche.

Je comptai beaucoup sur ma pénétration. Eh bien, on la mit en défaut. Pas la moindre petite chose qui pût m'éclairer. Allons, me dis-je, faisons la cour aux jeunes personnes elles-mêmes, et observons leurs mamans. Il y a toujours quelque chose de radieux dans la figure d'une maman qui accorde sa fille. Ici, je trouvais de la physionomie ; là, de l'esprit ; plus loin, des grâces ; dans un petit coin, de la timidité. L'une m'écoutait avec indifférence ; oh ! elle a sans doute une inclination. L'autre cherchait à m'arrêter auprès d'elle ; c'est bien heureux ; je suis de son goût. Celle-ci souriait à tout ce que je lui disais ; bon, cela dispense de répondre. Celle-là rougissait en regardant sa mère, et sa mère, et toutes les mères possibles, conservant dans les traits une immobilité désespérante.

Je pris aussi un parti de désespéré. C'était d'aller causer avec madame Ruder, de l'assurer combien je mettrais d'empressement à faire tout ce qui serait agréable au général et à elle, et à connaître par ce moyen ma future épouse, qu'il ne m'était pas possible de deviner. Je m'approchais d'elle, lorsqu'on annonça M. Rinaldi. Il donnait la main à une jeune personne prodigieusement changée à son avantage, et que cependant je reconnus aussitôt. Les yeux de tous mes amis se portèrent sur moi, et je commençai à voir clair.

M. Rinaldi nous apprit, après les compliments usités, qu'il avait cédé aux instances de sa fille, qui désirait voir Paris, et qu'il se proposait d'y faire quelque séjour. Il demanda à madame Derneval la permission de la voir souvent ; elle fut accordée avec un empressement qui confirma ma première idée.

Il me sembla que le coup de maître du courtisan était, en cette circonstance, de paraître ne s'apercevoir de rien, et de laisser au général la douce persuasion qu'il était impossible de voir et de penser autrement que lui. Je m'approchai de M. et de mademoiselle Rinaldi ; je mesurai rigoureusement mon ton et la tournure de mes phrases sur ce que la politesse seule exigeait de moi, et je finis en demandant à M. Rinaldi si je pouvais, sans indiscrétion, aller lui présenter mes devoirs.

— Vous me ferez grand plaisir, monsieur, et à ma Thérèse aussi.

Il me mit dans la main une carte d'adresse, et me tourna le dos. Malheureusement pour lui, il y avait là une glace traîtresse, dans laquelle je le vis rire en se frottant le menton.

Mademoiselle Rinaldi était assise entre mesdames Derneval et Ruder. Elle me regardait sans cesse ; quelquefois elle étouffait un éclat de rire, et alors, de petits coups de genoux partaient de droite et de gauche. Voilà deux femmes bien contentes, pensai-je. Oh ! comme elles m'attrapent ! Je ne sourcillais pas. J'étais imperturbable, et fort peu aimable. L'homme qui s'observe a toujours l'air d'un songe-creux ou d'un sot.

J'avais cependant saisi, malgré mon extrême réserve, quelques intervalles, et j'avais reconnu que mademoiselle Rinaldi effaçait ce que j'avais vu de plus joli par sa taille svelte, des grâces naturelles, et une figure dont l'usage du monde n'avait pas entièrement effacé cette teinte d'ingénuité qui lui allait si bien.

Pendant le souper, on affecta de ne point parler d'elle. On s'étendait avec complaisance sur les légers défauts des autres personnes, et pas un mot de celle qu'on paraissait ne pas attendre, dont l'arrivée inattendue pouvait exercer des têtes à conjectures, et qui méritait plus que personne qu'on s'occupât un peu d'elle. Oh ! quelle finesse !

Je cherchai, moi, à faire prendre à la conversation une tournure scientifique, propre à provoquer le sommeil ; j'avais besoin d'être seul. Monsieur l'archevêque me répondait, et j'embrouillais la matière ; je le forçais à diviser et à subdiviser ; les bâillements se communiquaient de proche en proche ; on prit des bougies, on nous laissa seuls, et je lui souhaitai le bonsoir.

Je ne dormis point : je rêvai à mon futur mariage. Il était indubitable qu'on allait m'unir à mademoiselle Rinaldi, et, tout bien examiné, je m'arrêtai à ces principes, qu'il est peut-être bon de répandre :

1° Il est très-commode, pour un homme en place, d'avoir une femme charmante qui l'aime uniquement. Cela le dispense d'aller chercher ailleurs ce qu'il trouve chez lui : économie de temps.

2° Il est fort agréable de voir prévenir ses goûts, ses

désirs, d'être l'objet de toutes les attentions, de toutes les prévenances, de faire mille jaloux, et de n'avoir pas de sujet de l'être.

En échange de tout cela, on prodigue les égards tant qu'on veut, l'amour tant qu'on peut, et il est un moyen de le faire durer longtemps, c'est de s'éloigner de sa femme quand on la trouve moins jolie ; on revient à elle quand on est disposé à lui rendre justice.

3° Il faut lui faire des enfants, beaucoup d'enfants.

Une mère de famille est nécessairement occupée, et ses occupations lui laissent peu de temps pour autre chose. Ces marmots, d'ailleurs, sont un second lien qui resserre le premier, pour les cœurs honnêtes. Que de femmes prêtes à faillir se sont arrêtées à l'aspect d'un enfant qui leur ouvrait ses bras innocents !

Je me levai de très-bonne heure, et je me fis habiller avec le plus grand soin. Pour tirer parti de ses avantages, il faut, ou beaucoup de toilette, ou le désordre le plus absolu ; et avec celle dont on veut faire sa femme, le parti le plus décent est celui qu'on doit préférer. Lui marquer de l'estime, c'est la forcer à être toujours estimable. Voilà encore un principe qu'il est bon de ne pas oublier.

M. Rinaldi était allé à ses affaires, et je conviens qu'il ne devait pas m'attendre à huit heures du matin. Sa fille sortait de son lit, fraîche comme la rose et colorée comme elle.

— Mon père n'est pas ici, j'en suis bien aise. Oh ! j'ai tant de choses à vous dire !... D'abord, mon ami, promettez-moi le secret, car si on sait que j'aie parlé on me grondera... on me grondera !...

— Jamais je ne causerai volontairement de chagrins à ma Thérèse.

— A sa Thérèse ! oh oui, je le suis, méchant ; jamais je n'ai cessé de l'être. On m'a proposé vingt partis ; je les ai tous refusés, parce qu'il ne faut tromper personne.

Venons à l'essentiel. Je vous parlerai des détails, si mon père nous en laisse le temps. On se propose de nous marier : mon cher ami, le voulez-vous bien ?

— J'en suis charmé, aimable enfant.

— Il en est charmé, il en est charmé ! Vous m'avez fait bien du mal, mais avec quelle facilité vous me le faites oublier ! J'ai toujours eu un pressentiment que vous reviendriez à moi et je me suis arrangée en conséquence. J'ai pris des maîtres, beaucoup de maîtres, parce que, pensai-je, on ne fait pas toujours des enfants ; il faut aussi parler raison, et je veux pouvoir entendre mon mari. J'ai besoin encore de talents agréables pour l'amuser quand il n'aura rien à me dire :

j'ai appris la musique et le dessin. Voulez-vous voir mon ami, comment je peins ?

Elle prit sur son cœur un médaillon... C'était mon portrait.

— Je l'ai fait de mémoire ; jugez si j'ai pensé à vous. Oh ! qui pourrait compter les baisers dont je l'ai couvert ! Il était ma consolation, la moitié de moi-même, lorsque nous reçûmes cette lettre du général.

Elle courut ouvrir un secrétaire.

En écoutant le langage de l'innocence et de l'amour, je sentais mon cœur s'agiter ; il se ranimait ; des pensées de bonheur l'occupaient tout entier.

Le général écrivait à M. Rinaldi :

« Vous apprendrez volontiers, monsieur, que notre colonel exerce avec distinction un premier emploi dans la diplomatie. Sa conduite est tellement régulière, que nous avons résolu de le marier.

« Plusieurs partis lui conviennent. Son cœur est libre en ce moment, et ce cœur est le meilleur que je connaisse. Notre jeune ami s'attachera facilement à une jeune personne qui unit la beauté à la candeur ; il doit une réparation à mademoiselle votre fille, et si elle conserve pour lui quelque attachement, vous êtes le maître de conclure.

« L'intéressant protégé a un bien de cent mille francs et des émoluments plus qu'honnêtes ; mais nous espérons en faire incessamment un général de brigade et un ambassadeur. Il sera tenu à une forte dépense, et nous nous flattons que, d'après ces détails, vous vous conduirez en bon père.

« J'ai l'honneur, etc. »

— Mon papa s'est aussitôt écrié que, pour se voir renaître, il donnerait tout son bien, et ne se réserverait qu'une pension honnête. Moi, mon ami, je pleurais, je riais, j'extravaguais ; ma pauvre tête n'était plus à moi.

Tant d'affection et de délicatesse venait aussi détourner la mienne, mon cœur était gonflé de manière à me faire croire qu'il allait se fendre, et si un torrent de douces larmes ne m'eût soulagé, j'ignore ce qui serait arrivé. Je me sentis enfin en état de parler, et M. Rinaldi me trouva exprimant en paroles de feu ce que l'amour, l'amitié, la reconnaissance ont de plus sincère, de plus profondément senti.

— Nous y voilà, s'écria-t-il ; mademoiselle a parlé. J'avais bien mes raisons pour vouloir être présent à cette première visite, afin de contenir un peu cette petite folle-là. Mais qui pouvait prévoir que monsieur, si froid hier, arriverait aujourd'hui à huit heures du matin ? Je l'embrassai avec la plus tendre effusion.

— Non, monsieur, lui dis-je, non, vous ne vous dépouillerez point pour moi, et mademoiselle n'abusera pas de votre tendresse. Partons, allons chez le général, il est inutile de feindre plus longtemps, puisque le vœu de tous est accompli.

— Il a raison, papa. Les jours perdus pour l'amour ne finissent pas.

— Voilà mon épouse, dis-je à M. Derneval; c'est vous qui l'avez choisie, et je suis trop heureux de ratifier vos engagements.

— Eh bien ! mesdames, que vous ai-je dit? J'ai acquis une grande connaissance du cœur humain, et j'étais certain d'avoir lu dans celui de notre jeune ami.

— Dites-moi, par grâce, mon général, à qui je dois ce bien de cent mille francs? Qui de vous se plait à me courber sous le poids des bienfaits?

— Mon ami, soixante mille francs des rentrées de madame Ruder; l'ennemi a fourni le reste.

— Elle me donne tout son bien ! vous y joignez la plus forte part de ce qu'a conquis votre épée !... je ne peux... je ne dois pas...

Il me fut impossible d'en dire davantage. J'ouvris mes bras, ils me pressèrent dans les leurs, Thérèse nous serrait tous dans les siens, nous formions le plus intéressant des groupes : l'amour et l'amitié nous avaient placés.

Peu de jours après on rédigea le contrat. Je voulus en régler les articles. Ma pension, me dit madame Ruder, suffit au nécessaire, et me permet même de donner quelque chose à mes plaisirs. Nous sommes convenus d'être toujours amis, et les dons de l'amitié n'humilient pas.

— Dix mille livres de rente, reprit M. Rinaldi, et le bonheur de sa fille, c'est plus qu'il n'en faut pour ne pas maigrir.

— Je suis assez riche, continua le général, pour que le cadeau que je vous fais ne change rien au train de ma maison. Pour la dernière fois, je parle en supérieur : cédez, je le veux.

M. l'archevêque nous donna la bénédiction nuptiale. Il nous fit une exhortation courte et pleine de sens. Beaucoup de marieurs, qui ne disent que des niaiseries aux mariés, ne feraient pas mal de se servir désormais de ceci :

« Je vous unis sous la condition expresse que vous vous aimez. C'est un rapt qu'un mariage contracté sans amour. Il est nouveau, je le sais, d'entendre prononcer le mot *amour* au pied des autels ; mais ce sentiment seul déterminait les patriarches, et Dieu a béni leurs mariages. La personne ne doit appartenir, en effet, qu'à celui qui en possède le cœur. Jouir des droits de l'hymen sans les tenir des mains de l'amour, c'est les usurper.

« Lorsque deux cœurs se sont mutuellement donnés, ils ont droit d'attendre du retour et de la constance. Le nœud sacré du mariage légitime ces sentiments; la religion les consacre, sous la clause tacite qu'ils seront réciproques : car la religion elle-même ne doit rien commander d'impossible.

« Consolidez votre tendresse en lui donnant pour appui la vertu. Si elle n'avait d'objet que la beauté, les grâces et la jeunesse, elle s'éteindrait avec ces avantages passagers ; si elle est établie sur des qualités estimables, elle est à l'épreuve du temps.

« Pour être en droit d'exiger qu'on vous aime, travaillez constamment à le mériter : il est aussi doux de conserver un cœur que de le conquérir.

« Souvenez-vous, surtout, que vous n'aurez rien fait pour vos enfants parce que vous leur aurez donné l'être. La mère qui refuse son sein à l'innocente créature qui la conjure par ses cris est une mère dénaturée ; le père qui néglige de former lui-même le jugement de son fils, de lui inspirer le goût des mœurs ou de la vertu perd ses droits à son respect et à sa reconnaissance.

« Je vous ai indiqué, en peu de mots, les devoirs que vous avez à remplir. Persuadez-vous que c'est à leur accomplissement que tient votre félicité. »

FIN

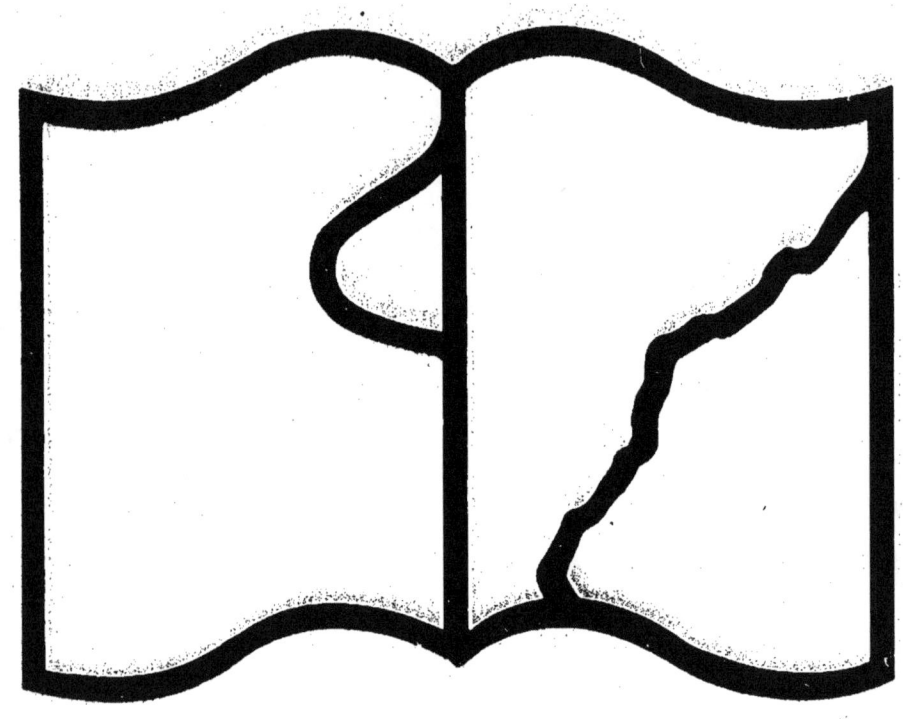

Texte détérioré — reliure défectueuse
NF Z 43-120-11

www.ingramcontent.com/pod-product-compliance
Lightning Source LLC
Chambersburg PA
CBHW060203100426
42744CB00007B/1149